上海市浦东新区人民法院建院三十周年系列丛书

金融纠纷疑难问题

司法认定与要案判解

朱　丹　主　编
包晔弘　罗开卷　副主编

法律出版社
LAW PRESS·CHINA
北京

图书在版编目(CIP)数据

金融纠纷疑难问题司法认定与要案判解 / 朱丹主编 ; 包晔弘, 罗开卷副主编. -- 北京 : 法律出版社, 2023
ISBN 978-7-5197-7758-6

Ⅰ. ①金… Ⅱ. ①朱… ②包… ③罗… Ⅲ. ①金融-经济纠纷-案例-中国 Ⅳ. ①D922.280.5

中国国家版本馆 CIP 数据核字(2023)第 056695 号

金融纠纷疑难问题司法认定与要案判解
JINRONG JIUFEN YI'NAN WENTI SIFA RENDING YU YAOAN PANJIE

朱 丹 主 编
包晔弘 罗开卷 副主编

策划编辑 蒋 橙
责任编辑 蒋 橙
装帧设计 李 瞻

出版发行 法律出版社
编辑统筹 法律应用出版分社
责任校对 朱海波
责任印制 刘晓伟
经　　销 新华书店

开本 710 毫米×1000 毫米 1/16
印张 20.25 **字数** 350 千
版本 2023 年 4 月第 1 版
印次 2023 年 4 月第 1 次印刷
印刷 永清县金鑫印刷有限公司

地址:北京市丰台区莲花池西里 7 号(100073)
网址:www.lawpress.com.cn
投稿邮箱:info@lawpress.com.cn
举报盗版邮箱:jbwq@lawpress.com.cn

销售电话:010-83938349
客服电话:010-83938350
咨询电话:010-63939796

书号:ISBN 978-7-5197-7758-6
定价:86.00 元

凡购买本社图书,如有印装错误,我社负责退换。电话:010-83938349

序

1990年4月，中共中央、国务院作出浦东开发开放的重大战略决策，掀开了我国改革开放向纵深推进的崭新篇章。随着浦东开发开放号角的吹响，浦东法院于1993年6月正式挂牌成立。30年来，浦东法院忠实履行宪法和法律赋予的职责，始终坚持“尚法明辨、善思慎行、勇立潮头、至善致远”的浦法精神，与浦东开发开放同频共振，全力对标最高标准、最好水平，努力为浦东引领区发展提供强有力的司法服务和保障。

党的十八大以来，浦东法院坚持以习近平新时代中国特色社会主义思想为指导，深入贯彻习近平法治思想，全面落实习近平总书记在浦东开发开放30周年庆祝大会上的重要讲话精神，深刻领悟“两个确立”的决定性意义，增强“四个意识”、坚定“四个自信”、做到“两个维护”，全力服务保障国家重大战略落地落实，持续助力一流法治化营商环境建设，始终坚持公正司法、为民司法，努力让人民群众在每一个司法案件中感受到公平正义。

30年来，浦东法院勇担使命、挺立潮头，先后获评“全国优秀法院”“全国模范法院”“全国文明单位”“司法公开示范法院”“多元化纠纷解决机制改革示范法院”等荣誉称号。30年来，浦东法院勇于开拓，奏响改革强音，先后成立全国基层法院首个知识产权审判庭、首个金融审判庭、全国法院首个自由贸易区法庭（自由贸易区知识产权法庭）。30年来，浦东法院勇于创新，“二维码扫码立案”“司法大数据分析系统”“现代诉讼服务中心”“知识产权纠纷‘三合一’审判模式”“涉外商事纠纷‘诉讼、调解、仲裁’一站式解决工作室”“企业破产府院协调机制”“劳动争议‘五位一体’平台”“春天的蒲公英普法项目”等“浦法名片”愈擦愈亮，大量可复制可推广的经验更从这里走出上海，走向全国。

“一个案例胜过一打文件”。党的十八届四中全会明确提出，要加强和规范司法解释和案例指导，统一法律适用标准。作为全国最大的基层法院之一，自

2014年起，浦东法院年收案量持续保持在10万件以上，2021年收案量更是逼近19万件。与此同时，浦东法院不断创新典型案例培育机制，先后作出一大批具有引领性、示范性、开创性的全国首例判决。如角色扮演类网络游戏作品属性纠纷案、涉外"先裁后审"仲裁条款效力纠纷案、信托公司通道类业务损害赔偿责任纠纷案等。截至2022年年底，浦东法院已有4起案例入选最高人民法院指导性案例，11起案例入选最高人民法院公报案例。这一个个案件的公正裁判，不仅有效地定分止争，营造了良好的法治氛围，彰显了司法裁判的权威，也忠实记录了浦东法院勇毅前行的成长历程，见证了一代又一代的浦法人为浦东开发开放、打造社会主义现代化建设引领区提供坚实司法服务保障所作的奋斗。

在探索中前进，在实践中发展。为充分发挥精品案例对司法实践的指导作用、对社会冲突的预决作用、对市场主体的引导作用、对社会公众的教育作用、对法学研究以及立法的促进作用，浦东法院从近年来审理的案件中精心挑选了一批具有一定时代性、典型性和指导性的案例，编撰成"上海市浦东新区人民法院建院三十周年系列丛书"三册，即《知识产权纠纷疑难问题司法认定与要案判解》《金融纠纷疑难问题司法认定与要案判解》和《自贸区商事纠纷疑难问题司法认定与要案判解》，案件类型涵盖知识产权、金融、自贸区商事三大特色审判领域。

这套丛书具有以下三个特点：**一是时代性。**丛书选编案例紧扣浦东开发开放30年的历史脉搏，详细介绍了浦东法院三大特色审判领域中的精品案例成果，并通过案例分析，展现了不同时期司法实践与浦东发展的深度契合，具有很高的历史参考价值。**二是典型性。**丛书选编的案例中不乏新类型案件和疑难复杂案件，其中既有最高人民法院指导性案例、公报案例，亦有大量审判业务条线、行业机构评选的典型案例，案件类型典型、法律适用典型。每个案例突出裁判要旨和案例评析，注重提炼裁判规则和方法，充分发挥典型案例的示范引领价值。**三是指导性。**实践出真知，真知促实践。丛书选编的案例注重发挥实践引领作用，案件阐述有理有据，论证分析精准深入，不仅可以帮助社会公众深刻领会立法精神，正确把握条文内容，还能成为法律专业人士的办案指南，对指导办案、规范裁判行为、促进法律适用统一具有很强的参考价值。我们希望，这套丛书的出版能够发挥司法裁判的教育、评价、指引和示范功能，弘扬社会主义核心价值观，传播中国法治正能量，这亦是人民法院的职责所在。

三十载踔厉奋发，新征程再创辉煌。浦东法院将以建院30周年为契机，紧扣实现高质量发展这一主题，围绕新发展阶段、构建新发展格局提出的新任务新要求找准工作切入点。紧扣营造市场化、法治化、国际化营商环境这一目标，围绕服务保障浦东引领区建设、长三角一体化发展、自贸试验区建设、科创板上市等国家重大战略找准工作着力点。不断创新工作举措，完善路径方法，全力提升司法服务新发展格局的能力水平。始终胸怀“两个大局”，运用战略思维，努力书写新时代法院工作高质量发展的新篇章。以政治建设引领、司法质效为本、数字改革赋能，奋力推进新时代法院工作现代化，努力让人民群众切实感受到公平正义就在身边！

是为序。

上海市浦东新区人民法院党组书记、院长　朱丹

2023 年 3 月

目录

金融借款、信用卡类纠纷案件

融资租赁、保理类纠纷案件

保险类纠纷案件

资产管理类纠纷案件

证券、票据、准金融机构及其他类纠纷案件

金融借款、信用卡类纠纷案件

01

贴息贷款购车交易中转嫁贴息成本的欺诈认定

——黄某某与丰田金融公司等财产损害赔偿纠纷案

裁判要旨

为消费使用订购车辆，同时接受销售公司的贷款推荐、咨询等相关服务，并支付了相应的车款及贷款服务费，符合消费者权益保护法对消费者的定义。销售公司在提供贷款咨询等服务的过程中进行欺诈，通过虚构“利息”的行为，使消费者基于错误认识支付不合理费用，符合侵权责任的构成要件。

基本案情

原告：黄某某

被告：丰田金融（中国）有限公司（以下简称丰田金融公司）

被告：上海美跃雷克萨斯汽车销售服务有限公司（以下简称美跃销售公司）

2018 年 9 月 13 日，黄某某与美跃销售公司签订《销售合同》，约定：黄某某向美跃销售公司购买小型轿车一台，车辆价格为 276,000 元，贷款服务费 3000 元等。2018 年 9 月 29 日，黄某某与丰田金融公司签订《贷款合同》，约定：贷款金额为 193,200 元，贷款期限为 36 个月，合同利率 = 实际利率 – 贴息利率，实际利率与贴息利率均为 6.66667‰，还款方式为等额本息，每月还款 5366.67 元。同日，丰田金融公司出具贷款核准通知书，载明车辆售价 276,000 元，首付金额 82,800 元，融资金额 193,200 元。

丰田金融公司与美跃销售公司签订《合作协议》，约定：针对任何一笔贴息贷款的经销商贴息总金额，均由丰田金融公司在发放贷款时从贷款总额中一次性直接扣除。2018 年 10 月 8 日，丰田金融公司向美跃销售公司支付购车款 171,260.03 元。2018 年 10 月 16 日，美跃销售公司销售人员通过微信告知黄某某丈夫需另行支付利息 21,740 元。2018 年 10 月 17 日，黄某某丈夫使用黄某某的银行卡向美跃销售公司支付 21,740 元。2019 年 5 月 27 日，美跃销售公司开具了购买方为黄某某的增值税普通发票，“货物或应税劳务、服务名称”栏载明为“交通运输设备　贷款服务费”；价税合计金额为 21,740 元，销售方为美跃销售公司。

【法院裁判】

法院经审理后认为，本案的争议焦点为：(1)两被告是否构成欺诈？(2)若构成欺诈，损失赔偿金额如何确定？关于第一项争议焦点，第一，丰田金融公司不存在故意告知虚假事实或者故意隐瞒真实事实，亦无证据证明其与美跃销售公司之间存在共同欺诈的故意，故对黄某某关于丰田金融公司构成欺诈的主张，不予支持。第二，即使美跃销售公司的行为使黄某某陷入了某种错误认识，但该错误认识与黄某某购买案涉车辆的意思表示之间并无因果关系，美跃销售公司在车辆买卖合同关系下不构成欺诈。第三，美跃销售公司以虚构“利息”的方式向黄某某收取 21,740 元，同时隐瞒了收取该款项系用于转嫁贴息成本的事实，使黄某某陷入了错误认识，黄某某基于该错误认识向美跃销售公司给付了 21,740 元，美跃销售公司在服务合同关系下构成欺诈。关于第二项争议焦点，第一，本案黄某某为了个人消费使用，向美跃销售公司订购车辆，同时接受了美跃销售公司的贷款推荐、咨询等相关服务，并支付了相应的车款及贷款服务费，符合消费者权益保护法对消费者的定义。第二，美跃销售公司在提供贷款咨询等服务的过程中对黄某某进行了欺诈，符合侵权责任的构成要件。美跃销售公司虚构“利息”的行为，使黄某某基于错误认识向美跃销售公司给付了 21,740 元，系美跃销售公司实施加害行为给黄某某造成的实际损失。美跃销售公司向黄某某提供贷款推荐、咨询等服务，黄某某接受服务的费用为贷款服务费，美跃销售公司因其欺诈行为应增加赔偿黄某某贷款服务费(3000 元)的三倍。综上，美跃销售公司应合计赔偿黄某某损失 30,740 元。

一审判决后，被告提起上诉后又撤诉，一审判决已经生效。

【案例评析】

一、购车贷款中的贴息交易模式

近年来,金融消费市场迅速发展,各类消费贷款层出不穷,汽车消费市场尤为显著。全款购车的时代似已成为过去时,车辆销售商与金融机构合作推出各类低息甚至零息贷款,绑定汽车商品与金融服务,通过提升附加值,促进汽车商品销售。而所谓的低息贷款、零息贷款大多通过贴息交易达成,本质是一种贴息贷款。传统的贴息贷款是由国家或银行补贴其利息支出的一种专项贷款,以促进某个行业的发展或者某个项目的推进。贴息购车贷款通常由消费者、车辆销售商、金融机构三方主体参与。首先,车辆销售商与金融机构会针对具体车型约定贴息主体、贴息方式以及贴息率;其次,消费者在购买车辆时,车辆销售商会推荐相应的贷款产品并提供相关咨询服务;最后,金融机构与消费者之间签订贷款合同,约定具体的贷款金额、期限、利率、还款方式等。消费者需向车辆销售商支付购车首付款,金融机构将贷款金额直接发放至车辆销售商处,即完成购车款的全额支付,后由消费者向金融机构按约还本付息。

贴息购车贷款通过将多元化的金融服务引入汽车消费市场,旨在发挥金融支持实体经济的功能。然而,由于贴息成本的客观存在,看似“三方共赢”的局面却出现了“合作裂痕”,贴息成本通过各种方式最终转嫁至消费者处,部分“零息贷款”“低息贷款”不仅名不副实,而且演变为汽车商品与金融产品的捆绑销售,如此,纠纷的产生便不可避免。

二、转嫁贴息成本的欺诈认定

(一)贴息贷款购车交易中的法律关系

贴息贷款购车交易中存在多重法律关系,首先,车辆销售商和消费者之间构成买卖合同法律关系,消费者的主要合同义务系支付购车款,车辆销售商的主要合同义务系交付符合合同约定的车辆。其次,车辆销售商会向消费者提供备选产品推荐、贷款咨询等服务,并据此收取一定的贷款服务费。此时,车辆销售商不仅是车辆商品的销售者,也是贷款产品的推荐者和贷款咨询服务的提供者,其与消费者间构成服务合同法律关系。再次,车辆销售商与金融机构间存在贴息合同法律关系,双方约定具体的贴息主体、贴息金额、支付方式等,以明确具体贴息成本的承担。最后,金融机构与消费者间构成金融借款合同法律关系,金融机构负有依约发放贷款的义务,消费者则应按约还本付息。

（二）转嫁贴息成本的欺诈构成分析

所谓欺诈，系指一方当事人故意告知对方虚假情况，或者故意隐瞒真实情况，诱使对方当事人作出错误意思表示的行为。其构成要件包括：第一，欺诈方具有欺诈的故意，即欺诈的一方明知自己告知虚假情况或隐瞒真实情况会使被欺诈人陷入错误认识，而希望或放任这种结果的发生；第二，欺诈方实施欺诈行为，表现为故意陈述虚假事实或故意隐瞒真实情况使他人陷入错误认识；第三，被欺诈的一方因欺诈而陷入错误；第四，被欺诈人因错误而作出了意思表示。贴息贷款购车交易中，车辆销售商向消费者转嫁贴息成本通常表现为通过另行收取"息费"等方式，补足其向金融机构支付的贴息款。此时是否构成欺诈，需要在相应的法律关系下，结合欺诈的构成要件分别予以分析认定。

1. 车辆销售商和消费者间的服务合同法律关系

首先，需要判断车辆销售商收取"息费"行为的性质。通常而言，车辆销售商并不具有发放贷款的资质，其和消费者间也不存在借贷关系，若车辆销售商未经金融机构授权、以自己的名义收取利息，即已存在虚构事实的行为。如果车辆销售商收取的系服务费，则需要根据案情予以综合判断。实践中，车辆销售商通常会基于向消费者提供诸如上牌、安装软硬件、办理购车贷款、咨询等服务，收取一定的服务费，收取的服务费并不必然用于转嫁贴息款。然而，这些服务费通常会在签署车辆销售合同时予以明确约定，且金额应当符合行业惯例，若服务费金额畸高或在已收取服务费的情形下在合同履行过程中又予以加收，则存在转嫁贴息成本的可能性较高。其次，如果存在虚构"息费"以转嫁贴息成本的事实，则车辆销售商负有向消费者如实告知的义务，此系消费者就是否支付"息费"作出真实意思表示的前提，属于车辆销售商必须向消费者告知的事实。最后，若车辆销售商既虚构了需额外支付"息费"的事实亦未向消费者如实告知贴息成本转嫁的，则需进一步考量消费者是否因此陷入了错误认识并基于该错误认识作出了支付"息费"的意思表示，如果通过消费者的外在行为可以推定其在支付"息费"时事实上已知晓该"息费"系用于贴息成本转嫁并仍自愿给付的，则亦无法构成欺诈。

本案中，首先，美跃销售公司系以利息名义向黄某某收取21,740元，美跃销售公司向黄某某收取的"利息"与其向丰田金融公司贴息金额大致相当，庭审中美跃销售公司也表示，其收取的"利息"系用于补足车价款，据此可以认定美跃销售公司向黄某某收取的21,740元并非利息，而是贴息成本的"转嫁款"，美跃销售公司在款项性质上故意虚构了事实。其次,根据两被告间签署的《合作协议》,美跃销售公司理应知晓,案涉贷款业务系由美跃销售公司向丰田金融公司贴息,而并非由丰田金融公司向黄某某收取利息。若美跃销售公司需额外向黄某某收取款项以转嫁其贴息成本的,应当在向黄某某如实告知各方交易模式及安排的基础上,由黄某某选择是否接受该贴息成本的转嫁。然而,美跃销售公司在整个交易过程中仅告知黄某某需支付"利息",并未向黄某某披露贴息交易的具体安排,亦未告知黄某某该"利息"系用于弥补本应由美跃销售公司支出的贴息成本,且直至提车前一天方才告知黄某某所需支付"利息"的具体金额。据此,美跃销售公司在推荐贷款产品、提供贷款咨询服务的过程中,隐瞒了应当告知的事实。最后,根据在案证据及当事人陈述,可以认定黄某某在支付上述款项时误认为该款项系由丰田金融公司在《贷款合同》外另行收取或者系由黄某某为丰田金融公司所负担的未足额发放贷款。无论哪种情形,黄某某均陷入了"需另行支付21,740元利息"的错误认识,并基于该错误认识向美跃销售公司给付了21,740元。综上,美跃销售公司在服务合同关系下对黄某某构成欺诈。

2. 车辆销售商和消费者间的买卖合同法律关系

车辆销售者在买卖合同下的主要合同义务系交付符合合同约定的车辆,相应地,消费者在买卖合同下的合同目的系获取符合合同约定的车辆。结合上文所述,消费者即便陷入了需要另行支付"息费"的错误认识,但其支付"息费"的行为可以推定,无论是否需要支付"息费",消费者都愿意购买车辆。换言之,消费者因车辆销售商的欺诈行为所陷入的错误认识与其额外支付"息费"的意思表示之间具有因果关系,但与其缔结车辆买卖合同、支付购车款的意思表示间并无因果关系。此时,在买卖合同法律关系下不能认定车辆销售商构成欺诈。

本案中,美跃销售公司已依约交付了车辆且车辆本身并不存在缺陷或者瑕疵,应当认为美跃销售公司已经履行了《销售合同》下的主要合同义务。在美跃销售公司已明确告知需要再收取"利息"的情况下,黄某某仍然予以支付并受领车辆的交付。据此,虽然美跃销售公司的行为使黄某某陷入了某种错误认识,但该错误认识与黄某某作出购买案涉车辆的意思表示间并无因果关系。因此,在车辆买卖合同关系下美跃销售公司不构成欺诈。

3. 金融机构和消费者间的金融借款合同法律关系

金融机构对消费者是否构成欺诈,需区分情况予以认定。一方面,若金融机构与车辆销售商在主观上均希望或者放任以额外收取"息费"的方式向消费者转嫁贴息成本,客观上致使消费者陷入错误认识,并基于该错误认识作出支付额外“息费”、与金融机构缔结借款合同之意思表示的,则金融机构与车辆销售商间存在对消费者欺诈的共同故意,对消费者构成共同欺诈。另一方面,若金融机构对消费者不存在欺诈的故意,则需进一步考虑金融机构与消费者间缔结借款合同是否构成因第三人欺诈实施的民事法律行为。若金融机构在缔约时知道或应当知道车辆销售商会向消费者额外收取“息费”以转嫁贴息成本,在车辆销售商构成欺诈的情形下,消费者可依据第三人欺诈制度主张撤销其与金融机构间的借款合同。

本案中,黄某某丰田金融公司按约履行了放款义务,并无证据证明系争21,740元款项系由丰田金融公司授权美跃销售公司收取,或者丰田金融公司在缔约时知道或应当知道美跃销售公司会向黄某某收取该款项。而根据《合作协议》的约定,贴息款项应由美跃销售公司承担,故在丰田金融公司的主观认识中,《合作协议》披露与否并不影响黄某某在《贷款合同》下的权利义务,据此,《合作协议》的相关内容并不属于丰田金融公司在订立合同时必须向黄某某披露的事实,丰田金融公司也不存在隐瞒真相的故意,故不构成欺诈。

三、转嫁贴息成本构成欺诈情形下赔偿范围的认定

若车辆销售商转嫁贴息成本构成欺诈的,则可以认定车辆销售商在提供相关服务过程中实施了违法行为;消费者额外支付了本不应由其承担的“息费”,构成财产的积极减少,系损害;消费者支付额外“息费”系由车辆销售商的违法行为所导致,两者间具有因果关系;车辆销售商主观上具有通过虚构“息费”向消费者转嫁贴息成本之欺诈故意,具有过错。综上,车辆销售转嫁贴息成本构成欺诈的,符合侵权责任之构成要件,消费者可以向车辆销售商主张侵权损害赔偿责任。本案中,黄某某即选择向美跃销售公司主张侵权损害赔偿责任,包括财产损害赔偿以及惩罚性赔偿。

(一)财产损害赔偿的认定

财产损害赔偿主要是填补受害人已经遭受的损害,通过补偿,不仅要恢复受害人被减少的财产数额,而且要使受害人回到损害没有发生前的状态。车辆销售商转嫁贴息成本构成欺诈的,被减少的财产数额即为消费者本不应支付的贴息成本。本案中,美跃销售公司虚构“利息”的行为,使黄某某基于错误认识向美跃销售公司给付了21,740元,而事实上,无论是在《销售合同》还是《贷款合同》下,黄某某均没有支付上述款项的义务。换言之,黄某某支付了本不需要支付的

21,740 元款项,构成财产的积极减少,应予恢复。

(二)惩罚性赔偿的认定

车辆销售转嫁贴息成本构成欺诈的,可适用惩罚性赔偿,因车辆销售商系在向消费者提供服务过程中构成欺诈,故惩罚性赔偿金额应以消费者接受上述服务所支出的服务费为标准进行计算。关于服务费金额的认定,应以车辆销售商与消费者间真实的意思表示为基础,并结合意思表示的解释规则予以认定。本案中,黄某某与美跃销售公司在《销售合同》中明确约定贷款服务费系 3000 元,虽然美跃销售公司将 21,740 元开具为贷款服务费,但美跃销售公司自始至终均向黄某某表示其收取的是"利息",黄某某也没有将该款项视作贷款服务费,双方间并没有达成黄某某向美跃销售公司支付 21,740 元贷款服务费的合意。此外,美跃销售公司向黄某某收取 21,740 元款项时,黄某某已经与丰田金融公司间签订了《贷款合同》,美跃销售公司相关的贷款咨询、推荐等服务也均已完成,从双方的实际履约情况看,该 21,740 元也难以认定为贷款服务费。据此,美跃销售公司在本案中的惩罚性赔偿金额为贷款服务费(3000 元)的三倍。

【典型意义】

近年来,车辆销售商与金融机构合作推出贴息贷款产品,使消费者能通过低息甚至无息的方式贷款购车。然而,实践中也出现经营者通过各种方式向消费者转嫁贴息成本的情形,所谓的"零息贷款"名不副实。本案判决围绕欺诈的构成要件,区分金融机构、车辆销售商与消费者间所形成的不同法律关系,指出车辆销售商通过虚构"息费"的方式向消费者转嫁贴息成本,在未如实披露真实贴息交易信息的情况下,致使消费者基于错误认识支付贴息款项的,车辆销售商在服务合同下对消费者构成欺诈。本案判决对上述"转嫁贴息成本"予以否定性评价,依法保护金融消费者合法权益,对引导贴息贷款购车交易的规范开展具有积极意义。

【案例索引】

案号:上海市浦东新区人民法院(2021)沪 0115 民初 27493 号(2021 年 9 月 25 日)

审判组织:余韬、陆燕、顾天翔

编写人:顾天翔

02

电子仓单质押合同纠纷的司法规制

——平欣公司与平安银行深圳分行等金融借款合同纠纷案

裁判要旨

仓单作为一种权利凭证可以进行质押,实现资金融通。在认定质权效力时应当综合案涉仓单是否合法有效、基础的书面质押合同以及电子仓单权利凭证是否发生交付综合考虑。基于债权转让受让取得的主债权及电子仓单质权,满足上述形式要件的应当认定合法有效。

基本案情

原告:上海平欣资产管理有限公司

被告:平安银行股份有限公司深圳分行(以下简称平安银行深圳分行)

第三人:栾川县豫广金属冶炼有限责任公司(以下简称栾川公司)

案外人深圳平安汇富资产管理有限公司(以下简称汇富公司)与被告平安银行深圳分行、第三人栾川公司共同签订了《委托贷款合同》,约定汇富公司委托平安银行深圳分行向栾川公司发放人民币2000万元的委托贷款。为担保上述债权,栾川公司与汇富公司签订了三份《注册仓单质押合同》(以下简称《质押合同》),并向汇富公司提供了该合同中约定的钼精矿电子仓单作为担保。汇富公司委托案外人西双版纳商品交易所股份有限公司(以下简称西交所)进行质物监管,第三人中国兵工物资华东有限公司(以下简称兵工公司)位于河南省洛阳市丁产业聚集区安方路1号的仓库作为西交所钼精矿的指定交割仓库。2015年2月10日,兵工公司根据栾川公司的存货情况,出具了三张存货凭证,后又根据栾川公司及西交所的要求,将上述存货的相关信息录入西交所系统,制成了37张电子仓单,收回并销毁前述存货凭证。2015 年 2 月 13 日,西交所将《质押合同》项下约定出质给汇富公司的 17 张电子仓单备注为“质押”,并截屏发送至汇富公司指定邮箱。2015 年 4 月 29 日,汇富公司按照《委托贷款合同》约定,委托平安银行深圳分行向栾川公司发放了贷款。借款到期后,栾川公司未依约归还借款本金及利息。2015 年 12 月 14 日,原告与汇富公司签署确认书,共同确认汇富公司向原告转让涉案《委托贷款合同》及其从合同或其他关联法律文件项下对栾川公司所享有之一切权利。同日,汇富公司向栾川公司邮寄了债权转让通知书。

原告认为,汇富公司与栾川公司之间的《质押合同》依法成立生效,《质押合同》约定栾川公司以其于西交所注册的电子仓单设立质权,且西交所已就涉案电子仓单备注“质押”,具有公示效力,因此,涉案质权依法设立,汇富公司对栾川公司名下的电子仓单及该仓单项下的相关权利享有质权。现原告基于债权转让受让取得上述债权及质权,故原告诉请栾川公司向原告返还借款本金、利息以及实现债权的费用;并对其名下注册于西交所的电子仓单项下货物具有优先受偿权。

被告平安银行深圳分行辩称,同意原告的诉讼请求。

第三人栾川公司述称,仓单上必须有保管人的签字或盖章,否则不发生效力;且涉案仓单未经交付,仓单质押亦不符合法律规定的成立和生效要件。

第三人兵工公司述称,其并未出具过任何形式的仓单或与此类似的物权凭证,原告并未证明其针对涉案货物享有质权或其他任何物权权利。

【法院裁判】

法院经审理后认为,汇富公司与平安银行深圳分行、栾川公司签订的《委托贷款合同》,汇富公司与原告签订的确认书,汇富公司出具的债权转让通知书均合法有效,当事人理应恪守。本案的争议焦点在于原告对涉案电子仓单是否享有质权?对此争议焦点,法院认为,涉案仓单系以电子形式制成,合法有效;汇富公司与栾川公司订立书面质押合同,电子仓单权利凭证也已交付质权人,故涉案电子仓单质权依法设立。本案原告基于债权转让受让取得对栾川公司的主债权及涉案电子仓单质权。因此,原告对涉案电子仓单依法享有质权。故法院依法判决栾川公司履行还款义务,并就涉案电子仓单承担质押责任。

一审判决后,第三人栾川公司不服,提起上诉。上海市第一中级人民法院经审理后,判决驳回上诉,维持原判。判决现已生效。

【案例评析】

仓单作为一种由实物产品做后盾的流通工具,已经日益成为市场体系和金融体系的重要组成部分。仓单质押作为与现代化物流伴生发展的融资方式,广泛应用于从原材料供应商到客户的各个流通领域,其发展前景为众多银行和企业所看好,已经成为企业融资的一个重要途径。① 随着信息技术的发展,在仓单逐步规范化、系统化的大趋势下,"传统纸质仓单"也将逐步为"电子仓单"所取代,随之而来的电子仓单质押法律问题亦会越来越突出,因此,有必要确定电子仓单效力的司法审查路径。

一、电子仓单的质押融资及其法律性质

仓单是指仓储保管人在与存货人签订仓储保管合同的基础上,按照行业惯例,以表面审查、外观查验为一般原则,对存货人所交付的仓储物品进行验收之后出具的权利凭证。② 仓单作为一种权利凭证可以进行质押,实现资金融通,辅助完成现货交易,提高交易效率,降低交易成本,同时具有价格发现功能。仓单质押贷款指的是货主企业把货物存储在仓库中,然后可以凭仓库开具的货物仓储凭证——仓单向银行申请贷款,银行根据货物的价值向货主企业提供一定比例的贷款。③ 早期仓单质押模式主要涉及银行与融资企业两方关系,随着世界经济的发展,出现了涉及银行、仓储企业与融资企业三方关系的传统仓单质押模式,随即又发展成熟为银行统一授信给仓储企业的融资模式。④ 随着"互联网 +"模式的深入发展,仓单质押模式又有了新的发展——电子仓单质押,电子仓单质押模式涉及银行、仓储企业、融资企业以及商品交易所四方关系。在此模式下,各方均与商品交易所签订协议,仓储企业根据融资企业在其仓库中的存货情况出具存货凭证,在依据该存货凭证制成以电子形式存储于商品交易所服务器中的仓单后,销毁上述存货凭证,并对电子仓单项下的货物进行直接监管;融资企业要获得融资,须将其所有的电子仓单质押给银行;银行则依照其与融资企业之间的协议发放贷款,并根据其与融资企业之间的质押合同及对电子仓单的占有,

---

① 赵靖、赵立欣:《浅议仓单质押相关法规的完善》,载《河北金融》2010 年第 3 期。

② 推荐性国家标准:《物流术语》(GB/T 18354—2006)3.22。

③ 陈晓光:《仓单质押贷款的发展过程介绍及业务流程规范》,载《大连干部学刊》2006 年第 11 期。

④ 参见[美]哈罗德·伯恩鲍姆:《现场仓储的形式与内容》(Harold F. Birnbaum, Form and Substance in Field Warehousing), 13 Law and Contemporary Problems, Vol. 1, No. 4 (1948), pp. 56 – 77,转引自李佳玮:《仓单法律性质研究》,中国政法大学 2016 年硕士学位论文。

取得电子仓单的质权；商品交易所根据其与银行、融资企业的协议，将所涉仓单在电子交易系统中标记“质押”字样，并对电子仓单及其项下的货物进行监控。

关于仓单质押的法律性质，理论上具有争议。日本和我国台湾地区通说认为，仓单系表彰其所代表物品的物权证券，占有仓单与占有物品有同一的效力，因而仓单质押属于动产质押。[①] 我国台湾地区部分学者则认为仓单所设定之质权，属权利质权而非动产质权。谢在全先生认为，民法中对于交付物品同交付表彰物品的证券具有同一效力的规定，是“仅局限于物品所有权转移的关系而进行的规定”，其效力并不及于设定动产质权；杨仁寿先生亦认为物品证券所表彰的物品仅得以其证券行使权利，故仅以其证券设定质权，此外，当无由以该物品设定动产质权。在我国台湾地区“司法判例”中，对于仓单质押亦采取权利质押说。[②] 我国通说亦认为仓单质押属于权利质押。[③] 而电子仓单是仓单的一种创新形式，因此笔者认为，电子仓单质押的性质应与仓单质押相同，亦为权利质押。

二、电子仓单质押的司法审查

我国《民法典》第 910 条明确规定了仓单的概念和特征：“仓单是提取仓储物的凭证。存货人或者仓单持有人在仓单上背书并经保管人签名或者盖章的，可以转让提取仓储物的权利。”但并未对仓单的形式作出要求。因此，纸质并非仓单的唯一表现形式，电子仓单作为电子商务领域的金融服务创新产品，也可以是仓单的一种表现形式。此外，《民法典》第 909 条还规定了仓单的具体记载事项，但在实践中许多企业可能基于不同的需要，出具的仓单不完全符合上述标准。为了规范仓单的样式，促进现代仓储业及其与商品交易市场、金融和资本交易市场的发展，国家质量监督检验检疫总局（现为国家市场监督管理总局）和国家标准化管理委员会于 2013 年 12 月 31 日发布了《仓单要素与格式规范》，对仓单的必备要素和可选要素进行了规定，并附录了普通仓单与可流转仓单的样式，但该标准仅为推荐性国家标准，并未在全国强制推行。由于对仓单的记载事项及样式没有统一的标准，而各商品交易所甚至仓储企业均会制定自己的“标准仓单”，因此，部分仓单所有人与仓储企业可能会以仓单不符合《民法典》关于仓单记载

---

① 房绍坤、赵志毅：《论仓单质押》，载《法制与社会发展》2001 年第 4 期。

② 谢在全：《民法物权论》（下），中国政法大学出版社 1999 年版，第 818 ~ 819 页。

③ 但也有学者有不同看法：有学者认为仓单以保管物的所有权出质却不交付和转移标的物的占有，这一特征使其在性质上独立于动产质和权利质。参见费安玲：《比较担保法——以德国、法国、瑞士、意大利、英国和中国担保法为研究对象》，中国政法大学出版社 2004 年版，第 353 页。

事项的规定而否认仓单的效力。电子仓单作为仓单的一种新形式,不但会遇到传统纸质仓单的问题,而且因为其具有无形性的特征,无法像传统纸质仓单一样进行物理空间上的交付,甚至可能会使部分仓单所有人与仓储企业以没有物理空间上的交付为由,否认电子仓单质权的建立。本案中,原告依据确认书、《委托贷款合同》要求栾川公司履行还款义务,并依据《质押合同》要求其在不履行前述义务时承担质押担保责任,栾川公司及兵工公司,则以电子仓单的形式不符合原《合同法》的规定以及电子仓单未交付为由否认质权的成立,双方遂起争议。

(一)电子仓单的有效性分析

仓单要记载一定的事项,是一种要式权利凭证,我国《民法典》规定了仓单的记载事项,但对于欠缺记载事项,是否影响仓单的效力并未提及。日本旧时判决和部分学者认为,欠缺任何一项内容即足以使仓单无效,但其后的判决及多数学者均认为,只要仓单记载了寄托物的个性及数量即已足,其他事项的欠缺不影响仓单的效力。判例认为,如果认为缺少其中任何一项记载事项均使仓单无效的话,则不利于交易的安全。我国部分学者认为,除了有关保管期间和有关寄托物保险的事项,其他事项均为绝对必要记载事项,欠缺其一,仓单无效。史尚宽先生认为除了仓库营业人的署名及足以表示仓储物的性质和交付场所的事项为绝对记载事项,其他均为可记载事项。关于法定记载以外事项的记载,只要不违背仓单的本质,应认为有效力。[①] 我国学者对仓单记载事项的理解亦不相同,一般认为,《民法典》所规定的仓单记载事项应为指导性事项而非法定必要事项,所以,只要仓单缺乏的事项不足以影响权利义务的确定和仓储物的一致性,就应认定为有效;反之,认定为无效。[②]

本案中,仓储方兵工公司在收到存货人栾川公司的钼精矿后向其签发了存货凭证,后根据栾川公司及西交所的要求,将上述钼精矿的仓单编号、交易商代码、交易商名称、仓库代码、仓库名称、商品代码、商品名称、商标、仓单重量、单位等相关信息录入西交所电子交易系统,制成电子仓单后,收回并销毁了存货凭证。上述仓储方将仓储物的相关信息在西交所电子交易系统中注册的行为,可以视为传统纸质仓单中保管人在收到仓储物时向存货人签发表示收到一定数量仓储物的行为,即保管人在仓单上签名或盖章。因此,涉案电子仓单虽然没有记

① 史尚宽:《债法各论》,中国政法大学出版社 2000 年版,第 559 ~560 页。
② 吴才毓:《仓单凭证性质考》,载《福建法学》2014 年第 4 期。

载原《合同法》规定仓单应记载的仓储物的损耗标准、仓储费、填发人和填发地等信息，但该电子仓单有一一对应的货物，且其是依据双方之间的协议制成，因此是合法有效的。同时，西交所作为商品交易所，其制定的电子仓单标准应对其客户具有约束力。涉案相关公司均为西交所客户，理应同意并遵守西交所制定的电子仓单标准。此外，若否认依该标准制成电子仓单的合法有效性，将会影响相关交易的稳定性，引发更大的交易风险。故栾川公司以仓单上必须有保管人的签字或盖章、电子仓单的记载事项不符合原《合同法》的要求为由否认电子仓单的效力，法院不予支持。

（二）电子仓单权利凭证的认定

随着电子信息技术的发展，电子权利凭证日益成为商业、金融活动中的权利凭证重要组成部分，但我国立法并没有规定权利凭证的具体形式。美国《统一商法典》规定，权利凭证是指在常规的商业或金融活动中能够充分证明占有人或控制人有权接收、控制、持有和处分记录及记录项下货物的凭证，包括提单、码头凭证、码头收据、交货单、仓单等；电子权利凭证是指由储存于电子媒介中的信息组成的记录所证明的凭证，有形权利凭证是指由记载在有形载体上的信息组成的记录所证明的凭证。[①] 笔者认为我国司法实践中参考域外立法例，亦当认可电子权利凭证为权利凭证的一种形式。

在本案中，对于涉案电子仓单是否属于权利凭证的认定，将会影响其出质的方式，并最终会决定涉案电子仓单质权的设立是否有效。虽然我国立法例中没有电子权利凭证的概念，但我国《民法典》认可仓单为权利凭证，电子仓单是仓单的一种表现形式，其属性应与仓单一致，亦应为权利凭证。故而，栾川公司及兵工公司以未出具过任何形式的仓单或类似物的权利凭证为由，否认电子仓单的效力之辩称，法院不予采纳。

（三）电子仓单质押成立的要素分析

在公示要件主义的立法例下，公示制度是物权变动中最核心的一环，经过公示的物权，不仅可以发生转让的作用，即权利变动的效果，也能发生推定作用和善意取得作用。[②] 目前，物权公示方式主要有交付（占有）、登记等方式。动产物

① U.C.C. §1-102。

② ［德］鲍尔、施蒂尔纳：《德国物权法》（上），张双根译，法律出版社2004年版，第61页。

权的公示,一种是作为静态权利表征的占有,另一种是作为动态公示方式的交付。[①] 而根据原《物权法》第224条[②]的规定:“以汇票、支票、本票、债券、存款单、仓单、提单出质的,当事人应当订立书面合同。质权自权利凭证交付质权人时设立;没有权利凭证的,质权自有关部门办理出质登记时设立。”可知,具有权利凭证的权利质权设立,既需如动产物权动态公示一样,向质权人交付权利凭证,又必须以书面形式订立质押合同。关于订约,本案中汇富公司与栾川公司书面签订的三份《质押合同》系双方当事人真实意思表示,内容不违反法律、行政法规的强制性规定,故《质押合同》合法有效。各方当事人对此均以认可,本案的争议焦点主要是涉案电子仓单的交付。

关于交付,本案的权利凭证是电子仓单,具有无形性和电子化的特征,因此无法像传统纸质仓单一样进行物理空间上的交付。对于电子权利凭证的交付,我国法律没有规定,可以参考美国立法例。美国法规定,电子权利凭证通过控制而交付,且无须背书。[③] 美国法中对于电子权利凭证的控制,需要满足:1. 存在一个专门进行利益转让的系统,且该系统能够可靠地证明电子凭证被签发或转让;2. 如果凭证以下列方式创造储存及转让,且在满足1的前提下,此人被视为拥有电子凭证的控制:(1)一个唯一的、权威的、可确认的副本存在,且不可涂改,除非(4)(5)(6)另有规定;(2)该权威副本能够确定主张控制的人为下列之一:①被签发的人,②该权威副本能够表明该单据已被转让,则为最近被转让的人;(3)该权威副本被主张控制或主张其为指定管理人的人保持;(4)该权威副本只有在征得主张控制人的同意时才能被添加或改变;(5)该权威副本的每个复印件及复印件的副本均可以轻易地被确定为不是该权威副本;(6)从该权威副本的任何修正就可以轻易地看出其是否为权威副本。[④] 本案中,西交所的系统是专门进行权利转让的系统,且该系统能够证明涉案电子仓单已经流通,系统截屏(副本)的内容唯一可确认且没有涂改,该系统截屏由原告保持,亦可得出涉案电子仓单被出质的结论。因此,西交所将《质押合同》约定出质给汇富公司的17张电子仓单在其交易系统中备注“质押”字样,并将相应系统界面截屏发送至汇富公司指定邮箱,这种电子仓单物权权利的确认及转让,应视为涉案电子仓单权利凭证的交付。

---

① 参见孙宪忠:《中国物权法原理》,法律出版社2004年版,第177页。

② 现对应《民法典》第441条。

③ U.C.C. §7-501。

④ U.C.C. §7-106。

在我国实践中，电子仓单不仅要进行交付，还需在商品交易所进行登记。商品交易所作为电子仓单质押登记机构已成为交易惯例，其作为第三方，具有一定的独立性、权威性和公开性。在其系统中登记电子仓单的信息，能够使相关方在其系统中查询相应信息，具有法律上的公开公示效果。本案中，西交所为其从事现货交易的会员和交易商提供了专门的电子交易平台，在该电子交易平台中对涉案仓单状态标识为"质押"，并将上述电子仓单纳入质押监控清单。同时，该记载标识在实际交易过程中可供融资客户、质权人、商品交易所及其他相关方进行查询和发起相关交易指令。因此，西交所在其系统中将电子仓单标识为"质押"状态的行为，具有法律上的公示效力。且根据原告提供的公证邮件，保管人兵工公司就涉案电子仓单质押于汇富公司也是知情的。因此，涉案电子仓单质权的设立合法、有效。

【典型意义】

本案涉及的电子仓单质押业务是近年来随着互联网金融不断发展而兴起的仓单融资创新产品，在法律法规滞后的情况下，本案在司法审查中秉承与时俱进的金融审判理念，抓住争议的实质，明确电子仓单质押的司法审查路径，对类案审判工作具有一定的参考价值，并且利于金融交易的效率与安全之间的平衡。

【案例索引】

案号：

一审：上海市浦东新区人民法院(2016)沪0115民初9984号(2017年2月13日)

二审：上海金融法院(2017)沪01民终6125号(2017年7月20日)

审判组织：

一审：顾权、黄婧、黄玉娟

二审：金成、孙倩、盛宏观

编写人：顾权、王朝辉、董晓筠

03

应收账款质押的司法规制

——瑞穗银行与百红公司等金融借款合同纠纷案

裁判要旨

中国人民银行征信中心作为应收账款质权的登记机构，负责维护登记公示系统的安全、正常运行，对应收账款本身不负实质审查义务。合同约定是以债务人在一段期间内到期的所有应收账款作质押担保的，原告需明确现存的到期应收账款的范围。因应收账款设立质押涉及次债务人的利益，出质登记虽然具有对抗第三人的效力，并不能当然约束次债务人，未经有效通知，不对次债务人发生法律效力。应收账款债务人抗辩应收账款基础合同项下债权人和债务人互负的付款义务抵销，应根据债权债务的性质、产生的基础等因素综合进行考量。

基本案情

原告：瑞穗银行（中国）有限公司（以下简称瑞穗银行）

被告：上海百红商业贸易有限公司（以下简称百红公司）

被告：妮维雅（上海）有限公司（以下简称妮维雅公司）

被告：润家（上海）投资公司（以下简称润家公司）

被告：农工商超市（集团）有限公司（以下简称农工商超市）

被告：孩子王儿童用品股份有限公司采购中心（以下简称孩子王采购中心）

被告：上海粤盈实业有限公司（以下简称粤盈公司）

2020年5月26日，百红公司向原告申请贷款。贷款到期后，百红公司未按约归还本金。2019年3月20日，原告与百红公司签订《质押合同》。涉案应收账款已办理质押登记。登记后，原告分别向各应收账款债务人发送了应收账款质押通知书。妮维雅公司与百红公司及案外人签署《三方协议书》,明确双方终止合作,并结算抵扣了三方之间的应收、应付款项,其中妮维雅公司对百红公司的应付款项小于应收款项。润家公司与百红公司曾签订《供应商贸易协议》,双方明确已停止合作,但尚未结算账款。农工商超市与百红公司签订《2017—2018年商品贸易与促销服务协议》。现双方不再合作,但尚有互负债务应在应收账款中抵销。孩子王采购中心与百红公司签订《孩子王自营合同》。合同约定了孩子王采购中心的信件接收地址。孩子王采购中心未收到过质押通知。双方已于2018年年底终止合作。粤盈公司与百红公司签订《合同书》约定,百红公司向粤盈公司提供商品。后粤盈公司要求向百红公司退货过保质期商品。双方通过开具销项负数发票退回部分货款。

审理中,百红公司于2021年5月10日被法院裁定进入破产清算程序。

【法院裁判】

法院经审理后认为,原告与百红公司签订的《综合授信合同》《循环信贷额度协议》等均系双方当事人的真实意思表示,且不违反国家法律和行政法规的禁止性规定,合法有效,对双方均有法律约束力。原告按约履行了全额放款义务,而被告作为借款人未按约履行还款义务,其行为已构成违约,理应承担相应的违约责任。现百红公司已经进入破产程序,故法院依法确认原告对百红公司享有债权。

以应收账款出质的,当事人应当订立书面合同,质权自信贷征信机构办理出质登记时设立。本案中,《质押合同》等均系当事人的真实意思表示,且不违反法律和行政法规的禁止性规定,合法有效。涉案质押的应收账款,虽约定为一定期限内发生的所有应收账款,但原告已就产生应收账款的基础合同、质押金额对应的票据进行了审查,明确了应收账款债务人的身份,可以确认相关权利确实存续且具有合理期待性,且均已在中国人民银行征信中心动产权属统一登记公示系统中办理登记。因此,涉案应收账款质权已经依法设立。

本案的核心争议焦点在于原告是否可依据质押登记的金额向应收账款各债务人行使质权。对此,法院认为,第一,中国人民银行征信中心作为应收账款质权的登记机构,只负责维护登记公示系统的安全、正常运行,对应收账款本身不负实质审查义务。并且原告与百红公司间合同约定的是以百红公司在一段期间内到期的所有应收账款作质押担保。因此,原告在主张优先受偿权时,需明确现存的到期应收账款的范围。第二,应收账款属于债权,其设立质押涉及次债务人的利益。应收账款出质登记虽然具有对抗第三人的效力,但并不能当然约束次债务人,未经有效通知对次债务人不发生法律效力。第三,应收账款债权是一种请求权,应收账款的债务人有抗辩的权利。对于应收账款基础合同项下的债权人和债务人互负的付款义务是否可以抵销,则应根据债权债务的性质、产生的原因等因素综合进行考量。因此,在应收账款质权纠纷中,若存在应收账款本身已经消灭,或存在抵销权、抗辩权等情形,仍应结合具体情形确定质权人是否应享有优先受偿权及优先受偿的范围。具体到本案:

1. 关于妮维雅公司。涉案应收账款质押并未有效通知妮维雅公司。妮维雅公司的应付金额高于经其确认的应收金额,互负债权债务均已到期,故协议抵销的行为合法有效。

2. 关于润家公司。原告提供有效送达质押通知书的证据,故对润家公司辩称不予采信。经核账,对双方确认的应收账款的金额予以确认。

3. 关于农工商超市。应收账款的债权人与债务人互负债务,即使标的物种类、品质不相同的,经债务人、次债务人协商一致,也可以约定抵销。双方交易模式为供货商与经销商之间就应付货款与交易中发生的费用、退货等进行互相抵销、统一核算。上述交易模式未违反法律规定,亦符合市场交易规律。原告对农工商超市的应收账款享有优先受偿权的范围应以债权债务结算后的剩余应收账款为准。

4. 关于孩子王采购中心。合同中明确披露并约定了孩子王采购中心的送达地址。现原告并未根据该地址寄送应收账款质押通知书,且原告也未能提供孩子王采购中心确认应收账款质押的回执,故无法认定原告已有效通知孩子王采购中心应收账款质押的事实。现孩子王采购中心与百红公司已结束合作,相应合同项下的应收账款也已结清,故原告主张就孩子王采购中心应收账款享有优先受偿权的请求,不予支持。

5. 关于粤盈公司的应收账款。关于退货,符合双方贸易模式的交易惯例,且系经双方协商一致,故退货的款项不应计入现存应收账款的金额。关于粤盈公司支付剩余款项 2772.30 元,发生在质押通知之后,该清偿行为应属无效,故认定,原告对粤盈公司享有优先受偿权的应收账款金额为 2772.30 元。

综上,上海市浦东新区人民法院于 2021 年 12 月 3 日作出(2020)沪 0115 民初 40268 号民事判决:确认瑞穗银行对百红公司享有借款本金、利息、律师费的债权;确认瑞穗银行对判决就百红公司对润家公司、农工商超市、粤盈公司的部分应收账款享有优先受偿权;驳回瑞穗银行的其余诉讼请求。

一审宣判后,各方当事人均未提出上诉,一审判决已经生效。

【案例评析】

2022 年 2 月 1 日施行的《动产和权利担保统一登记办法》(中国人民银行令〔2021〕第 7 号)替代了《应收账款质押登记办法》,进一步明确了可质押应收账款的种类、登记范围等,为应收账款融资提供了更为明确、细化的制度性保障。应收账款质押作为企业融资的重要工具,虽在制度层面对质权人的权利提供了保障,但仍因应收账款清偿灭失、虚假应收账款、应收账款是否特定化等问题导致质权人质权无法实现。本案即以应收账款质押的风险因素为视角,围绕以下争点展开:第一,应收账款质权的实现;第二,应收账款质权数额的确定。

一、应收账款质押的风险因素

应收账款质押中包含两重法律关系,一是应收账款出质人与应收账款质权人之间的应收账款质押合同关系,二是应收账款债权人(出质人)与应收账款基础合同债务人(次债务人)之间的债权债务关系。应收账款是金钱债权,作为权利质权客体,本身存在特殊性。与可实际占有的动产相比,应收账款难以控制,无法进行实物交换。与有权利凭证的不动产相比,即使占有了应收账款的债权凭证,也因金钱为种类物,会因清偿而致债务混同导致质权人的权利落空。[①]

(一)应收账款基础法律关系的风险

应收账款质押是否能实现,以应收账款基础法律关系为根本。实践中存在应收账款质押本身成立生效均符合法律规定的形式要件,但因基础法律关系不真实、效力瑕疵等原因导致质权无法实现。主要表现如下:

1. 虚构应收账款的存在。出质人为融资,以虚构应收账款交易合同或凭证进行质押担保。质权人在订立质押合同时未对基础应收账款的真实性进行审查,或仅就出质人提供的形式材料进行审核而未进一步审核基础合同的交易对手及交易内容。

2. 次债务人履行能力的不确定。应收账款具有抽象性、无形性的特点,实现

① 裴亚洲:《民法典应收账款质押规范的解释论》,载《法学论坛》2020 年第 4 期(第 35 卷,总第 190 期)。

上无法特定化，质权人对应收账款也不能进行物理性的占有，因此应收账款最终是否可以实现、得以实现多少，主要还是依赖于次债务人的履行。实务中，质权人一般对次债务人的履约能力并不了解，若次债务人履约能力不佳，将直接影响质权人实现质权。

3. 未来应收账款的定义模糊。《民法典》第 440 条增加“现有的以及将有的”，扩大了应收账款质押的范围，但对“将有的”应收账款并未有明确定义。有的主张未来应收账款应包括合同中所涉及的所有可能发生到质权最终清偿时的数额，也有观点认为针对将来发生的应收账款，应在质权实现时对质押范围进行确定。

（二）次债务人抗辩权的履行

《民法典》第 445 条规定，应收账款质权设立，以质权人和出质人合意为要件，以登记为生效要件。我国法律并未就应收账款质押通知次债务人予以立法规定。在债权转让制度中，债务人对债权受让人可以行使其对债权人的抵销权和抗辩权。比照该制度，应收账款债务人亦有权对质权人行使上述权利。诉讼中，次债务人常提出以下几种类型的抗辩：

1. 次债务人不知质权存在的抗辩。目前，法律未就应收账款质押通知次债务人作出强制性的规定。然而，登记是公示的方式，但公示本身不等同于推知相关当事人必然知晓。① 如应收账款质押的事实未通知或未有效通知次债务人，则会阻碍质权实现。

2. 应收账款基础合同瑕疵的抗辩。出质人虽提供了真实的应收账款基础合同，但基础合同本身存在公章作假、交易不真实的瑕疵，质权人在向次债务人主张质权时，次债务人行使对出质人的抗辩权导致质权人权利无法实现。

3. 次债务人关于债务履行的抗辩。次债务人如不知应收账款质押的事实，则就其应付账款进行清偿，该清偿行为为善意。此情形下，质权人向其主张质权，次债务人可以债务消灭为由提出抗辩。此外，如主债权晚于应收账款到期的，次债务人可以债务未届履行期为由提出抗辩。

4. 次债务人法定抵销权的行使。应收账款质权条件成就时，次债务人可以其与出质人之间另外存在债权债务关系而主张法定抵销抗辩。在应收账款足以抵偿质权人债权时，不影响质权人实现债权。但法律并没有明确规定，如出质人

① 姚傑：《应收账款质押通知的法律研究》，载《国家检察官学院学报》2018 年第 2 期。

资产不足以同时清偿其对应收账款债务人的债务和对质权人的债务时，应当优先保护质权人的质权还是次债务人的抵销权。[①]

二、实现应收账款质权的审查路径

（一）实现方式的审查

质权人实现应收账款质权的方式包括两种，一种是向出质人主张其担保的主合同项下的欠款，这种方式系直接以合同关系为依据，无须赘述；另一种是质权人向次债务人的主张。在司法实践中，质权人向次债务人主张的诉讼请求通常表现为两种方式，一是向次债务人主张对应收账款优先受偿；二是要求次债务人直接向质权人支付应收账款。

《民法典》第425条就动产出质情形下债务人不履行到期债务，赋予债权人优先受偿质押动产的权利。应收账款质权作为权利质权的一种，亦适用动产质权相关规则的准用规范，即质权人向次债务人的优先受偿权系有明确法律依据，就直接付款的诉讼请求，法律并无明文规定。一种观点认为，质权人与出质人之间形成的是应收账款质押关系，出质人并未将债权转让给质权人，质权人与次债务人之间未形成直接的债权债务关系，故质权人无权要求次债务人支付应收账款。[②] 另一种观点认为，应收账款本身满足直接清偿的条件，无须经过变现的方式再进行优先受偿。[③] 笔者同意后一种观点，第一，从其性质而言，应收账款是一种金钱之债，区别于动产和其他权利样态，无须以拍卖、变卖或折价方式来确定其价值，其本身可以满足直接清偿的条件。第二，从质押范围的确定来看，为使主债权能获得及时清偿，质权人在设立应收账款质权时，其质押的金额通常大于或等于主债权，直接向次债务人主张给付，并未增加次债务人的义务负担。且次债务人能及时明确履行对象，行使抗辩权，更有利于厘清应收账款的应付范围。第三，从经济便利和效率角度来说，次债务人直接向质权人履行是质权人最快、更大程度实现债权的方式，对质权人更有利。从出质人角度来看，亦避免重复转手影响债务清偿的时间差而导致债务延期履行的违约责任增加。[④] 需要注意的是，本案中，质权人在主张优先受偿的同时，要求次债务人直接向其给付应收账

---

① 史鑫蒂：《应收账款质押法律适用的疑难问题研究》，吉林大学2020年硕士学位论文。

② （2017）最高法民申1572号，华侨永亨银行（中国）有限公司广州珠江新城支行与烟台丰彩包装有限公司等金融借款合同纠纷案。

③ 吴金水、张怡湘：《应收账款质押中次债务人的责任承担》，载《上海审判实践》2020年第4辑。

④ 樊丽婷：《我国应收账款质权实现的法律探析》，载《时代金融》2020年第28期。

款。该诉请的本意即为直接给付，但在诉讼过程中，出质人进入破产程序，若判决直接给付应收账款，则与破产债务的处理分配发生冲突，因此本案最终判决确认了质权人对所质押应收账款的优先受偿权。

（二）有效通知的审查

应收账款质押中，通知虽然不是强制性的要求，却是质权人保全质权和辅助质权实现的工具。同时，应收账款属于债权，其设立质押涉及次债务人的利益，通知能让次债务人及时知晓质押的事实，明确债务履行的对象。应收账款出质登记虽然具有对抗第三人的效力，但不能仅凭当事人办理了质押登记就认定应收账款债务人对于应收账款出质的事实知情或应当知情，亦即不能因登记而当然约束次债务人。即便应收账款质权依法设立，未经有效通知对次债务人不发生法律效力。

何为有效通知？有观点认为，质权人只需按照次债务人的住所地或合同约定的地址送达应收账款质押的通知即为有效；也有观点认为，质权人在向次债务人送达通知后，还需得到次债务人的书面确认。上述观点均有其可采之处。笔者认为，有效通知可从以下两个角度来审查：第一，质押通知的有效送达。质权人或出质人应当在质权设立时，以次债务人认可的方式和形式进行送达。这种方式可以是传统的邮寄送达，送达的地址需包括次债务人的住所如法人的注册地、实际办公地，合同上写明的次债务人所在地等；同时，也可以是电子方式送达，如通过业务往来或工商备案的邮箱等。此外，法律并未将通知的形式局限于书面，口头通知形式仍是有效的送达方式，但质权人须就有效送达承担举证责任。第二，次债务人知悉应收账款质押的事实。实践中，通常次债务人是否知悉，以次债务人在通知书或确认书上签名盖章来判断。应收账款质押对质权人而言存在出质人虚构应收账款的风险，《最高人民法院关于适用〈中华人民共和国民法典〉有关担保制度的解释》第61条就该风险作出了明确指引，如次债务人向质权人确认应收账款真实性，即使应收账款为假，仍应由次债务人承担责任。次债务人以出具承诺函、确认函等书面方式向质权人作出意思表示的，实际是以约定方式明确了次债务人的义务内容，此乃次债务人向质权人履行直接付款义务的依据。结合本案分析，本案质权人在应收账款质权设立时已对次债务人的基本身份、基础合同、应收账款金额发票等有相当的注意义务，质权人亦向次债务人发送了应收账款质押通知并要求提供回执，但质权人并未获得次债务人向其确认应收账款的回执，亦未进一步沟通相关应收账款金额的真实性。此时，质权人不能当然约束次债务人的清偿行为，应承担其举证不能的后果。

三、应收账款数额的审查及认定

中国人民银行征信中心作为应收账款质权的登记机构，负责维护登记公示系统的安全、正常运行，其系统要求仅对登记的应收账款作概括性描述，对应收账款本身不负实质审查义务，亦未对应收账款债务人信息登记作出要求。本案中，出质人为超市与供货商之间的贸易中间商，次债务人也基本为大型国有或民营企业，有良好的资金基础。质权人在应收账款质权设立时，虽已在形式上将应收账款对应的票据进行了备注登记，并以主债权金额 1.5 倍的应收账款进行质押，但在质权实现时以该金额主张优先受偿，并未获支持。

以现有、已发生的、数额确定的应收账款进行质押，因其数额确定，并无讨论之必要。本案中笔者关注的是对于现有且未确定的应收账款或将来应收账款进行质押，如何确定其实现质权时的数额。

（一）质权效力范围的审查

质押数额是决定质权效力范围的重要因素，关于将来应收账款质押数额的确定，有观点认为，如在质押合同中将应收账款基础合同直接列为质押标的，则基础合同中约定的所有对应发生业务的应收账款均为最终可受偿的范围；也有观点认为，针对将来应收账款或现存的但在之后一段时间内仍会新增的应收账款进行质押的，应在质押设立时明确质押的范围、时间节点，并及时将新发生的应收账款金额进行补登记，未纳入登记的，不应列为可受偿的质权数额；亦有观点认为，诉讼中难以确定数额的，可以先确认质权人享有优先权，在执行程序中再解决。①

笔者对此有不同观点，笔者认为，第一，将来应收账款的设立不应苛求对其具体内容进行登记。对将来应收账款的质押应允许当事人在应收账款质押合同中对标的物作概括性的描述，而无须在登记机关一一列明将来业务的具体明细。第二，质押合同中应对将来应收账款的内容特定化。《民法典》以简化抵质押财产描述信息的范围和事项的方式，为将来应收账款的质押提供了规范依据和解释空间，但仍应在质押合同中对将来应收账款有一定程度的特定化。质押的将来应收账款，应根据基础合同确定该债权在将来一定期限内会产生、届期产生的

---

① 最高人民法院民事审判第二庭：《最高人民法院民法典担保制度司法解释理解与适用》，人民法院出版社 2021 年版，第 523 ~ 524 页。

债权金额亦可根据基础合同约定的标准计算得出，该等债权才符合确定性要求。如在质押合同中将担保财产的发生时间段或点、品类、数量等进行确定，避免在质权实现时无法确定质权范围。① 第三，质权人应当在主张质权实现时明确现存的应收账款范围。当事人应就其主张的事实负有举证责任，质权人在主张质权时应就其主张的数额进行举证。如前文所述，虽然质权设立登记时并未作要求，但对于将来应收账款本身确定性、特定化的审核义务仍为必要。

（二）次债务人法定抵销权的对抗效力

应收账款债权是一种请求权，债务人有抗辩的权利。对于基础合同项下的债权人和债务人互负的付款义务是否可以抵销，则应根据债权债务的性质、产生的原因等因素综合进行考量。

应收账款质押，本质上是以一项债权担保另一项债权，质权权益的有无和多少取决于应收账款付款义务人是否依约履行付款义务，质权人要承担应收账款付款义务人的资信风险。在应收账款质押制度设计本身存在固有缺陷的情况下，如果在应收账款上有法定抵销权的存在，质权人的优先受偿权将会受到影响，《民法典》及其司法解释的相关规范也未明确在二者权利出现冲突时应当如何处置，经常成为司法实践中的争议焦点。笔者认为，此时应该以通知的时间和质权设立的时间两个节点综合判断抵销权和应收账款质权优先级的问题。在应收账款债务人对出质人亦享有金钱债权的情况下，抵销权生效的时间将影响应收账款质权的实现。《民法典》第568条规定了法定抵销权，抵销权是形成权，只需权利人一方作出意思表示即可。在应收账款债务人亦对出质人享有债权时，符合行使抵销权的要件，若允许其行使抵销权，会使得应收账款债务人的清偿范围变小，质权人的权利就会受损，所以，必须先判断应收账款债务人的抵销权是何时成立的，才能厘清质权人和应收账款债务人抵销权的效力冲突问题。针对抵销权成立的时间，理论界有两种观点。第一种观点从抵销权的溯及力视角切入，认为自抵销权处于“抵销适状”之日起，被质押的债权，即被动债权发生的任何法律上的变化，都不能阻碍抵销权人行使法定抵销权。第二种观点是从权利质押的角度切入，质权人可以“限制出质人与第三债务人之间的行为”，即应收账款出质后，非经质权人同意，出质人不得以法律行为使其应收账款消灭或变更，

① 王利明：《担保物权制度的现代化与我国〈民法典〉的亮点》，载《上海政法学院学报（法治论丛）》2021年第1期。

应收账款的收取、更改、清偿、抵销、更改等任何可以使债权消灭或变更的法律行为，对于质权人都不发生效力。所以，应当在质权设立时，判断抵销权是否已经成立以及成立后有没有发出抵销通知。如果在质权设立之时，尚未处于“抵销适状”的状态，在后成立的抵销权当然不能对抗在先成立的质权，无论质权设立时有没有对应收账款债务人发出质押通知。如果设立质权时，已经处于“抵销适状”，只是应收账款债务人没有发出通知，在质押通知发出前，应收账款债务人可以主张抵销权，出质人和应收账款债务人的债权债务消灭或减少，由此对质权人造成的损失应由出质人承担。

【典型意义】

应收账款质押作为企业融资的重要形式，可以提高资产的流动性，使得融资成本与业务周期相同步，加强企业资金的流动。本文通过对应收账款案件的梳理和分析，明确了应收账款质权实现的规范路径，暨在法律尚缺位的情形下，应参照一般债权转让的相关法律规定，从应收账款质权登记、是否通知次债务人，次债务人如何抗辩等要素出发，定型该类纠纷的裁定规则，充分发挥司法审判裁判规则的引导和规范作用，在促进市场主体行为的规范化和法治化的同时，提升营商环境的便利和效率。

【案例索引】

案号：上海市浦东新区人民法院（2020）沪0115民初40268号（2021年12月3日）

审判组织：陆剑平、张巍巍、丁娴静

编写人：丁娴静、杨雯娟

04

抵押权预告登记优先受偿效力的司法认定

——民生银行上海分行与朱某某等金融借款合同纠纷案

裁判要旨

当事人办理抵押预告登记后，预告登记权利人请求就抵押财产优先受偿，已经办理建筑物所有权首次登记，且不存在预告登记失效等情形的，应予支持。涉案房产已经办理建筑物所有权首次登记，因被告未办理不动产产权登记，客观上造成权利人不能办理不动产抵押登记，不属于预告登记失效的情形。

基本案情

原告：中国民生银行股份有限公司上海分行（以下简称民生银行）

被告：朱某某

被告：汪某某

被告：汪某

2015年7月29日，被告朱某某的丈夫，被告汪某为购买位于上海市静安区彭江路399弄××号×××室的房产，与案外人方兴置业（上海）有限公司签订了《上海市商品房预售合同》。2015年9月1日，被告朱某某、汪某、汪某某与原告民生银行签订了《个人购房/车位借款及担保合同》（编号：个房贷字第10266201580××××号），合同约定：被告朱某某、汪某向原告民生银行借款7,500,000元用于购买上海市静安区彭江路399弄××号×××室的房产，借款期限自2015年9月1日起至2045年9月1日止。合同第19条约定被告汪某、朱某某以购买的上述房屋提供抵押担保；第54.1条约定被告朱某某、汪某连续3个月或累计6个月未能按本合同约定还本付息的，原告有权宣布合同项下已发放的贷款提前到期,要求被告朱某某、汪某立即提前偿还部分或全部借款,依法处分担保物并优先受偿。双方于2015年9月11日办理了所涉房产的抵押权预告登记手续。2015年9月16日,民生银行依约放款7,500,000元。但是,被告朱某某、汪某未按照合同约定按时归还贷款本息,经原告多次催收后,被告朱某某、汪某仍未还款,且涉案抵押物已被公安局查封。原告依据合同第54条约定有权宣布已发放的贷款提前到期,有权依法处分抵押物并优先受偿。2018年12月24日,原告向被告朱某某、汪某发函宣布贷款全部提前到期。为维护原告的合法权益,原告诉至本院。

被告朱某某、汪某某、汪某答辩称,对涉案贷款的事实和金额无异议,对借款的本金、利息、逾期利息无异议,但认为律师费金额过高,且不应该由被告朱某某、汪某某、汪某承担,三被告愿意承担担保责任。

第三人公积金中心答辩称,被告朱某某、汪某在原告处申请组合贷款,其中公积金贷款50万元,贷款期限30年,贷款于2015年9月16日发放,截至2021年5月13日,贷款余额451,388.85元,应付未付利息37,279.87元,罚息5665.94元,本息合计494,334.66元。上海市公积金管理中心亦属于涉案房屋抵押权人,原告与上海市公积金管理中心系同一顺位抵押权人,若本案涉及处置抵押物,公积金中心应与原告一并受偿。

【法院裁判】

法院经审理后认为,原告与被告朱某某、汪某某、汪某签订的《个人购房/车位借款及担保合同》系双方当事人真实意思的表示,合同依法有效,双方当事人理应恪守。原告要求对抵押权预告登记的案涉房屋享有优先受偿权的请求,根据《最高人民法院关于适用〈中华人民共和国民法典〉有关担保制度的解释》第52条第1款的规定,当事人办理抵押预告登记后,预告登记权利人请求就抵押财产优先受偿,经审查已经办理建筑物所有权首次登记,且不存在预告登记失效等情形的,人民法院应予支持。根据《民法典》第221条第2款的规定,预告登记后,债权消灭或者自能够进行不动产登记之日起九十日内未申请登记的,预告登记失效。本案中,涉案房产已经办理建筑物所有权首次登记,登记在开发商方兴置业(上海)有限公司名下,因被告朱某某、汪某某、汪某未办理不动产产权登记,客观上造成原告不能办理不动产抵押登记,不属于预告登记失效的情形。因此,本院确认原告的抵押权自预告登记之日起设立,原告主张对涉案抵押房产行使抵押权,本院予以支持。原告行使抵押权时,因与第三人系同一顺位,故应按照债权比例受偿。

综上,上海市浦东新区人民法院于2021年6月30日作出(2021)沪0115民初10758号民事判决,判决:一、被告朱某某、汪某应于本判决生效之日起十日内归还原告中国民生银行股份有限公司上海分行借款本金6,750,000.12元;二、被告朱某某、汪某应于本判决生效之日起十日内向原告中国民生银行股份有限公司上海分行支付截至2021年6月3日的利息713,834.75元、逾期利息123,831.40元;三、被告朱某某、汪某应于本判决生效之日起十日内向原告中国民生银行股份有限公司上海分行支付自2021年6月4日起至实际清偿日止的逾期利息(以贷款本息之和7,463,834.87元为基数,按《个人购房/车位借款及担保合同》约定的标准计算);四、被告朱某某、汪某应于本判决生效之日起十日内支付原告中国民生银行股份有限公司上海分行律师费166,250元;五、如被告朱某某、汪某届期不履行上述第一项至第四项还款义务的,原告中国民生银行股份有限公司上海分行、第三人上海市公积金管理中心可以与被告朱某某、汪某某、汪某协议,以其名下的位于上海市静安区彭江路399弄××号×××室的房产折价,或者申请以拍卖、变卖该抵押物所得价款由原告中国民生银行股份有限公司上海分行和第三人上海市公积金管理中心按照债权比例优先受偿,抵押物折价或者拍卖、变卖后,不足部分由被告朱某某、汪某继续清偿。

一审判决后,当事人未提起上诉,一审判决已发生法律效力。

【案例评析】

随着我国经济的快速发展,大多数城市的房屋价格也在不断攀升,大多数购房人会选择商业贷款,银行则会以购房人预购的商品房作为抵押物从而保障债权得以实现。但是多数情况下,预购的商品房还处于设计或施工阶段,购房人无法即时获得房屋所有权证书,故办理抵押权登记的权能无法实现,违约现象屡见不鲜。在此情形下,合理认定抵押权预告登记的物权效力不仅能够降低银行等金融机构的信贷风险,也有利于保障人民的居住性利益和房地产市场的健康发展。

一、商品房抵押权预告登记中涉及优先受偿权的争议

《民法典》第221条关于预告登记的规定仅是一般性规定,主要是为了解决实践中"一房多卖"的情况,对于当事人能否优先受偿的问题存在解释的空间。

在《最高人民法院关于适用〈中华人民共和国民法典〉有关担保制度的解释》第52条出台之前，司法实践中关于抵押权预告登记的效力问题主要有三种判决观点：（1）抵押权预告登记效力等于抵押权登记；（2）抵押权预告登记不具有优先受偿效力；（3）特殊情况下，抵押权预告登记具有优先受偿权。

（一）《民法典》未对抵押权的预告登记制度进行明确规定

在《最高人民法院关于适用〈中华人民共和国民法典〉有关担保制度的解释》第52条出台之前，各法院在判断抵押权预告登记的法律效力时主要依据的法律条款为《民法典》第221条，但是该规定主要保护的是购房者对房屋所有权的合理期待，避免"一房多卖"的情况发生。虽然《民法典》第221条第2款中规定了"预告登记后，债权消灭或者自能够进行不动产登记之日起九十日内未申请登记的，预告登记失效"，对抵押权的预告登记作出了相应表述，但是由于抵押权登记与抵押权预告登记是两个不同概念，所具有的法律效力也各不相同。《民法典》第221条的规定从字面上看仅赋予了抵押权预告登记限制处分的效力，其是否还具有其他法律效力还需要法律给出进一步的释明。

（二）抵押权预告登记的理论争议

有的学者认为，抵押权预告登记不具有优先受偿权。在办理抵押权预告登记时，作为标的物的商品房尚未完工，而且根据《民法典》第221条第1款第2句"预告登记后，未经预告登记的权利人同意，处分该不动产的，不发生物权效力"的规定，已经办理抵押权预告登记的预购商品房未经预告登记的权利人同意不能发生转让的效力，故预购商品房也不具备流通性。上述特性均不符合抵押标的物的条件。抵押权的预告登记仅仅是使预告登记的权利人获得了在符合条件的情况下请求购房人办理抵押登记的权利。有的学者则认为，赋予抵押权预告登记以一定的优先受偿权符合房地产市场的实际需求。从房屋建造完毕到预告登记转为本登记的时间很长，在此过程中购房人出现违约的概率很高，并且后续义务人若不配合银行办理预告登记转为本登记，如果银行无法通过优先受偿权确保自己的利益，就会导致预购商品房抵押失去担保功能，从根本上否定了预购商品房抵押制度。

（三）抵押权预告登记的实践争议

由于商品房建成时间长、借贷金额高，作为抵押权人的金融机构在商品房预售市场中承担着巨大的风险。而作为商品房贷款的主要金融机构，银行又承担着稳定金融市场、促进经济平稳运行的责任。因此，银行在履行了向开发商交付价款的义务后，若出现非银行原因导致房屋未能竣工或未及时办理正式的抵押权登记的客观阻碍，银行寻求相应的保障是公平原则的体现。部分司法裁判在承认该抵押权预告登记不同于抵押权登记的前提下，出于维护金融市场的秩序及内心朴素的公平正义而判决金融机构享有优先受偿权。

二、抵押权预告登记制度附条件优先受偿的意义

抵押权预告登记作为预登记，与本登记不同，其自身兼具债权属性和物权属性，完全混淆抵押权预告登记与本登记的界限实为不妥。否认抵押权预告登记的优先受偿效力在实质上是让并无过错的金融机构为违约的购房人买单。并且，预告登记转变为本登记，主要还是依赖于购房人自觉遵守合同约定，金融机构起到的作用极其有限，因此，若完全由金融机构承担本登记未能实现的风险，则有失公允。赋予登记权利人在期待利益落空的前提下，允许其就房屋处分价款优先受偿，是对登记权利人的权益进行法律救济的合理途径。

（一）将有利于维护交易公平

根据我国《不动产登记暂行条例》规定，购房人在房屋具备办理抵押登记条件的情况下，债权人应当配合办理抵押登记。事实上，在购房人逾期还款或是失去还款能力的情况下，法律对于债权人的保障尚且不足。无论是购房人不配合办理抵押登记还是开发商与购房人恶意串通，恶意相对人因其违约行为而获益，既违反公平原则，有违法律之精神，也让抵押预告登记失去其功能，有违预告登记制度设立的初衷。赋予债权人对房屋的优先受偿权有利于打击失信行为，保障银行的合法权益，维护交易秩序、交易安全和交易公平。

（二）有利于弥补法律漏洞

当购房人逾期归还或失去偿债能力时，房屋的所有权仍归属于开发商，由于开发商导致抵押登记不能办理的，抵押权预告登记制度对于债权人的保护存在一定真空。在这种情况下赋予预抵押权人优先受偿权，既不会混淆抵押权预告登记与本登记之间的界限，也有利于弥补法律漏洞，并且不会让银行的权利一直处于悬而未决的状态，既没有损害公共利益，也维护了合法债权以及正常的金融秩序。

（三）有利于促进积极社会效应

抵押权的预告登记制度对房地产市场的资金融通和银行资金安全起到了重要作用，对预抵押登记的优先受偿权全盘否定相当于否定预告抵押登记的担保功能。若购房者资金链断裂无法还贷，且拒不办理房地产转移登记，将导致银行无法将抵押权的预告登记转为抵押权设立登记，加剧了银行贷款的风险，影响金融秩序的稳定和安全。不利于银行业的信贷资金回收，影响金融行业的健康发展，并进一步引起与房地产息息相关的社会各行业之间的连锁反应，对我国经济发展产生深远影响。

三、抵押权预告登记优先受偿权的适用条件

《最高人民法院关于适用〈中华人民共和国民法典〉有关担保制度的解释》第52条第1款规定："……经审查已经办理建筑物所有权首次登记，且不存在预告登记失效等情形的，人民法院应予支持，并应当认定抵押权自预告登记之日起设立。"实践中，由于影响权利实现的因素较为复杂，人民法院可以对预告抵押登记权利人是否具备优先受偿的条件进行审查，即抵押权告登记的优先受偿权效力不是无条件实现，而是需要满足相应条件才能够实现。

一是登记义务人恶意不配合或者怠于履行义务办理抵押登记的情况下，金融机构可以优先受偿。若金融机构在此情况下无法享有优先受偿权，则其合法权益将受到严重的影响。

二是开发商与购房人恶意串通导致本登记无法实现。实践中存在开发商明知购房人的财产状况不足以支付购房款，仍然通过伪造付款凭证与其签订购房合同，并为其办理商品房预告登记，以及其他办理银行贷款的条件。后开发商和购房人又通过解除房屋买卖合同、申请撤销预购商品房抵押权预告登记等行为，恶意阻却正式抵押登记的办理，致使讼争房屋虽已竣工验收并且具备办理抵押登记的条件，却不能办理抵押登记。

三是因开发商的原因导致客观不能办理抵押登记。根据《商品房销售管理办法》第34条的规定，房地产开发商在房屋交付之日起60日内，将办理房屋权属登记的资料报送至房地产行政主管部门，并应当协助购房者办理土地使用权变更以及房屋产权登记。但是在司法实践中，由于房地产开发商并未按规定办理首次登记，导致购房人的产权登记无法办理的情况时有发生，此时就意味着金融机构作为预告登记权利人无法进行抵押权的本登记，阻碍其债权的实现。

上述三种情况的发生都会导致银行金融机构无法顺利将抵押权的预告登记转变为本登记，如果全盘否定抵押权预告登记的优先受偿效力则会导致抵押权预告登记的担保效力落空。当出现非银行金融机构的过错导致客观上不能办理不动产抵押登记的情况发生时，附条件地认可商品房预告登记的优先受偿效力不仅能够更好地促进金融秩序的稳定发展，也有利于平衡保护各方当事人的合法利益，保障交易安全和稳定。

【典型意义】

在商品房买卖交易中，以不动产预告抵押办理融资贷款是常见的业务模式，其对交易的达成意义重大。然而在法律指引缺位的情况下，其法律效力不甚明朗，导致权利人抵押权无法实现，违约现象屡见不鲜。本案通过合理认定抵押权预告登记的物权效力，能够有效降低银行等金融机构的信贷风险，保障房地产市场的健康发展。

【案例索引】

案号：上海市浦东新区人民法院（2021）沪0115民初10758号（2021年6月30日）

审判组织：陆剑平

编写人：于建尧、肖琼

05

信用卡次卡冒领中发卡行审核义务的司法判定

——陈某某与光大银行上海分行等信用卡纠纷案

裁判要旨

信用卡是持卡人与发卡银行之间信用卡合同关系的凭证和载体,依法应由持卡人本人申领并使用。第三人以原告的名义在发卡行申领并使用信用卡,法律后果承担主体的认定应当综合信用卡实际使用人是否具有代理权的外观、发卡行是否善意且无过失地信赖上述权利外观、持卡人自身是否具有明显过错等因素加以认定。

基本案情

原告:陈某某

被告:中国光大银行股份有限公司上海分行(以下简称光大银行分行)

第三人:周某

原告于2008年在被告处申领了一张卡号为00040625403××××1910的阳光商旅信用卡金卡,原告在《阳光商旅信用卡(个人卡)申请表》中预留的地址为"上海市浦东机场镇水闸南路25号",预留的手机号码为"137××××3537"。后原告在使用尾号1910信用卡过程中,将该信用卡交由第三人周某使用。

2010年10月25日,原告在被告处预留的手机号码由"137××××3537"变更为第三人周某的手机号码"189××××9521",2011年2月7日,原告在被告处预留的手机号码又由"189××××9521"变更为"139××××8432"。2011

年10月,原告在被告处预留的账单地址由“上海市浦东机场镇水闸南路25号”变更为“上海市浦东新区航城七路10号×××室”。

2011年,被告通过原告在被告处预留的手机号码“139××××8432”进行外呼,询问是否需要将信用卡原卡片升级为信用卡白金卡,接听人表示同意,故被告为原告办理了卡号为00048169900××××4685的阳光商旅信用卡白金卡,并连同更新后的尾号1910的信用卡一同邮寄到“上海市浦东新区航城七路10号×××室”。后尾号4685的阳光商旅信用卡白金卡由第三人周某激活并使用。截至2021年4月1日,尾号4685信用卡应还款额165,973.78元。

2013年8月,原告在被告处预留的地址由“上海市浦东新区航城七路10号×××室”修改为“上海市浦东新区江镇海霞路2号×××室”。2014年11月,被告向原告修改后的地址邮寄更新后的尾号1910信用卡及尾号4685信用卡。2016年11月,原告在被告处预留的地址又由“上海市浦东新区江镇海霞路2号×××室”修改为“上海市浦东新区海霞路1号×××室”。

2021年5月17日,原告向公安机关报案,称其尾号4685信用卡被第三人周某在2012年至2016年刷卡,未还款。审理中,原告称公安机关告知其第三人周某与银行之间的纠纷。

原告诉称,自己曾在第三人周某处工作,故第三人有原告的身份证及其他信息。当时第三人提出使用自己尾号1910的信用卡,因信用卡额度较低,本人表示同意。2010年10月25日是自己操作修改了在被告银行处预留的手机号码,修改账单地址不是本人操作的,但本人是知道的。然而从未办理也不知道有尾号4685的信用卡,故请求确认该信用卡无效,被告协助注销该信用卡。

被告光大银行分行辩称,尾号4685信用卡的办理过程为,因原告使用尾号1910信用卡信用良好,故被告直接向原告预留的手机号(实际已变更为第三人号码)拨打,接听人表示同意升级办理白金卡,因拨打的号码为原告的预留手机号码,故只需核实一些基本信息即可办理,因尾号4685信用卡为原告的第二张信用卡,故需要用预留的手机拨打电话自助开卡激活,被告已经尽到审核义务,请求驳回原告诉请。

第三人周某表示,尾号1910信用卡的账单地址是自己修改的,信用卡账单及短信均是发送到自己这里。当时自己接到被告银行的电话称可以升级到白金卡,自己就表示同意,后来就收到了尾号4685的信用卡。是自己激活的,因为是用预留手机号激活,银行核实了身份证、手机号等信息就激活了。后来被告打电话来表示可以提升额度,自己也表示同意。自己曾告诉过原告尾号 4685 信用卡的情况,但原告表示无所谓,自己是把信用卡的钱刷出来交给原告使用。

【法院裁判】

法院经审理后认为,根据查明的涉案信用卡办理过程,第三人周某系以原告的名义向被告光大银行分行申请办理了尾号 4685 信用卡,而被告光大银行分行也误以为第三人即为原告并为原告办理了涉案信用卡。在此过程中,原告的个人身份特征是被告在办理核准信用卡时考虑的重要因素,故应在原告与被告之间分析系争法律行为的性质。在法律适用上,对第三人冒用原告名义办理信用卡的行为可以类推适用无权代理及表见代理的相关规定。《民法典》第 171 条第 1 款规定,行为人没有代理权、超越代理权或者代理权终止后,仍然实施代理行为,未经被代理人追认的,对被代理人不发生效力。现并无证据证明第三人在办理涉案信用卡时具有相应代理权,但被告辩称被告在办理涉案尾号 4685 信用卡时核对了原告的预留信息,已经尽到了审核义务,相应后果应由原告承担。对此,《民法典》第 172 条规定,行为人没有代理权、超越代理权或者代理权终止后,仍然实施代理行为,相对人有理由相信行为人有代理权的,代理行为有效,故本案的争议焦点在于被告光大银行分行是否有理由相信涉案尾号 4685 信用卡系由原告办理。

判断被告是否“有理由相信”,应当结合案件具体情况分析被告是否善意无过失地信赖第三人具有代理权。本院认为,本案情形构成表见代理,理由如下:

第一,第三人具有代理权的外观。原告在被告处办理尾号 1910 信用卡时,填写了《阳光商旅信用卡(个人卡)申请表》,并预留了手机号码及账单地址。对银行而言,原告预留的手机号码及账单地址均可以作为行为人即为本人的权利外观,且第三人处也有原告的身份证相关信息,第三人在申请办理涉案信用卡时提供了原告在被告处预留的手机号码、身份证信息等内容,也使用预留手机号码激活了涉案信用卡,故第三人具有代理权的合理表征。

第二,被告善意且无过失地信赖上述权利外观。原告主张被告审批信用卡时没有符合亲见申请人本人、亲核身份证原件、亲见申请人签字等流程,但法庭注意到,涉案信用卡并非原被告之间的首张信用卡,原告早在 2008 年就在被告处申领过尾号 1910 的信用卡并正常使用。在办理尾号 1910 信用卡时,原告本人填写了申请表并预留了个人信息。其预留的个人信息具有识别原告身份的功能,被告通过拨打原告预留的手机号码并核对身份信息、地址等内容的方式为原告办理信用卡,具有申请人即为原告本人的合理信赖。此外,被告在确认信用卡申请人为本人方面也采取了有效措施:一是涉案信用卡必须使用原告预留的手机号码进行激活;二是激活信用卡必须结合信用卡实体卡片的相关信息,而信用卡实体卡片必须经由被告向预留地址寄送的函件获取。上述方式增强了银行对申请人为本人的合理信赖,符合通常的交易规则,被告已尽到合理的审核义务。

第三,原告自身具有明显过错。原告作为信用卡使用人,应当由本人使用信用卡,并妥善保管信用卡密码、银行预留信息等。而原告不仅将尾号1910的信用卡交由第三人使用,而且将其在被告处预留的手机号码修改为第三人的手机号码,并同意第三人将信用卡账单地址修改为第三人的地址,原告通过上述方式在自己支配控制的领域内创造了相对人产生合理信赖的可能性,且在出借该信用卡后长期不予关注,为涉案信用卡的办理提供了有利条件。

综上,原告起诉要求确认涉案信用卡无效,实际上为确认涉案信用卡并非自己办理,对本人不发生效力,而如前所述,被告光大银行分行在为原告办理涉案信用卡时具有申请人为原告的合理信赖,符合表见代理的要件,原告与被告之间就尾号4685信用卡的合同关系有效,被告为原告信用卡提升额度的行为对原告亦发生效力。故依照相关法律规定,判决驳回原告陈某某的全部诉讼请求。

本案判决后,双方当事人均未上诉,一审判决已发生法律效力。

【案例评析】

信用卡是持卡人与发卡银行之间信用卡合同关系的凭证和载体,持卡人在该信用卡下拥有一定的信用额度,可以在该信用额度内先消费后还款,从而形成一系列债权债务关系。监管机构对发卡银行向持卡人办理信用卡也提出了一定监管要求,信用卡应由持卡人本人申领并使用。本案的主要问题在于第三人以原告的名义在被告银行处申领并使用信用卡,相应的法律后果应当由谁承担。

一、冒用他人名义办理信用卡次卡构成无权代理

对行为人以他人的名义实施的法律行为,应考虑相对人了解的可能性分为两种情形:①

---

① 王泽鉴:《民法总则》,北京大学出版社2009年版,第357页;陈自强:《契约之成立与生效》,元照出版有限公司2020年版,第307页。

一是相对人愿意以行为人对法律关系的当事人。相对人在缔结法律关系时认为法律关系的当事人就是缔结法律关系的行为人，至于该行为人姓甚名谁，对相对人而言并无影响，行为人的身份特征对相对人而言并不重要。比如，张三在酒店前台使用化名（handeln unter falscher namensangabe）"李四"为自己向甲预订客房，此时甲的真实意思是将房屋预订给张三本人，至于其姓名是"张三"还是"李四"，并不影响甲与张三之间合同关系的成立，故仍然应当在张三与甲之间成立合同关系，而无须讨论甲与"李四"之间是否有法律关系。即使真正的"李四"出现，也不能向甲主张其成为合同的当事人。

二是相对人仅愿以被冒名之人为当事人，即冒名行为（handeln unter fremdem namen）。此时，行为人虽有为自己缔结法律关系的意思，但从相对人的角度来看，其重视被冒名之人的资格，相对人仅愿意与被冒名之人成立法律关系，而并无与行为人缔结法律关系的期待。对该种情形，可以直接适用或类推适用无权代理的相关规定。[①]

本案中，第三人系以原告的名义在被告银行处申领信用卡，应判断信用卡合同关系是在被告银行与何人之间成立。按照银监会（现为银保监会）发布的《商业银行信用卡业务监督管理办法》（2011 年第 2 号，以下简称《信用卡监管办法》）第 41 条的要求，发卡银行应当对信用卡申请人开展资信调查，充分核实并完整记录申请人有效身份、财务状况、消费和信贷记录等信息，并确认申请人拥有固定工作、稳定的收入来源或可靠的还款保障。因此，信用卡申请人的资信状况是银行在核发信用卡时考虑的重要内容。如果行为人提供虚假的他人的资信证明材料，冒用他人名义在银行柜台处首次申请办理信用卡，那么对发卡银行而言，其仍然是希望与行为人成立信用卡合同关系，只不过其审核的资信证明材料是虚假的，由此带来的法律后果也应在发卡银行和行为人之间发生，这属于前文提到的第一种情形。而本案中，原告与被告银行已经建立了首张信用卡的合同关系，正是基于原告使用首张信用卡的资信状况，被告银行系仅愿与原告成立信用卡次卡的合同关系，故属于上述的第二种情形，应适用无权代理的相关规则。

---

① 也有学者认为并无适用无权代理的必要，可通过撤销予以解决，参见陈聪富：《民法总则》，元照出版有限公司 2019 年版，第 372 页。但本文更赞同此时让被冒名之人保有决定是否与相对人成立合同关系的选择权，即使受限于代理的显名原则，也可以类推适用无权代理。参见陈自强：《契约之成立与生效》，元照出版有限公司 2020 年版，第 307 页。

二、无权代理情形下表见代理的成立可能

《民法典》第 171 条规定了无权代理及相应法律后果。在无权代理之情形，被代理人具有追认的权利，在被代理人拒绝追认的情况下，对相对人而言，则需考虑是否有成立表见代理的可能。《民法典》第 172 条规定："行为人没有代理人、超越代理权或代理权终止后，仍然实施代理行为，相对人有理由相信行为人有代理权的，代理行为有效。"依据该条规定，如成立表见代理，则直接在被代理人与相对人之间成立法律关系，对被代理人的利益影响巨大，故表见代理须有严格的构成要件。

对表见代理的构成要件，理论观点各有不一，总体来说，主要有单一要件说和双重要件说。① 单一要件说认为成立表见代理只需考虑相对人层面，只要相对人无过失地信赖行为人有代理权，即可以成立表见代理。而双重要件说则主张，除单一要件说规定的构成要件之外，还需要考虑被代理人的层面，即被代理人的过失行为使相对人确认行为人有代理权。随着理论的研究发展，也有学者提出双重要件说的改进观点，认为构成表见代理不必以被代理人的过错为构成要件，只要代理权表象是由其风险范围内的因素所造成即可。② 可见，两种学说的主要差异点在于是否要求被代理人具有过错或可归责性。相关的实证分析也显示，人民法院在案件审理中对表见代理要件的认定也存在差异，单一要件说和双重要件说两种观点均有所体现。③ 2022 年 3 月 1 日起施行的《最高人民法院关于适用〈中华人民共和国民法典〉总则编若干问题的解释》（以下简称《总则编解释》）对表见代理的构成要件进行了明确，《总则编解释》第 28 条第 1 款规定：同时符合下列条件的，人民法院可以认定为《民法典》第一百七十二条规定的相对人有理由相信行为人有代理权：（一）存在代理权的外观；（二）相对人不知道行为人行为时没有代理权，且无过失。从条文表述看，《总则编解释》采用了单一要件说的观点，未提及被代理人的过错或者风险控制因素。但是未提及并非意味着在认定表见代理时完全不需要考虑，有学者主张将其纳入相对人善意且无过失的

① 关于两种学说的介绍及代表文献，参见张驰：《表见代理体系构造探究》，载《政治与法律》2018 年第 12 期。

② 杨代雄：《表见代理的特别构成要件》，载《法学》2013 年第 2 期。

③ 具体参见韩康麒、丁俊峰：《表见代理中被代理人可归责性的实证研究》，载《法律适用》2018 年第 17 期。

要件中加以考察，[①]最高人民法院孙华璞二级大法官也通过模型分析指出，单一要件说并没有违反过错责任原则，在确定是否构成表见代理或者表见代理责任的归属问题上，始终都是以第三人或者本人的过错为标准，两种学说异曲同工、殊途同归。[②] 由于本案中原告的过错较为明显，故在本案的分析中仍可以作为考量的因素。

（一）具有代理权的外观

代理权的外观应当基于相应的权利外观事实，权利外观事实是指行为人表征其为真实权利人或者被代理人授予其代理权的客观事实，是相对人信赖的对象，也是构成表见代理的基础，一般要具有客观性、关联性和合法性。[③] 也就是说，构成被代理人成立法律关系的外观者，应为真实的，[④]而不能是伪造的。在行为人盗用、伪造虚假的权利证明文件如营业执照、委托书等引发的无权代理现象，并无表见代理的适用空间。对该情形，也有观点认为应当纳入被代理人是否具有过错或可归责性的层面加以思考，[⑤]但在结论上也是认为该种情形下被代理人并无可归责性，亦不构成表见代理。

关于存在代理权外观的举证责任，根据《总则编解释》第 28 条第 2 款的规定，应由相对人就无权代理符合前款第 1 项规定的条件即存在代理权外观承担举证责任。在本案中，就银行而言，其与原告双方之间已经具有信用卡合同关系，在交易过程中，原告在被告处留存的身份信息、手机号码和邮寄地址等信息均可以作为被告核验原告身份的依据，构成了银行信赖的权利外观。

（二）被代理人具有过错

如前文所述，被代理人是否具有过错或可归责性是单一要件说和双重要件说的主要区别，从结论来看，两种学说的主要区别在于被代理人本人无过错的情形。而如果可以确认被代理人方面的过错，则两种学说的结论是一致的。本质上，被代理人的过错或者可归责性仍然是将被代理人拉进表见代理所成立法律关系最合理的连接点。如果被代理人没有过错，则是否成立表见代理争议较大，

---

① 张驰：《表见代理体系构造探究》，载《政治与法律》2018 年第 12 期。

② 孙华璞：《关于表见代理构成要件问题的思考（上）——本人过错不是表见代理的构成要件》，载《人民司法》2019 年第 22 期。

③ 孙华璞：《关于表见代理构成要件问题的思考（下）——第三人过错表现为未尽到合理信赖的注意义务》，载《人民司法》2019 年第 25 期。

④ 崔建远：《论外观主义的运用边界》，载《清华法学》2019 年第 5 期。

⑤ 朱虎：《表见代理中的被代理人可归责性》，载《法学研究》2017 年第 2 期。

如果被代理人具有相应的可归责性,则成立表见代理的可能性就在向肯定的方向倾斜,而如果被代理人对此具有明显的过错,则认定构成表见代理的正当性更为强烈。本案中,原告系应第三人请求主动向第三人出借信用卡,并自己将其在发卡银行处留存的电话号码更改为第三人的号码,而且对第三人变更邮寄地址的事实也知情,并未作反对表示,对第三人持有代理权的外观具有明显过错,甚至可以说是代理权外观的主动授予。当然,如果本案第三人是在原告不知情的情况下盗取、伪造了原告的身份证件和预留手机号码等信息,则是否构成表见代理应另行判断。

(三)相对人善意且无过失信赖行为人有代理权

根据《总则编解释》第 28 条第 2 款的规定,被代理人应当就相对人不符合前款善意且无过失承担举证责任。故该点的举证责任在被代理人,本案中即为原告。对善意且无过失的具体判断,应当坚持客观认定标准,即从一个理性人的角度出发,在该交易情形下是否会信赖行为人代理权的存在。一般而言,要斟酌交易习惯、一般交易观念、日常生活交易行为等因素考虑相对人在该情形下是否有向本人确认代理权的必要,代理行为对本人的经济意义越大、厘清事务的时间和精力越小、所能避免的不利越大,就越应期待相对人的确认。① 本案中办理信用卡的行为属于金融机构的经营行为,故还应当结合相应的金融机构监管要求和规范确定判断标准。

三、信用卡次卡申领时发卡行的身份审核义务

信用卡业务属于商业银行直接面对金融消费者的经营业务,为确认信用卡申请人为本人,监管机构对商业银行为持卡人办理信用卡提出了相应的规范要求。对信用卡的办理方式,2009 年人民银行、银监会、公安部、工商总局发布《关于加强银行卡安全管理预防和打击银行卡犯罪的通知》(银发〔2009〕142 号),该通知要求,对申领首张信用卡的客户,发卡机构要对客户亲访亲签,不得采取全程自助发卡方式。此后,银监会发布信用卡监管办法,其中第 38 条第 1 款规定,发卡银行应当公开、明确告知申请人需提交的申请材料和基本要求,申请材料必须由申请人本人亲自签名,不得在客户不知情或违背客户意愿的情况下发卡。对上述要求,人们在实践中将其总结为信用卡办理的“三亲见原则”,即“亲见本人、亲见申请资料原件、亲见签名”。“三亲见原则”在确认信用卡申请人为本人、

① 陈自强:《契约之成立与生效》,元照出版有限公司 2020 年版,第 343 页。

防范冒名申请信用卡、降低银行信用卡业务风险方面发挥了重要作用。由于金融监管的强监管属性,上述要求是商业银行开展信用卡业务中应当遵守的硬性规范,未履行上述规范会受到监管机构的相应处罚。比如,2020 年 7 月广发银行信用卡中心就因违反信用卡监管办法的上述规范而被广东银保监局行政处罚。[①]需要注意的是,信用卡监管办法在法律渊源上仍属于部门规章,在司法审判中并不能直接援引适用,但其内容仍然可以成为人民法院认定金融机构是否履行相应义务或尽到相应审核标准的重要依据。

本案中,被告作为发卡银行,在为原告办理信用卡的过程中,并未履行"三亲见原则",是否必然不构成"善意且无过失"还需结合本案信用卡的性质确定。本案中,被告为原告核发的信用卡属于双方之间的第二张信用卡,而《信用卡监管办法》第 38 条第 1 款的内容应适用于申请人的首张信用卡,该点在前文提到的银发〔2009〕142 号通知中可以体现,《信用卡监管办法》第 38 条第 2 款也规定:"发卡银行受理的信用卡附属卡申请材料必须由主卡持卡人以亲自签名、客户服务电话录音、电子签名或持卡人和发卡银行双方均认可的方式确认。"可以看出,监管机构对发卡银行向申请人核发首张信用卡之外的附属卡提出了不同的要求,在核对申请人即为本人方面进行了一定程度的放宽。该种放宽符合金融活动的经济原则,在首张信用卡,因双方之间系首次交易接触,对发卡银行课以较高的注意标准才能较好保护持卡人的利益;而在信用卡次卡,因双方之间已经处于信用卡法律关系之内,"持卡人为本人"已经得到了双方的确认,故对持卡人保护的重要性可以适当让位于交易的便捷以及效率,从而降低交易成本,故而在信用卡次卡的办理过程中,可以采用持卡人和发卡银行双方均认可的方式确认。本案中,被告向原告首张信用卡预留的手机号码外呼询问是否办理信用卡次卡,第三人接听电话并表示同意,双方就办理信用卡达成了合意,而被告以验证原告预留信息的方式核对原告身份可以作为双方均认可的确认方式,故从监管要求的层面看,被告在信赖原告身份方面履行了相应的监管要求,并无相应的过失;从法理层面看,被告据以信赖的形成合同的意思表示的外观,是双方基于数次交易中采用的表征方式所形成的,被告在确认行为人即为原告本人方面尽到了相应的审核义务,具有正当信赖。

---

① 《以全程自助发卡方式办理客户首张信用卡　广发银行信用卡中心被罚 180 万元》,载 http://bank.jrj.com.cn/2020/07/17151930274325.shtml,最后访问日期:2022 年 5 月 16 日。

【典型意义】

实践中,信用卡所有人将信用卡出借给他人使用的情形时有发生,当出现还款违约发生纠纷时,应当由哪一方承担法律责任存在较大的争议。本案从表见代理的角度出发,厘定各方的法律地位及相应的权利义务。对实践中信用卡所有人依约、合法地持有并使用信用卡具有较好的指导意义。同时对因违规使用信用卡产生纠纷的司法审判提供一定的参考。

【案例索引】

案号:上海市浦东新区人民法院(2021)沪 0115 民初 71470 号(2022 年 3 月 18 日)

审判组织:孙猛

编写人:孙猛

06

涉金融电子合同纠纷的裁判路径

——宁波银行上海分行与余某某金融借款合同纠纷案

裁判要旨

区别于传统书面合同，电子合同在诸如订立合同缔约主体、要约的发出、承诺的到达、双方签字或盖章、合同存储等方面均存在特殊性。双方在虚拟的网络环境下达成交易，从而无法从外观准确判断当事人的民事行为能力、真实意思表示、履约能力等情况。金融机构仅提供电子合同等电子数据，但无证据能够证明其生成、收集、存储、传输、显示符合法律规定，亦无其他补强证据相佐的，应承担举证不能的法律后果。

基本案情

原告：宁波银行股份有限公司上海分行

被告：余某某

2018年10月22日，原告宁波银行股份有限公司上海分行与被告余某某签订了编号为07020RE2018××××的《个人最高额贷款合同（电子渠道版）》。该借款合同第1.2条约定，原告即贷款人同意在约定的义务发生期间和最高额贷款限额内，根据借款人的申请和借款人的信用状况、担保状况及贷款人的资金状况等，决定向借款人一次或多次发放贷款；在合同约定的贷款发放期间和最高贷款限额内，具体发放的每笔贷款币种、金额、期限、利率、利率调整方式和还款方式等如与借款借据及其附件（包括电子银行、网上银行借据及其附件）记载不一致时，以借款借据及其附件记载为准，借款人对此无异议；同时，合同约定贷款到期，借款人未按约偿还贷款本金的，自逾期之日起，贷款人将按实际逾期天数对逾期贷款按照本合同约定的贷款利率水平上加收50%罚息。应付未付利息的,贷款人有权向借款人计收复利。合同附属条款约定,合同的有效期自本合同签订之日起至2021年10月18日,最高贷款限额为人民币16万元,逾期罚息加收比例为50%。第6条约定,双方发生争议通过诉讼方式解决,由贷款人住所地人民法院管辖。借款人确认接收本电子合同,与在纸质合同上手写签名或盖章具有同等法律效力。双方无须另行签署纸质合同或文书。合同生效后,原告分别于2018年10月22日向被告账户放款2万元、于10月23日向被告账户放款5万元、于10月24日向被告账户放款12,000元、10,000元、20,000元、于10月27日向被告账户放款10,000元、于10月29日向被告账户放款28,000元、于11月21日向被告账户放款10,000元。截至2018年11月21日,原告共向被告上述银行账户放款160,000元。被告于2018年11月21日归还1730元,于2018年12月21日归还2100.18元,于2019年1月21日归还2067元,于2月23日归还1935.83元,于3月21日归还1467.67元,于4月21日归还1.81元。之后再未还款。

被告余某某未应诉答辩。

【法院裁判】

法院审理后认为,本案中,原告虽提供了《个人最高额贷款合同(电子渠道版)》等电子数据,但没有证据能够证明其生成、收集、存储、传输、显示符合法律规定,故对其真实性、合法性不能认定,原告亦未补强证据佐证其主张,应承担举证不能的后果。但原告作为贷款人已履行放款义务,被告亦已接受放款,原告与被告之间的金融借款合同关系成立并生效。被告先后归还的利息金额,视为被告默示认可以年利率15%为利息的计算标准。对于原告主张被告偿还借款本金、相应利息的诉请,于法有据,本院予以支持。对于原告主张的逾期利息,其利率标准无合同依据,本院认为应以双方的利息标准即年利率15%计算,截至2019年5月21日被告应还利息4131.53元(已扣除被告归还的1730元、2100.18元、2067元、1935.83元、1467.67元、1.81元)。关于原告主张的律师费,无合同依据,不予支持。被告余某某经本院依法传唤,无正当理由拒不到庭应诉,应视为其放弃庭审中享有的抗辩权利。

一审判决后,原、被告均未提出上诉,现已生效。

【案例评析】

电子合同的载体为数据电文,数据电文的形式和内容符合法律规定的,满足法律关于合同成立与生效要件,电子合同成立并生效。区别于传统书面合同,电子合同在诸如缔约合同的主体、要约的发出、承诺的到达、双方签字或盖章、合同存储等方面均存在特殊性。电子合同订立双方需在虚拟的网络环境下达成交易,这种特殊的环境不能从外观直接判断当事人的民事行为能力、真实意思表示、履约能力等情况。

一、金融电子合同审理难点

依托网络交易平台签订的电子合同存在固有的局限性,其所依赖的电子数据存在易消失性、易篡改性、无形性的特点,进而为涉电子合同金融审判带来新的挑战。"互联网+金融"背景下,在金融审判中如何确认电子合同签订主体身份、认定电子合同签署过程以及条款的真实性、电子签名证据的效力等问题都是电子合同带来的审判新挑战。

(一)电子合同客户身份认定标准不一

1. 人脸识别的效力难以验证

完全线上模式签约的电子合同,客户仅需线上通过人脸或身份验证、填写贷款申请材料、完成身份确认、签署授权征信查询等协议、确认电子签名等,即可以完成电子合同的签订、审核以及后续放款等业务。但上述人脸识别验证过程多数"无痕"通过,金融机构未对上述识别过程进行完整的电子证据保存,或未留存人脸采集照片而仅有验证记录,甚或未保存人脸验证的任何过程证据。即使金融机构保存了客户通过人脸识别验证的完整证据,因验证通过与否取决于金融机构自设的参考阈值,而参考阈值存在被调节或者被伪造的可能,故人脸识别验证证据,难以单独证明案涉电子合同系客户本人的真实意思表示。

2. 电子签名有效性确认存疑

根据《电子签名法》的规定,电子签名是指数据电文中以电子形式所含、所附用于识别签名人身份并表明签名人认可其中内容的数据。电子签名人向电子认证服务提供者申请电子签名认证证书,应当提供真实、完整和准确的信息。电子认证服务提供者收到电子签名认证证书申请后,应当对申请人的身份进行查验,并对有关材料进行审查。对于纯在线交易的金融电子合同,作为电子认证服务提供者对于客户的业务申请无法进行面对面的审核,只能依据人脸识别、身份证识别、手机验证码验证等方式进行审核,在诉讼一方否认电子合同真实性或合同相对方未到庭的情形下,法院对电子签名的有效性审核也存在困难。

(二)电子合同存证和取证有效性验证困难

电子合同应当确保不可篡改性,金融机构应当确保签约过程从身份验证到合同签订过程数据未被篡改并可以验证。目前,金融机构保存电子合同主要有两种模式。一种是自存模式。金融机构出于保护商业信息、数据存储困难等原因,未委托第三方认证服务中心保管电子合同,电子合同仅保存于金融机构的内部系统、客户手机 App 中,在客户未应诉或者对电子合同条款提出异议时,金融机构自存电子合同的真实性难以认定。另一种是第三方存证模式。金融机构委托第三方认证服务中心在电子合同签署之时即保管电子合同数据,诉讼中由第三方认证服务中心出具数字签名验证报告,证明客户的电子签名及电子合同数据未被篡改。这种模式下第三方认证服务中心受金融机构委托有偿保存电子合同,诉讼中由其出具电子合同未被篡改的认证也存在利益相关方提供的证据证明力问题。

二、“互联网 + 金融”背景下电子合同裁判的司法应对

根据《电子签名法》的规定,数据电文作符合证据的要件,应当作为证据。在司法实践中,作为举证方的金融机构主张电子合同成立,而另一方当事人对签约主体有效性、电子合同有效性或电子合同内容提出异议的,审判实践中对于金融电子合同的判断可以结合以下因素考量:

(一)金融电子合同形成或履行过程的线下因素

实践中,金融机构采用电子合同往往处于金融产品或服务的高效考虑,通过网络或者手机 App 方式进行金融产品的推广更为高效、便捷,如针对网银客户或者手机客户推荐的理财产品、保险产品或者线上贷款等,但这类金融电子合同往往存在一个特征,即具有线下因素。线下因素对于电子合同的有效性审查具有重要意义,一方面,客户线下在金融机构的开户或申请信息、客户书面签字确认材料、线下签约视频、电话确认录音等补强证据,有助于法院认定电子合同签约主体的资格,一般通过客户线下或者其他途径确认的材料综合判断诉讼主体资格。例如,线下开户线上签约的金融借款合同纠纷,客户通过线下开户时预留在银行的手机号验证登录网上银行或者手机银行,应视为客户本人进行的登录行为,再结合签约过程中人脸识别、数字签名等过程综合判断客户签订电子合同的意愿。另一方面,对于完全线上交易的模式,可以通过银行提供的客户补充签署的线下确认书、款项发放至借款人他行账户、客户的还款情况等证据佐证客户的签约意愿真实性。

（二）电子合同证据取证、存证有效性审查

在取证、举证、质证、认证这四个司法证明的基本环节中，每一个环节的瑕疵都直接影响电子合同作为证据使用的证明力。取证则是电子合同作为证据使用的基础，如果取证不符合相关规定、标准，最终导致电子合同作为证据的证据能力的丧失。电子存证就是通过一定流程或技术手段将电子证据进行固定并存储，待需要时进行调取，以加强电子证据证明力的一种手段。无论是金融机构自存模式还是第三方存证模式，在诉讼中，如果一方当事人未到庭，金融机构作为举证方都应当负有提交包括身份验证、电子签名认证和电子合同签订全过程的电子数字认证报告，并且应当提供可以验证的方式，确保数据完整、未被篡改。举证的内容包括取证时间及时间校验的方法、取证对象、取证的过程。另外还需要说明存证和验证存证时使用的技术基本原理，如取哈希值的应当说明使用的哈希函数，使用电子签名的应当说明电子签名技术的相关认证，使用区块链的应当说明共识机制如何建立和维护。这些内容应当作为存证方应尽的举证义务。在足以认可电子存证真实性的情况下，可以结合电子数据本身记载的内容予以确定整个电子存证的效力。在不能提供相关电子数据及认证报告证明电子合同真实性的，对电子合同的证据效力法院不予认定。

【典型意义】

在司法实践中，因信用卡的冒领冒用产生的纠纷较为常见，本案判决明确了信用卡持卡人在领用信用卡时预留在发卡银行的手机号、账单地址等预留信息可以作为发卡银行主张成立表见代理的权利外观。在持卡人主动将信用卡交由他人使用并将预留信息更改为他人可支配的信息时，银行在核对预留信息后核发信用卡次卡可以成立表见代理，由此产生的法律后果应由持卡人本人承担。

【案例索引】

案号：上海市浦东新区人民法院（2020）沪 0115 民初 3682 号（2020 年 9 月 2 日）

审判组织：黄宗琴、郑劼、阙兴燕

编写人：黄宗琴、胡建媛

07

涉网上盗刷银行卡纠纷中持卡人与发卡行的责任认定

——常某某与招商银行信用卡中心信用卡纠纷案

裁判要旨

不同于传统支付方式，网络支付无须银行卡这一物理介质，仅凭银行卡号、交易密码、动态验证码等身份识别信息和交易验证信息即可完成交易，在过错认定及责任分担的问题上应当结合案发的具体情形，综合持卡人是否尽到审慎注意义务、发卡行是否未尽安全保障义务加以认定。

基本案情

原告：常某某

被告：招商银行股份有限公司信用卡中心

2014年10月28日，原告向被告申领信用卡，填写并签署申请材料。在申请表中"声明及签署"一栏载明："本人已阅读全部申请材料，充分了解并清楚知晓该银行卡产品的相关信息，愿意遵守领用合约和须知的各项规则。"被告审核同意了原告的领卡申请，向原告发放了卡号为62257600××××2000的招商银行信用卡。

《申请开立"一卡通"账户须知》第3条约定，凡使用密码进行的交易均视为原告本人所为……原告须妥善保管账号、密码、存款凭证等个人银行资料，原告将账户转借他人使用或泄露个人账户资料产生的风险及损失由原告承担。第10条约定，招商银行仅通过95555、1065795555、106590209555、1065502010095555

电话和 www. cmbchina. com 网站向原告发送短信通知或提供网上支付申请和交易等服务。原告通过或信赖其他网址、电话号码办理电子银行业务造成的资金损失,由原告自行负责。《招商银行信用卡(个人卡)通用领用合约》第 1 条第 1 款约定,原告在此同意并授权被告采集、处理、传递及应用原告及其附属卡申请人的个人资料,原告及其附属卡申请人同意并授权被告向中国人民银行金融信用信息基础数据库报送其个人信用信息(包括不良信息)。第 2 条第 8 款约定,原告有义务保管好信用卡及卡号、有效期、CW2 等卡片信息,因信用卡或相关卡片信息保管不善被他人使用信用卡,由原告承担由此造成的一切损失。若原告故意将信用卡出售、出租、转借或以其他方式交由他人持有或使用的视为违约。原告应向被告支付违约金 1000 元人民币,被告有权收回信用卡,原告并应承担由此给被告造成的一切损失。第 2 条第 10 款约定,信用卡如遗失、被窃或发生其他遭原告以外的他人占有的情形,原告应立即致电被告客户服务热线办理挂失,挂失经被告确认生效后即为正式挂失。凡正式挂失前所发生的经济损失及正式挂失前后电子现金账户发生的所有经济损失均由原告承担。

2020 年 3 月 19 日 17 时 32 分,原告收到号码为 10693508000798691101 发送的带有“招商银行”字样的短信,内容为“鉴于近期用卡及还款评分较高,我行诚邀您提升卡片额度 50,000 元,详情登录 http://t. cn/A6zQkaUZ”。原告点击上述链接,并根据要求依次输入了姓名、身份证号码、电话号码、家庭住址、信用卡卡号、信用卡背面签名栏后三位数字等信息,并再次输入原告在被告处预留手机号收到的相应动态验证码。原告于 2020 年 3 月 19 日 18 时 30 分收到被告发送的短信,告知其尾号 2000 的信用卡已在京东支付开通快捷支付功能。该卡分别于 18 时 30 分、18 时 35 分在京东商城被刷卡消费两笔共计 20,000 元(每笔 10,000 元)。每笔刷卡信息被告均通过 1065795555 短信及时通知了原告。原告于当日 20 时 21 分向上海市公安局徐汇分局天平路派出所报案,称涉案信用卡被盗刷,并致电招商银行信用卡客服电话告知该情况。

另查明,原告至今未向被告清偿欠款本金 20,000 元及相应滞纳金。原告于 2021 年 8 月 15 日在中国人民银行征信中心的个人信用报告中显示,原告名下的涉案信用卡,账户状态为呆账,余额 24,757 元。

【法院裁判】

法院经审理后认为,原、被告之间的信用卡合同关系合法有效,双方当事人均应恪守合同约定。本案中,原告系信用卡持卡人,被告系发卡行,系争交易通过网上支付的形式完成。原告述称系争交易是缘于原告点击案外人发送的"提升卡片额度"的诈骗链接后输入系争信用卡的相关信息,并又输入被告向原告预留手机号发送的实时动态验证码而导致的网络盗刷事件,被告对此亦予以认可。本案的争议焦点在于:第一,被告对原告信用卡网上被盗刷的损失是否应当承担责任;第二,被告应否撤销原告的不良征信记录。对此,本院作如下分析:

针对第一项争议焦点,原告认为涉案两笔信用卡交易并非原告本人所为,而是被案外人盗刷,被告系统未监测到系争两笔异常交易的情况,未能第一时间冻结原告信用卡账户,因此被告未尽到安全保障义务。原告在得知涉案信用卡被盗刷的第一时间就电话通知被告客服人员办理挂失,并向公安机关报案,避免损失的扩大,因此原告并不存在任何过错。被告则认为是原告不慎将自己的个人信息、银行卡号、卡片背面三位数、手机号码、动态验证码等私密信息泄露,故应由原告承担相应的过错责任。对此,本院认为,首先,原告作为信用卡持卡人,在使用信用卡过程中负有妥善保管信用卡及密码等个人信息的义务。根据已查明的事实,被告在《申请开立"一卡通"账户须知》中明确招商银行仅通过 95555、1065795555、106590209555、1065502010095555 电话和 www. cmbchina. com 网站向原告发送短信通知或提供网上支付申请和交易等服务,而系争交易的发生系因原告在收到非被告公布的官方号码发送的短信链接后,点开该链接输入本人身份证号码、手机号码、信用卡卡号、卡片背面三位数、动态验证码等全部个人身份信息及私密金融账户信息后开通了京东商城的网上快捷支付功能,原告未尽审慎注意义务,轻信案外人提供的虚假链接,且未能妥善保管信用卡的相关重要私密信息,原告自身对损失的发生明显存在过错。其次,涉案两笔交易收款商户为网银在线(京东商城),金额为每笔 10,000 元,从交易习惯上难以认定为非正常的交易模式范畴,因此要求被告的系统及时监测到该两笔交易为异常交易,未免过于苛责。涉案两笔交易的发生系原告自身向案外人泄露个人身份信息及金融账户信息所致,被告在此过程中并不存在过错,且被告将动态验证码发送至原告预留手机号的步骤已是对系争交易进行的提醒和防范,被告已尽到了谨慎的注意义务,故被告对原告信用卡网上被盗刷的损失不应承担责任。

针对第二项争议焦点,本院认为,本案系争交易发生后原告与被告就还款责任发生争议,在原告逾期没有还款的情况下,被告按照欠款逾期处理将其纳入征信记录并未违反领用合约的约定和中国人民银行的相关规定。原告关于涉案信用卡被盗刷过程中被告未尽安全保障义务的主张,缺乏事实和法律依据,本院不予采纳,故对原告要求对涉案交易不承担还款责任的诉请,本院难以支持,且原告至今未向被告归还欠款,鉴于此,本院对原告要求被告恢复其信用记录的诉请,亦难以支持。综上,判决驳回原告常某某的全部诉讼请求。

一审宣判后,原、被告均未上诉,一审判决已经生效。

【案例评析】

近年来,随着电子银行的迅速发展,因网络盗刷引发的银行卡纠纷也持续增多。所谓网络盗刷,是指他人冒用持卡人名义,使用持卡人网络交易身份认证信息进行网络交易,导致持卡人银行卡账户资金减少或者透支金额增加的行为。不同于传统支付方式,网络支付无须银行卡这一物理介质,仅凭银行卡号、交易密码、动态验证码等身份识别信息和交易验证信息即可完成交易,因此,在网络盗刷银行卡案件的审理中,存在事实查明难、过错认定难及责任分担难的问题。

一、依据高度盖然性标准认定是否构成网络盗刷事实

根据"谁主张,谁举证"的原则,持卡人主张存在银行卡网络盗刷行为的,应承担举证责任。与传统伪卡盗刷案件不同的是,网上交易不需要使用银行卡这一物理介质,故卡片真伪不再是考虑是否存在盗刷的因素。由于交易记录显示的 IP 地址与对应的实际地址可能存在不准确的情况,且登录电脑的 IP 地址极容易伪装,故仅以交易记录显示的 IP 地址与对应的银行卡所在地址存在不同就认定存在盗刷事实,证据不够充分。

持卡人可以提供以下证据证明存在网上盗刷的事实:(1)已查明盗刷事实的法院生效判决文书;(2)持卡人向公安机关报案的证据以及在刑事诉讼中所取得的相关证据,应注意的是,在只有持卡人个人报案记录而无其他证据佐证的情形下,该证据不能单独作为认定存在盗刷事实的依据;(3)网上交易 IP 地址所在地点并非持卡人所在地点,且两地点距离较远,根据时空距离进行判断,持卡人不可能到网上交易 IP 地址所在地进行交易;(4)持卡人在银行卡交易之时不可能进行网上支付的相关证据;(5)持卡人并非网上支付对应的基础交易的主体;(6)开通网上银行或者使用第三方支付机构的手机并非持卡人预留在银行的手机号,或者虽为持卡人的手机号,但持卡人并没有收到向该手机号发送的验证码;(7)持卡人登录的网上银行、特约商户网址系假冒;(8)其他能认定存在网上盗刷事实的证据。

发卡行主张系争交易系持卡人本人交易的,依据“谁主张,谁举证”的原则,也应对该事实承担举证责任。发卡行需就以下几个方面进行举证:(1)持卡人是否开通了网络支付业务;(2)发卡行是否进行风险提示与告知;(3)系争交易发生时发卡行是否向持卡人发送了动态验证码或及时提醒与通知;(4)是否存在其他异常交易实为持卡人授权交易情形;(5)发卡行是否实时监控异常交易。

综上,在认定是否存在网络盗刷事实时,法院应根据举证责任分配的一般原则和特殊规则,依法合理分配举证责任,综合考察持卡人、发卡行、第三方支付机构以及相关主体所提供的证据,运用逻辑推理和日常生活经验,对证据证明力的有无以及大小进行判断,按照高度盖然性证明标准,综合判断是否存在网络盗刷事实。

二、发卡行履行安全保障义务存在一定限度

我国《消费者权益保护法》第 18 条规定:“经营者应当保证其提供的商品或者服务符合保障人身、财产安全的要求。对可能危及人身、财产安全的商品和服务,应当向消费者作出真实的说明和明确的警示,并说明和标明正确使用商品或者接受服务的方法以及防止危害发生的方法。宾馆、商城、餐馆、银行、机场、车站、港口、影剧院等经营场所的经营者,应当对消费者尽到安全保障义务。”对于信用卡发卡行的安全保障义务标准的确定,需要综合考虑风险的大小、风险控制的可能性、风险控制人的能力、受害人自我保护的能力和危害结果的严重性等因素,对具体的个案得出合理的安全保障义务标准。网上银行具有风险大、技术依赖强和专业性强的特点,用户的信息保障很大程度上依赖于发卡行自身的安全保障技术和格式合同约定等。发卡行由于本身的专业性和在信息收集、保护中占有的优势地位,承担的安全保障义务应当超过一般理性人应该具有的审慎义务,即发卡行的注意义务不是在危害结果预见和危害结果控制这两种义务中平衡分配,而是应该更新自身的安全技术,随时监控、排查,做到更优先地预见到风险的存在,主动排查危险。

具体而言,首先,发卡行应建立完善的电子网络监管体系,保障信用卡账户信息、卡号、密码等重要信息的安全;其次,发卡行应通过必要的身份认证机制来提高交易的安全等级,如采用口令字、软证书、双因素动态密码、硬证书等附加验证模式;最后,发卡行发现账户资金出现损失后,应及时妥善应对,以有效避免或尽量减轻持卡人的损失。当发卡行尽到了这种注意义务时,即为履行了安全保障义务。本案系争交易系通过网上支付的形式完成,即交易的完成虽不需要系争信用卡实体卡,但在输入信用卡相关信息后,还需要输入发卡行向持卡人手机发送的实时动态密码。原告系在线下申领信用卡并开通网上银行、手机银行等电子银行业务，且在系争交易发生前，使用信用卡进行过多笔网络支付，熟知网上支付的过程和后果。原告认为被告对系争卡片上连续发生的两笔可疑交易监控不严，未及时采取相应的风险管理措施，所以认定被告未尽到安全保障义务。实践中，考量交易的风险因素并基于一定的判断标准进行交易授权是发卡行的自主决断，尽管最理想的状态是对每一笔交易均按异常交易的风控等级设定授权标准，但若如此要求无疑将极大地阻碍信用卡交易的效率，进而影响持卡人刷卡交易的积极性。更何况本案中连续发生两笔交易，每笔金额1万元，收款方为京东商城，交易IP地址在国内，被告有合理理由判定为持卡人为正常消费，不宜轻易归为异常交易的模式范畴，要求被告将系争两笔交易列为异常交易而进行特别风险提示未免过于严苛。且本案中被告将动态验证码通过短信发送至原告本人手机的步骤已经是对系争交易进行的提醒和防范，据此，可以认定被告已尽到了合理的安全保障义务。

三、关于持卡人过错的认定

对于网络盗刷引起的银行卡纠纷案件来说，持卡人自身行为的不适当性也是导致损失发生的重要原因，持卡人在使用银行卡时，必须遵守相应的合同义务，特别是妥善保管自身信息的谨慎义务。持卡人的违约行为也是法院认定双方责任承担的考量因素。根据《最高人民法院关于审理银行卡民事纠纷案件若干问题的规定》第7条的规定，发生伪卡盗刷交易或者网络盗刷交易，发卡行承担赔偿责任，但是在两种例外情形下，持卡人须在其过错程度内承担相应的责任：一是持卡人未尽到妥善保管银行卡卡号、密码等银行卡信息的义务；二是持卡人未及时采取挂失等措施防止损失扩大，就扩大的损失应自行承担责任。

在银行卡网上支付中，持卡人身份识别及交易验证要素主要包括银行卡卡号、交易密码、CVV验证码、电子银行注册账号、手机验证码等。上述要素的载体包括银行卡、手机、电子密码器、电子银行口令卡等。持卡人负有对身份识别、交易验证要素以及银行卡、手机等要素的载体进行妥善保管的义务。由于其未尽妥善保管义务，导致上述要素被他人获得、银行卡被盗刷的，应认定持卡人具有过错，其应在过错范围承担银行卡被网上盗刷的责任。一般而言，具有下列情形之一的，可认定持卡人未尽到妥善保管义务，具有过错：(1)出借、出租银行卡给他人使用；(2)将交易密码、手机验证码、银行卡CVV码等身份识别要素和交易验证要素等告知他人；(3)在安全保护措施不足的情形下进行网上支付，致使网上支付的身份识别和交易验证要素被他人窃取;(4)在有他人在身边的情形下不加防护地输入网上支付身份识别和交易验证要素;(5)在发卡机构已提示存在假发卡机构网站、假积分兑换网址、假航班信息更改网址等窃取持卡人身份识别和交易验证要素方式的情形下,仍然登录假网站、假网址,或者应当识别而未能识别假网站、假网址、假信息导致网上支付身份认证和交易验证要素被窃取;(6)持卡人丢失银行卡、身份证、手机或者电子密码器等与网上支付身份认证和交易验证要素的物品,未及时挂失或者采取其他防止盗刷措施致使相关身份识别和交易验证要素被他人获取;(7)其他可以认定持卡人具有过错的情形。

本案中,被告在《申请开立"一卡通"账户须知》中明确招商银行仅通过 95555、1065795555、106590209555、1065502010095555 电话和 www. cmbchina. com 网站向原告发送短信通知或提供网上支付申请和交易等服务,而系争交易的发生系因原告在收到非被告公布的官方号码发送的短信链接后,点开该链接输入本人身份证号码、手机号码、信用卡卡号、卡片背面三位数、动态验证码等全部个人身份信息及私密金融账户信息后开通了京东商城的网上快捷支付功能,原告未尽审慎注意义务,轻信案外人提供的虚假链接,且未能妥善保管信用卡的相关重要私密信息,原告自身对损失的发生存在明显过错,故原告应当为该行为承担相应的法律责任。

【典型意义】

近年来,互联网与金融业务呈现高度融合的态势,因网络盗刷引发的银行卡纠纷也持续增多。不同于传统支付方式,网络支付无须银行卡这一物理介质,仅凭银行卡号、交易密码、动态验证码等身份识别信息和交易验证信息即可完成交易。因此,在网络盗刷银行卡案件的审理中,存在事实查明难、过错认定难及责任分担难的问题。本案从网络盗刷的认定标准、发卡行履行安全保障义务之限度及持卡人的审慎注意义务等方面出发,明确该类案件的审理思路及审查标准。

【案例索引】

案号:上海市浦东新区人民法院(2021)沪 0115 民初 67641 号(2022 年 1 月 20 日)

审判组织:陆剑平

编写人:肖琼

08

发卡行单方调减额度权利的司法认定

——邱某与交通银行信用卡中心信用卡纠纷案

裁判要旨

《信用卡领用合约》中调整授信额度的条款是否存在合同漏洞，可以结合合约的初始授信条款以及合约实际履行情况甄别确定。持卡人是否发生合约约定的"资信状况变化"，可以从案涉信用卡逾期还款次数、逾期还款金额和时间以及持卡人其他信用卡还款情况等方面，综合判定。如果持卡人资信状况恶化，发卡行根据调整授信额度的条款约定，有权单方调整持卡人授信额度，而无须取得持卡人同意。调整授信额度条款属于涉及发卡行垫付义务的条款，而非约定发卡行责任的条款。

基本案情

原告：邱某

被告：交通银行股份有限公司太平洋信用卡中心（以下简称交通银行信用卡中心）

2012年9月6日，邱某（乙方）向交通银行信用卡中心（甲方）申请办理信用卡并填写申请表。申请表上，邱某手写"本人已阅读全部申请材料，充分了解并清楚知晓该信用卡产品的相关信息，愿意遵守领用合同的各项规则"，并且签名确认。《信用卡领用合约》第1条"太平洋卡的申请"约定："二、甲方根据乙方的资信状况有权决定是否批准乙方的领卡申请……"第2条"信用额度"第1款约定："甲方有权根据乙方的资信状况核定其太平洋卡账户的信用额度，并通过月结单、卡函或者其他方式告知乙方。甲方有权根据乙方资信状况的变化随时调整其信用额度并以电话、书面或其他方式通知乙方。该调整一经甲方作出即对乙方具有约束力。如乙方账户内的应付款项(包括任何应付费用)在任何时候累计超过甲方核定的信用额度,乙方应立即向甲方偿还上述超过信用额度部分的款项,而无须甲方事先通知或要求”。合同签订后,交通银行信用卡中心向邱某发放卡号为62225301××××2228的信用卡,信用额度为2万元。2012年11月,2013年3月、6月、9月,2014年2月、3月,案涉信用卡发生逾期还款。2017年5月、6月,2018年3月,案涉信用卡发生逾期还款。2017年5月11日邱某应还金额20,302.58元,最低还款额2325.60元,同月14日邱某实还1010元,最低还款额实际还清日为次月8日,2018年1月全额还清;2017年6月11日,邱某应还金额20,001.55元,最低还款额3158.63元,同月14日,邱某实还2840元,最低还款额实际还清日为同月15日,2018年1月全额还清;2018年3月11日,邱某应还金额20,331.06元,最低还款额2326.14元,同月14日,邱某实还2020元,最低还款额实际还清日为同月15日,截至本案诉讼,该笔全额仍未还清。2018年3月29日,交通银行信用卡中心以短信方式通知邱某调减信用额度至1万元。邱某遂诉至法院,要求恢复案涉信用卡原有信用额度2万元。

【法院裁判】

法院经审理认为,第一,《信用卡领用合约》第2条第1款在调整信用额度方面是否存在合同漏洞,应从合同整体角度进行解释。根据《信用卡领用合约》第1条和第2条的相关约定,对于是否批准邱某的领卡申请以及如何确定初始授信额度,邱某与交通银行信用卡中心仅约定信用卡中心根据邱某的资信状况确定,而未再细化约定。邱某在长达6年多的用卡时间内对此并未提出异议,故应视为邱某认可交通银行信用卡中心确定授信额度的方式,故《信用卡领用合约》在此方面并不存在漏洞。现交通银行信用卡中心在邱某出现逾期情况下调减邱某信用额度,邱某再以合约未细化为由,主张交通银行信用卡中心无权调减信用额度,有违诚信。第二,《信用卡领用合约》第2条第1款符合《商业银行信用卡业务监督管理办法》第52条的规定。虽然上述约定和法律规定未明确资信状况的具体标准,但是就本案而言,邱某出现的案涉信用卡还款逾期以及其他银行信用卡还款逾期,显然属于“资信状况变化”的通常理解范围,而且交通银行信用卡中心由此调减邱某信用额度,固然在一定程度上限制了邱某持卡交易的权利,但亦相应地减少了邱某在资信状况恶化情况下继续持卡交易后无力还款的信用风险,同时该调减也限制了交通银行信用卡中心的利息收益权,故该调减对邱某而言并未显失公平。第三,《信用卡领用合约》第 2 条第 1 款约定的信用额度的调整涉及的是发卡银行承担垫付义务的范围,而非发卡银行的责任限制或者免除,并且该调整既包括调减也包括调高,故法院对邱某提出的交通银行信用卡中心对免责格式条款未提示和说明的理由亦不予支持。另外,邱某在《信用卡领用合约》申请表上已经手写确认阅读申请材料并清楚知晓相关信息。第四,民事法律行为可以基于双方或者多方的意思表示一致成立,也可以基于单方的意思表示成立。根据《信用卡领用合约》第 2 条第 1 款的约定,交通银行信用卡中心在邱某资信状况发生变化时有权随时调整信用额度,且该调整一经作出即约束邱某,亦即涉案信用额度的调整依交通银行信用卡中心单方的意思表示即可发生法律效力,而无须邱某、交通银行信用卡中心对此另行达成合意。邱某主张已存在合意调整信用额度的交易习惯,但对此并未提供证据加以证明,法院不予采信。第五,除非法律另有规定或者合同另有约定,民事权利的放弃必须采取明示的意思表示才能发生法律效力,故交通银行信用卡中心在邱某于 2012 年、2013 年出现逾期还款而未调减邱某信用额度的行为,并不足以证明在类似情况下交通银行信用卡中心放弃其单方享有的调减信用额度的权利。综上,交通银行信用卡中心有权依据《信用卡领用合约》第 2 条第 1 款单方调减邱某案涉信用卡的信用额度。

本案中,案涉信用卡在邱某采用最低还款额方式下仍发生多次逾期,且邱某存在其他银行信用卡逾期还款情况,交通银行信用卡中心据此调减邱某信用额度并通知邱某,符合合同约定和相关法律规定,邱某要求恢复原有信用额度,法院不予支持。综上,判决驳回邱某要求恢复信用额度 2 万元的诉讼请求。

一审判决后,双方当事人均未提起上诉,一审判决已经生效。

【案例评析】

随着信贷政策的收紧以及金融消费者维权意识的增强,持卡人要求恢复信用卡授信额度的案件持续增多。从行政监管、风险防控角度而言,案涉调整授信额度条款并未违规。但从民事法律关系角度而言,《信用卡领用合约》(以下简称《领用合约》)约定的根据“资信状况”调整,是否不明确、存在合同漏洞?针对上述新型争议焦点问题,本案中,法院以诚信为价值导向,从合约条款整体解释、合约实际履行情况两个角度,判断是否存在合同漏洞;以公平为价值导向,从还款逾期次数、逾期金额和时间、还款方式等角度,判断资信状况是否发生变化,确立

"资信状况"的审查判断标准之一。

一、单方调减信用额度的条款不存在合同漏洞

所谓合同漏洞,是指合同关于某事项应有约定而未约定的不圆满现象。[①] 然而,于本质而言,合同漏洞的实质则是合同双方当事人对某一事项意思表示的阙如。判断合同是否存在漏洞的标准不应机械地寻某一事项是否欠缺之表象,而更应当觅该事项是否欠缺之本质,即从理论与实践双重视角证成合约条款是否存在意思表示阙如,进而致使合同出现相关漏洞。本案中,对于合同是否具有漏洞的争议点起源于《领用合约》中没有明确约定"资信状况"的具体判断标准。然而,于本质而言,"资信状况"判断标准没有明确于合同之中,是否必然导致双方意思表示阙如,法院从以下两个方面进行论证。

(一)合约条款整体解释之理论证成

对合约条款上下文进行体系解释、整体解释,以判断是否存在意思表示阙如之合同漏洞。合同解释同法律解释类似,需要将文义解释、体系解释置于重要位阶,在文义解释无法得出结论之时,需要运用系统思维,避免一叶障目。结合合同同一章节上下条款,不同章节前后条款判断相关条款是否缺乏双方当事人合意。

《领用合约》第 1 条"太平洋卡的申请"约定:"二、甲方根据乙方的资信状况有权决定是否批准乙方的领卡申请……"第 2 条"信用额度"第 1 款约定:"甲方有权根据乙方资信状况的变化随时调整其信用额度并以电话、书面或其他方式通知乙方。"换言之,合同第 1 条约定了发卡方依据申请人的"资信状况"决定是否发卡。合同第 2 条约定了发卡方依据持卡方的"资信状况"的变化决定是否调整信用额度。根据体系解释之原理,对于同一合同中出现的相同词汇,应当作意思表示一致的同一解释,即合同中第 1 条与第 2 条中对"资信状况"的表述意思一致。信用卡的申请人邱某在申领信用卡之初,发卡方根据第 1 条所涉"资信状况"的判断标准进行发卡,邱某并未对发卡方的判断标准进行质疑。换言之,邱某认可了发卡方对于"资信状况"判断的标准。而这一标准当然适用于第 2 条中"资信状况"的判断标准,当发卡方根据自身对于"资信状况"的判断标准,作出调减邱某信用卡额度的行为之时,邱某理应遵循。

---

① 参见王泽鉴:《债法原理》,北京大学出版社 2009 年版,第 170 页。

（二）合约条款实际履行之实践证成

对合约条款的实际履行，是双方当事人真实意思表示最本质的流露，以此判断是否存在意思表示阙如之合同漏洞。实际履行是指在合同的实际履行阶段，双方的权利义务关系以明示或默示的合意所确定的内容来决定，并且这种实际履行的表现应当具有连续性，即双方的实际履行行为必须达到一定履行期间才能被认为达成了合意。

本案中，即便于表象而言，交通银行信用卡中心对“资信状况”未再细化约定。然而于本质而言，邱某于2012年申领该信用卡起至2018年信用卡调减额度止，在长达6年多的用卡时间内对“资信状况”的判断标准并未提出异议，应视为邱某认可交通银行信用卡中心确定授信额度的方式，故《领用合约》在此方面并不存在漏洞。现交通银行信用卡中心在邱某出现逾期情况下调减邱某信用额度，邱某再以合约未细化为由，主张交通银行信用卡中心无权调减信用额度，有违诚信。

二、单方调减信用额度的条款不属于无效条款

提供格式条款的一方对格式条款中免除或者限制其责任的内容，在合同订立时采用足以引起对方注意的文字、符号、字体进行提示说明，如果提供格式条款一方免除其责任、加重对方责任、排除对方主要权利的，该格式条款无效。由此可见，“是否为自己免责”与“是否加重对方责任”是判断格式条款是否需要进行提示说明、是否属于无效格式条款的大前提。本案中对于条款是否有效的争议点起源于《领用合约》中的调整信用额度条款系格式条款，该格式条款效力认定等相关问题，法院从以下两个方面进行论证。

（一）发卡银行单方调减信用额度不属于免责范畴

信用卡发卡与领受的机制是发卡银行根据授信额度先行垫付资金，在信用卡账单日出账后，直至还贷日当日，准时还贷则不收取利息，持卡人以达到融资的目的。然而，权利与义务具有对等性，即权责要一致。信用卡发卡方先行垫付资金，持卡方享受到了融资的权利，若持卡方按时还款，发卡方并没有任何收益来源，若持卡方选择分期还款，则发卡方享受利息收益。为了避免坏账出现，对持卡方“资信状况”评估后所确定对授信额度的范围应当由发卡方确定，这一权利恰好与发卡方先行垫付的义务履行相对应。

本案中交通银行信用卡中心单方调减信用额度的行为属于风险调控的范围，《领用合约》第2条第1款约定的信用额度的调整涉及的是发卡银行承担垫付义务的范围，而非发卡银行的责任限制或者免除，并且该调整既包括调减也包括调高，若交通银行信用卡中心调减信用额度的行为属于限制责任，那么调高信用额度的行为是否也应当认为是限制对方责任呢？结论显然荒谬。另外，邱某在《领用合约》申请表上已经手写确认阅读申请材料并清楚知晓相关信息，因此，交通银行信用卡中心单方调减信用额度的行为并非为自己免责。

（二）单方调减信用额度减轻了持卡方的信用风险

提供格式条款的一方加重对方责任、排除对方主要权利的，当属无效格式条款。反之，如果格式条款为对方权利提供了有效保证，则该格式条款并非无效的格式条款。

本案中，交通银行信用卡中心根据邱某"资信状况"调减邱某信用额度，固然在一定程度上限制了邱某持卡交易的权利，但亦相应地减少了邱某在资信状况恶化情况下、继续持卡交易后无力还款的信用风险。换言之，在邱某"资信状况"不佳的情况下，交通银行信用卡中心未调减授信额度，则会反向刺激邱某过度消费，无力还款之时，不仅本公司坏账增加，邱某更是需要偿还更多的逾期利息及复利，负债累累。另外，从调减信用额度行为是否公平角度而言，该调减也同时限制了交通银行信用卡中心的利息收益权，故该调减对邱某而言并未显失公平。因此，交通银行信用卡中心单方调减信用额度的行为并非加重对方责任。

三、信用卡借款人"资信状况变化"之认定标准

无论是中国银行业监督管理委员会（现为中国银行保险监督管理委员会）于2011年发布的《商业银行信用卡务监督管理办法》，还是中国银保监会与中国人民银行于2022年发布的《中国银保监会、中国人民银行关于进一步促进信用卡业务规范健康发展的通知》，①均明确了发卡银行应当对信用卡授信额度进行动态管理。如果用说文解字的方式进行拆分理解，可以得出"动态"即发卡银行对授信额度并不是保持一成不变的论调，是上调、恒定、下调的动态变化过程。通

① 《商业银行信用卡业务监督管理办法》第50条："发卡银行应当建立信用卡授信管理制度，根据持卡人资信状况、用卡情况和风险信息对信用卡授信额度进行动态管理，并及时按照约定方式通知持卡人，必要时可以要求持卡人落实第二还款来源或要求其提供担保。"银保监规〔2022〕13号《中国银保监会、中国人民银行关于进一步促进信用卡业务规范健康发展的通知》第13条："银行业金融机构应当实施严格审慎的信用卡授信额度动态管理，至少每年对信用卡客户的授信额度实施一次重新评估、测算和确定。对于风险状况出现恶化的客户应当加强监测分析，及时采取调减授信额度等措施。对调升客户授信额度的，应当重新进行授信审批，未经客户同意不得调升授信额度。银行业金融机构应当严格设置调升授信额度审批权限，合理设定授信额度临时调升的幅度、次数、时间间隔和有效期等。"

过每年度根据风险状况的相关情况对信用卡客户的授信额度进行评估、测算和确定。对风险状况出现严重恶化的客户及时采取调减授信额度等措施。“管理”即对于授信额度对调整具有自主管理属性。发卡方可以根据自身设定的“资信状况”判断标准进行额度调整。由此可见,从行业整体发展视角而言,“资信状况”的认定标准尤为重要。

(一)合同文义解释原则的运用——从合同文本剥离认定标准

对合同条款进行解释往往可以同时运用多种解释方法,合同解释方法的运用,应当探求当事人真意,而探求当事人真意首先应当以合同文本为直接依据。因此,文义解释和系统解释是法官必须首先考虑的解释方法。[①] 众所周知,词语语义就像水波向外扩展,由核心向外延过渡之时会有边缘淡化的趋势,在语义的核心范畴内解释,才能最大限度还原词语的通用含义。

就本案而言,“资信状况变化”的通常理解范围是剥离认定标准之关键所在。本案中,邱某持卡 6 年期间出现案涉信用卡还款逾期 9 次,每次逾期还款金额较高、还款期间较长,同时邱某其他银行信用卡也存在还款逾期的现象。不同银行间的信用卡、同一银行的不同张信用卡均有逾期,在一定程度上发卡方更应从严调控授信额度,严格防范多头借贷的风险。因此,在文本通常含义的射程之内,可以从信用卡逾期还款次数、逾期还款金额和时间、持卡人其他信用卡还款情况等多个纬度进行交叉验证,以确定“资信状况”的变化情况。

(二)参照习惯和惯例解释原则——从合同履行反向驳议

参照习惯和惯例原则,是指在解释合同的过程中,按照习惯和惯例的含义予以明确。[②] 因为合同并不是在真空中成立,而是在行业惯例和地理惯例的背景下成立。[③] 如果合同文本约定难以具体确定,则可以根据当事人在交易过程或交易习惯中的客观行为进行判断,在此过程中应当适用参照习惯和惯例解释原则,进行判断。

就本案而言,交通银行信用卡中心在邱某于 2012 年、2013 年出现逾期还款而未调减邱某信用额度的行为是否属于交易习惯是持卡人的论述方向之一。民事权利的放弃,除非法律另有规定或者合同另有约定,必须采取明示的意思表示

① 参见张艳:《论合同解释方法的运用》,载《法律适用》2013 年第 11 期。

② 崔建远:《合同解释的三原则》,载《国家检察官学院学报》2019 年第 3 期。

③ 参见[美]杰弗里 · 费里尔、迈克尔 · 纳文:《美国合同法精解》,陈彦明译,北京大学出版社 2009 年版,第 230 页。

才能发生法律效力，故交通银行信用卡中心在邱某于2012年、2013年出现逾期还款而未调减邱某信用额度的行为，并不足以证明在类似情况下交通银行信用卡中心放弃其单方享有的调减信用额度的权利。综上，交通银行信用卡中心有权依据《领用合约》第2条第2款单方调减邱某案涉信用卡的信用额度。另外，民事法律行为可以基于双方或者多方的意思表示一致成立，也可以基于单方的意思表示成立。根据《领用合约》第2条第1款的约定，交通银行信用卡中心在邱某资信状况发生变化时有权随时调整信用额度，且该调整一经作出即约束邱某，亦即涉案信用额度的调整依交通银行信用卡中心单方的意思表示即可发生法律效力，而无须邱某、交通银行信用卡中心对此另行达成合意。而邱某主张已存在合意调整信用额度的交易习惯，但并未提供证据加以证明，应承担举证不能的法律后果。

【典型意义】

本案明确了《领用合约》中调整授信额度的条款是否存在合同漏洞，可以结合合约的初始授信条款以及合约实际履行情况甄别确定。持卡人是否发生合约约定的“资信状况变化”，可以从案涉信用卡逾期还款次数、逾期还款金额和时间以及持卡人其他信用卡还款情况等方面，综合判定。如果持卡人资信状况恶化，发卡行根据调整授信额度的条款约定，单方有权调整持卡人授信额度，而无须取得持卡人同意。调整授信额度条款属于涉及发卡行垫付义务的条款，而非约定发卡行责任的条款。本案体现了信用卡交易的诚信原则和契约精神，有利于提高金融消费者的守约意识和资信意识，规范金融消费者的还款行为。

【案例索引】

案号：上海市浦东新区人民法院（2018）沪0115民初52721号（2019年1月10日）

审判组织：李鹏

编写人：李鹏、刁永超

融资租赁、保理类纠纷案件

09

售后回租模式下租赁物转让合同效力的司法审查

——远东租赁公司与成功塑胶公司等融资租赁合同纠纷案

裁判要旨

售后回租是指承租人将自有物件出卖给出租人,同时与出租人签订融资租赁合同,再将物件从出租人处回租的租赁形式。售后回租是承租人和供货人为同一人的特殊融资租赁方式。出租人与承租人基于真实的意思表示缔约,租赁物真实存在,租赁物价值与融资金额相当,并且承租人依约完成了租赁物所有权转让义务的情况下,法院应认定实际构成融资租赁法律关系。

基本案情

原告:远东国际租赁有限公司(以下简称远东租赁公司)

被告:浙江成功塑胶有限公司(以下简称成功塑胶公司)

被告:浙江企特贸易有限公司(以下简称企特贸易公司)

被告:倪某某

被告:邹某某

2012年3月29日,原告远东租赁公司与被告成功塑胶公司签订《售后回租赁合同》和《所有权转让协议》,约定原告与被告成功塑胶公司形成融资租赁法律关系,原告为出租人,被告成功塑胶公司为承租人。同日,为担保被告成功塑胶公司履行租赁合同,作为连带责任保证人,被告企特贸易公司与原告签署《保证合同》,被告倪某某、邹某某向原告出具保证函。根据上述合同约定,原告向被告成功塑胶公司购买工业设备,并将该等工业设备作为租赁物件出租给被告成功塑胶公司使用。合同约定租赁期间内被告成功塑胶公司应按月向原告支付租金,共35期租金,如中国人民银行同期贷款利率发生调整,租金应相应调整,初始租金总额为人民币4,695,845元。被告成功塑胶公司如在租赁期间未按时、足额支付原告任一期租金,原告有权加速到期,要求被告成功塑胶公司立即付清全部租金及其他应付款项,并按每日万分之五的标准偿付逾期违约金,被告成功塑胶公司承担原告行使权利所发生的律师费和其他合理支出。另根据《保证合同》、保证函的约定,被告企特贸易公司、倪某某、邹某某为上述所有应付款项的支付承担连带清偿责任。上述合同签订后,原告依约定方式向被告成功塑胶公司交付了租赁物件,被告成功塑胶公司出具了租赁物件接收证明。《租赁物件清单》载明租赁物件为,制造商为上海某机械有限公司、规格型号为24 * 80L的四辊压延线设备1台,制造商为常州某包装有限公司的涂布机1台,制造商为西安某印刷包装设备有限公司、规格型号为YLBZ－8800的壁纸印刷同步压花生产线1套,制造商为西安某印刷包装设备有限公司、规格型号为YLBZ－6800的壁纸印刷同步压花生产线1套,制造商为西安某印刷包装设备有限公司、规格型号为TBBZ－1200的壁纸涂布机1台,制造商为西安某印刷包装设备有限公司的壁纸收缩包装机1台。根据租赁合同约定,原告向被告成功塑胶公司发出了起租通知书,起租日为2012年4月6日。租赁期间每次中国人民银行调整同期贷款利率,原告都按约定方式对剩余租金作相应调整。但起租后,被告成功塑胶公司未足额支付2012年8月起的租金,为此原告起诉至法院。

另,2012年9月11日,浙江省丽水市莲都区人民法院出具民事裁定书,裁定受理本案被告成功塑胶公司的重整申请,指定浙江某律师事务所为管理人。2013年3月12日,经本案被告成功塑胶公司管理人委托,丽水处州资产评估有限公司出具资产评估报告书,载明资产占有方如下:“根据委托方提供的设备售后回租赁合同、所有权转让协议、租赁物件接收证明,资产所有权人为远东租赁公司,资产使用权人为原成功塑胶公司。”评估方法载明:“因为本次评估是以委托方为了解资产价值而涉及的机器设备提供价值参考依据为目的进行评估,由于类似资产的交易案例难以取得,不宜采用市场法进行评估,故本次评估我们对机器设备选择并使用重置成本法评估。重置成本法,是指先估测被评估资产的重置成本,然后估测被评估资产已存在的各种减损因素,并将其从重置成本中予以扣除而得到被评估资产价值。”评估结论载明:“经评估,成功塑胶公司管理人委托评估的资产评估值为7,383,000元。”

原告认为,被告成功塑胶公司未足额支付租金,已严重违约,故要求判令被告成功塑胶公司支付原告租金、相应的逾期违约金及留购价款;被告企特贸易公司、倪某某、邹某某承担连带清偿责任。

被告成功塑胶公司辩称,2012年9月7日被告成功塑胶公司因资不抵债已向法院申请破产重整,且法院已经受理。涉案设备已经进行评估,评估值为850多万元,该价值远远高于当时与原告的交易价值,根据相关法律规定,该交易是以明显不合理的价格进行,被告成功塑胶公司的破产管理人已经就此向法院申请撤销。上述相关案件对于本案的审理有影响,故申请法院对本案中止审理。

被告企特贸易公司、倪某某、邹某某均未作答辩。

【法院裁判】

上海市浦东新区人民法院于2013年4月23日作出(2012)浦民六(商)初字第5710号民事判决:一、被告成功塑胶公司给付原告远东租赁公司租金4,264,956.80元、截至2012年8月7日的违约金106.62元及留购价款100元,扣除保证金270,200元,被告成功塑胶公司应给付原告远东租赁公司3,994,963.42元;二、被告成功塑胶公司给付原告远东租赁公司自2012年8月8日起至实际清偿之日止的违约金(以未付租金为基数,按日息万分之八计算);三、被告企特贸易公司、倪某某、邹某某对被告成功塑胶公司上述付款义务承担连带清偿责任;四、被告企特贸易公司、倪某某、邹某某履行保证责任后,有权向被告成功塑胶公司追偿;五、若被告成功塑胶公司、企特贸易公司、倪某某、邹某某未全额履行上述付款义务,《售后回租赁合同》项下租赁物件(制造商为上海某机械有限公司、规格型号为24*80L的四辊压延线设备1台,制造商为常州某包装有限公司的涂布机1台,制造商为西安某印刷包装设备有限公司、规格型号为YLBZ-8800的壁纸印刷同步压花生产线1套,制造商为西安某印刷包装设备有限公司、规格型号为YLBZ-6800的壁纸印刷同步压花生产线1套,制造商为西安某印刷包装设备有限公司、规格型号为TBBZ-1200的壁纸涂布机1台,制造商为西安某印刷包装设备有限公司的壁纸收缩包装机1台)的所有权归原告远东租赁公司所有,原告远东租赁公司有权以处置租赁物件所获款项抵偿上述全部或部分款项。

一审判决后,被告成功塑胶公司提起上诉,上海市第一中级人民法院于2013

年11月15日作出(2013)沪一中民六(商)终字第273号民事判决:驳回上诉,维持原判。

法院生效裁判认为,原告远东租赁公司与被告成功塑胶公司签订的《售后回租赁合同》《所有权转让协议》均系当事人真实意思的表示,内容不违反法律、行政法规的强制性规定,依法有效,当事人均应恪守。原告远东租赁公司依约履行了义务,被告成功塑胶公司未按《售后回租赁合同》约定履行按时给付租金的义务,显属违约,应承担相应的违约责任。被告企特贸易公司、倪某某、邹某某书面承诺对被告成功塑胶公司与原告签订的《售后回租赁合同》项下被告成功塑胶公司支付租金、利息及相关费用等义务提供连带责任保证,为此应承担相应的担保责任。

【案例评析】

本案的争议焦点在于:一、被告成功塑胶公司提交的评估报告对本案有无决定性意义;二、本案是否应中止审理,等待浙江法院的破产撤销权案件审理结果。对此,应从以下三个方面予以分析:

一、被告成功塑胶公司提交的评估报告能否作为评价交易价值的依据

首先,从委托程序上看,被告成功塑胶公司提供的评估报告系其单方委托评估机构评估得出,该评估过程及结果均未得到原告确认,不能仅以该份评估报告认定租赁物的实际价值;其次,从评估方法上看,该评估报告系单纯依靠成本折旧方法得出的评估结果,并没有将被告成功塑胶公司向原告融资时的客观市场需求考虑在内,因此,不能仅仅凭据该份评估报告认定租赁设备的交易价值远高于原告与被告成功塑胶公司的交易价,即不能认定原告与被告成功塑胶公司间的交易价值过高。本案中,被告成功塑胶公司作为从事专业领域生产经营的企业,对于相应专业设备的市场价值理应充分知晓,而其从事交易的对价亦自应从市场的实际需求出发而得出。其自愿与原告进行交易,通过融物的手段获得资金,又在获得原告提供的融资后单方进行评估,并以系争设备的单方评估价否定原先的交易价值,于法无据。

二、本案是否应等待破产撤销权案件审理结果

被告成功塑胶公司称其破产管理人已向浙江省丽水市莲都区人民法院起诉本案原告破产撤销权纠纷,认为本案应中止审理,进而认为一旦撤销《所有权转让协议》,则《售后回租赁合同》亦可撤销。对此法院认为,即便确有上述案件,其对本案审理亦无实质影响,本案的审理也不应以该案的审理结果为前提。本案中,原告与被告成功塑胶公司作为双方当事人所签订的《售后回租赁合同》及《所有权转让协议》实应合为一份融资租赁合同,原告接受被告成功塑胶公司转让设备的最终目的并不在于获得其所有权,而是作为一种盈利方式赚取利润,被告成功塑胶公司则可以其为途径解决资金困难,有利于生产经营和发展经济;合同系双方自愿签订,又不为国家法律所禁止,且当事人对租赁物所有权转移与否并无争议,所以,合同有效,应受法律保护。况且,《所有权转让协议》项下交易资金越多,被告成功塑胶公司所获融资支持越多,在此情形下,被告成功塑胶公司作为理性市场主体自会追求较高的所有权转让金额,而原告则会根据市场行情给予相应的融资对价,因此达成合理的交易价格,而现在被告成功塑胶公司在拖欠原告多期租金的情形下又主张当时双方根据市场需求签订的合同对价明显不合理,实为自相矛盾。

三、所有权转让协议是否存在法律规定的可撤销情形

关于合同的可撤销情形,我国《民法典》第 147 条、第 148 条、第 149 条有明确规定。同时我国《破产法》中也有关于破产案件撤销权的规定,《破产法》第 31 条规定:“人民法院受理破产申请前一年内,涉及债务人财产的下列行为,管理人有权请求人民法院予以撤销:(一)无偿转让财产的;(二)以明显不合理的价格进行交易的……”本案中,被告成功塑胶公司认为合同应予以撤销,则应提供充分的证据证实相关所有权转让的合同符合法律规定的可撤销的情形,但综观本案,被告成功塑胶公司仅提供了其单方聘请评估机构作出的评估报告以及相关法院受理破产案件的民事裁定书作为证明本案系争所有权转让协议属于可撤销情形的证据,而该等证据仅能证明存在破产案件以及被告成功塑胶公司单方委托作出评估的事实,并不足以证实在订立所有权转让合同时当事人存在重大误解或显失公平的情形,更不足以证实原告是以欺诈、胁迫的手段或者乘人之危,使被告成功塑胶公司在违背真实意思的情况下订立的《所有权转让协议》。同时,本案中《所有权转让协议》《售后回租赁合同》的签订虽然符合破产法中撤销权一年的时间期限内,但凭被告提供的证据也不足以证明其以明显不合理的价格进行交易。相反,原告提供的证据包括《所有权转让协议》《售后回租赁合同》等,足以证实原告与被告成功塑胶公司之间发生了回租模式的融资租赁合同关系,双方确实存在开展融资租赁业务的真实意思表示,被告成功塑胶公司为取得融资而与原告签署的《所有权转让协议》应为合法有效。

综上，融资回租赁是指承租人将自有物件出卖给出租人，同时与出租人签订融资租赁合同，再将物件从出租人处租回的租赁形式。回租赁是承租人和供货人为同一人的特殊融资租赁方式。融资租赁合同兼有融物与融资的功能，但融物的目的是融资，回租赁合同所表现出来的功能更侧重融资，符合融资租赁的特征，受融资租赁合同法律规范调整。被告成功塑胶公司认为系争设备是以明显不合理的价格出售给原告而要求撤销，是曲解了回租赁合同性质而得出的错误结论。

【典型意义】

实践中，承租人出于最大化盘活资金的需要，将自有物出卖给出租人，并从出租人处租回该物的交易模式即为售后回租模式。本案明确了售后回租模式下对融物合同效力的审查标准，应以合同各方权利义务关系认定作为基础，综合租赁物的性质、价值、租金等因素，以认定是否构成融资租赁法律关系，引导融资租赁行业规范有序发展，促使融资租赁制度更好地服务于实体经济。

【案例索引】

一审：上海市浦东新区人民法院（2012）浦民六（商）初字第5710号（2013年4月23日）

二审：上海市第一中级人民法院（2013）沪一中民六（商）终字第273号（2013年11月15日）

审判组织：

一审：顾权、尹伟、杨秀敏

二审：张聪、贾沁鸥、范德鸿

编写人：尹伟

10

租赁物部分真实情形下“名为租赁实为借贷”的司法认定

——上海电气融资租赁公司与讷河市人民医院等融资租赁合同纠纷案

裁判要旨

出租人虽然无证据证明租赁物的真实性，但承租人自认部分租赁物真实存在，使得合同并非完全缺乏“融物”属性，不应简单以出租人举证不能否定融资租赁性质，而应进一步结合出租人审核行为考察其真实意思表示，同时考察租赁物低值高估的程度，综合作出判断。

基本案情

原告：上海电气融资租赁有限公司（以下简称上海电气融资租赁公司）

被告：讷河市人民医院

被告：讷河市城市投资有限公司（以下简称讷河城投公司）

原告上海电气融资租赁公司诉称：原告（出租人）与被告讷河市人民医院（承租人）签订《回租购买合同》《回租租赁合同》，约定出租人应承租人的要求，向承租人出资购买租赁物并回租给其使用，承租人支付租金。被告讷河城投公司与原告签订《保证合同》，为承租人提供连带责任保证担保。原告依约向承租人支付租赁物购买价款，承租人未完全履行租金支付义务，原告遂起诉要求承租人讷河市人民医院支付全部未付租金、承担违约责任，并同时要求被告讷河城投公司承担保证担保责任。

被告讷河市人民医院、讷河城投公司辩称:1. 涉案租赁物一部分已经在先融资给案外人丁公司,一部分不存在,其余存在的设备的净值只有140万余元,远远低于合同约定的3300万元,因此涉案融资租赁合同不具备融物属性,应为借贷关系;2. 原告不具有贷款资质,涉案合同系以合法形式掩盖非法目的,应认定无效,原告仅能获得实际出借款项扣除被告讷河市人民医院已归还款项之余款,合同约定的利息、违约金、律师费等金额均属无效;3. 主合同无效,被告讷河城投公司签订的担保合同为从合同,理应无效,无须承担保证责任。

经审理查明:2017年3月7日,原告(甲方)与被告讷河市人民医院(乙方)签订《回租购买合同》《回租租赁合同》,甲方向乙方购买租赁物(详见租赁物清单)并回租给乙方使用,乙方同意向甲方承租租赁物并支付租金及其他应付款项,租赁物总价为3300万元;同时约定租赁期限、每期租金金额、租金支付日,违约情形及违约责任。被告讷河市人民医院向原告出具固定资产清单(简称资产明细1)、设备所有权确认函、承诺函,承诺设备真实存在。被告讷河城投公司与原告签订《保证合同》,承诺为被告讷河市人民医院在《回租租赁合同》项下债务提供连带责任保证担保。2017年3月8日,原告向被告讷河市人民医院支付租赁物价款29,700,000元(租赁物总价3300万元扣除被告讷河市人民医院应支付的保证金330万元),并就上述融资租赁业务及租赁物信息在中国人民银行征信中心办理了登记。被告讷河市人民医院已支付部分租金后未再支付。

关于涉案租赁物:1. 被告讷河市人民医院与案外人丁公司在涉案售后回租之前已就本案部分设备签订融资租赁合同(目前尚在履行中),且已在中国人民银行征信中心办理了动产权属统一登记。2. 被告讷河市人民医院提供《2017年讷河市人民医院万元以上固定资产明细》(简称资产明细2)、《2017年讷河市人民医院审计报告》,认为:资产明细2系真实的设备情况,资产明细1系当时为配合原告放贷出具,实际其中部分设备不存在,部分设备已经在先与案外人丁公司进行融资租赁业务,本案售后回租项下真实存在的租赁物原值1000万余元,但是按照《医院财务制度》规定的折旧方式,实际价值仅140万余元。3. 原告提供部分设备的照片,欲证明其对租赁物情况进行现场核实,二被告对其真实性、关联性不予认可。原告称其就租赁物发票进行过审核,但是未能提供发票原件或者复印件;同时认为,即使资产明细2为真,扣除案外人丁公司融资租赁的设备及不存在的设备,本案中无争议的租赁物价值占合同约定价值3300万元的67.63%。

【法院裁判】

上海市浦东新区人民法院于2020年8月3日作出(2020)沪0115民初4804号民事判决:被告讷河市人民医院归还原告上海电气融资租赁公司借款本金16,244,913.14元、支付利息304,883.55元、截至2020年2月20日的逾期利息73,352.26元,以及自2020年2月21日起至实际清偿之日止的逾期利息(以借款本金16,244,913.14元为基数,按照年利率24%计算)、律师费损失36万元;讷河城投公司对被告讷河市人民医院上述付款义务承担连带清偿责任,被告讷河城投公司履行保证责任后,有权向被告讷河市人民医院追偿;驳回原告其余诉讼请求。

一审判决后,被告讷河市人民医院、讷河城投公司提起上诉,被告讷河市人民医院、讷河城投公司上诉后未缴纳诉讼费用,视为撤回上诉。

法院生效裁判认为,本案争议焦点在于涉案合同的性质如何认定。第一,真实的租赁物系融资租赁法律关系的存在前提及构成要件。原告作为主张融资租赁合同关系成立的一方,应对租赁物的真实性承担举证责任。本案中租赁物清单记载507件,原告仅提供被告讷河市人民医院单方确认真实性的承诺说明,而被告讷河市人民医院又当庭予以否认,原告举证尚不足以证明租赁物的真实存在。第二,原告的真实意图如系建立融资租赁合同法律关系,理应对租赁物的真实性及权属尽到审慎注意。原告不仅无法提供租赁物发票原件,甚至连复印件亦无法提供;现场勘查照片仅涉及极少部分设备,且难以确认与本案租赁物的关联性;又未就在先融资且公示登记的设备权属进行查询审核。可见,原告对租赁物本身是否存在、其是否能够取得所有权并不关注,本院实难认定原告具有进行融资租赁的真实意思表示。第三,即使被告讷河市人民医院自认部分设备真实存在,原告单方核算该部分设备价值为2000万余元,与合同约定价值3300万元亦存在显著差异。综上,本院认定涉案《回租租赁合同》系以融资租赁合同之名行民间借贷之实,双方之间形成借贷法律关系。因无证据证明原告系以发放贷款作为其主营业务或主要利润来源,双方借贷法律关系有效。借款人逾期还款,原告有权要求其还本付息、支付逾期违约金并依约承担已实际发生的律师费用。法院以实际放款金额作为本金,以合同实际执行利率调整每期还本付息金额,减轻原合同项下的被告讷河市人民医院对原告所应承担债务,被告讷河城投公司应依约向原告承担保证责任。

【案例评析】

在售后回租模式中，租赁物的出卖人与承租人同一、设备不发生移转，极易与借贷关系混淆，“名为租赁实为借贷”系该模式下承租人经常提及的抗辩。此类案件的审查重点在于租赁物的真实性，本案判决从举证责任的分配、出租人的真实意思表示、租赁物实际价值与约定价值的偏离程度三个方面层层递进、综合考量。

一、举证责任的分配

出租人应对融资租赁合同的融物属性承担举证责任。出租人通常以承租人的主观承诺为证，如本案中承租人加盖公章的《固定资产清单》《设备所有权确认函》《承诺函》等类似文件，在承租人予以否认的情况下，出租人举证责任难以尽到。至于出租人在央行征信平台登记公示，根据平台规定，“登记内容的真实性、合法性和准确性由登记当事人负责”，可见该登记仅系对抗第三人之用，无法自证“清白”。

二、出租人的真实意思表示

本案特殊之处在于，出租人虽然无证据证明租赁物的真实性，但承租人自认部分租赁物真实存在，使得合同并非完全缺乏“融物”属性，故不可简单以前述第一点否定融资租赁性质，而应进一步考察出租人真实意思表示，笔者认为可通过其签订合同时的审核行为予以推定。出租人的真实意图如系建立融资租赁合同法律关系，理应对租赁物的真实性及权属尽到审慎注意。

本案中，首先，《回租购买合同》已明确约定，承租人应将租赁物的原始发票原件（及/或其他乙方在将租赁物出售给甲方前对租赁物享有所有权的证明文件的原件）交付给原告保管，直至回租赁合同履行完毕。现原告不仅无法提供租赁物发票原件，甚至连复印件亦无法提供。其次，现场勘查照片仅涉及极少部分设备，且难以确认与本案租赁物的关联性，原告亦未提供其他审核证据。最后，本案售后回租合同签订之前，案外人丁公司已就本案部分设备在央行征信平台进行了登记，原告作为专业的融资租赁公司，理应进行相关查询，对涉案租赁物权属进一步与承租人核实，原告未能举证其尽到此等注意。可见，原告对租赁物本身是否存在、其是否能够取得所有权并不关注，难以认定原告具有进行融资租赁的真实意思表示。

三、租赁物实际价值与约定价值的偏离程度

如前所述，本案合同并非完全缺乏“融物”属性，此时还应进一步考察租赁物价值实际价值与约定价值的偏离程度。租赁物低值高估与虚构租赁物的实质原理相同，均为无法起到对出租人债权的担保作用，实际没有融物，只有资金空转，将影响合同性质的认定，然而在司法实践中，关于低值高估至何种程度才可导致合同性质发生转变，并未形成统一标准。

笔者认为，就其程度的把握应当区分不同情形。如仅存在该单一因素影响合同性质的认定，则低值高估应当达到显著程度，足以认定丧失担保作用，如《最高人民法院关于融资租赁合同司法解释理解与适用》一书中举例，将价值1000元设备估价为1000万元。如并非该单一因素，则应当结合其他因素，综合考量。本案中，在承租人自认存在部分租赁物的前提下，原告单方核算无争议租赁物的价值占约定价值的2/3以上，即使原告核算金额属实，结合前述一、二标题项下原告存在的问题，本案判决仍将其认定为严重偏离。

【典型意义】

本案的判决价值在于：第一，提示出租人未尽租赁物真实性的审核义务的风险，进一步规范融资租赁公司审核行为，促进合规、审慎；第二，通过司法裁量，对于以租赁之身、借金融之名、行贷款之实的行为进行负面评价，引导其回归融资租赁本源，服务实体经济；第三，合法合理认定合同性质，保护中小微企业融资路径，免于陷入高成本陷阱。

【案件索引】

案号：上海市浦东新区人民法院(2020)沪0115民初4804号(2020年8月3日)

审判组织：李鹏、徐秋子、姜岚

编写人：徐秋子

11

租赁物所有权未转移的不构成售后回租型融资租赁法律关系

——盛隆公司与创格融资租赁公司融资租赁合同纠纷案

裁判要旨

售后回租型融资租赁法律关系中，租赁物所有权转移是出租人获得租赁物担保利益的基础，也是认定融资租赁法律关系的前提，法院应从租赁物客观存在、出卖人(承租人)对租赁物有处分权、出租人合法取得所有权等方面对售后回租型融资租赁法律关系成立与否进行综合判定。对所有权未有效转移的融资租赁合同，应否定其融资租赁法律关系，并按照实际构成的法律关系处理。

基本案情

原告：河南盛隆资产管理有限公司(以下简称盛隆公司)

被告：创格融资租赁公司

2017年8月至9月，创格融资租赁公司分别与案外人王某1、王某2、郑某、尹某签订《车辆融资租赁合同》，约定出租人依据承租人申请，购买车辆出租给承租人使用。承租人按照该合同约定向出租人支付租金及其他款项。出租人和承租人双方同意将标的车辆上户在指定的登记人名下，但标的车辆所有权属于出租人。出租人同意：在全部应付租金和相关费用等该合同项下承租人应付款项付清后，负责办理标的车辆抵押解除或过户手续，客户缴纳留购金后，标的车辆的实际所有权转移至承租人享有，办理过户的相关费用由承租人承担。其后，作为租赁物的车架号尾号分别为973、908、737、858的四辆车(本案系争车辆)，分别被登记于案外人王某1、王某2、郑某、尹某名下，该四人分别向创格融资租赁公司出具了《租赁物接收确认函》，确认接收并承租使用。

2017年12月15日，创格融资租赁公司（出租人）与盛隆公司（承租人）签订了本案系争《车辆融资租赁合同》，约定出租人依据承租人申请，购买车辆出租给承租人使用。承租人按照该合同约定向出租人支付租金及其他款项。出租人和承租人双方同意将标的车辆上户在指定的登记人名下，但标的车辆所有权属于出租人。当承租人未按该合同约定支付应付租金时，出租人有权每天按应付租金千分之一的标准向承租人收取违约金。因承租人违约导致出租人解除了合同并要求承租人结清全部租金、罚息，承租人另须向出租人支付所有逾期未付款项25%的违约金。同时约定融资项目为购车总额420,000元，融资总额419,999.99元，租赁期限36个月，留购金6元。2017年12月19日，创格融资租赁公司将融资款419,993.99元支付至盛隆公司账户。

2017年12月25日，因案外人王某1、王某2、郑某、尹某等人与创格融资租赁公司之间《车辆融资租赁合同》项下租金逾期支付，盛隆公司代为支付了全部租金。2017年12月26日，创格融资租赁公司出具了《结清证明》，载明案外人王某1、王某2、郑某、尹某在该《车辆融资租赁合同》项下所有债务已经履行完毕。就本案系争《车辆融资租赁合同》，盛隆公司已支付第1～29期租金，剩余第30～36期租金尚未支付。本案审理中，创格融资租赁公司与盛隆公司均确认，案涉《车辆融资租赁合同》的租赁模式为售后回租，租赁物包括双方系争的四辆汽车。

盛隆公司诉称，盛隆公司与创格融资租赁公司签订《车辆融资租赁合同》后依约支付了租金共计401,937.39元，但创格融资租赁公司却拒绝履行案涉租赁车辆的交付义务，已构成根本违约，故诉请解除合同并返还盛隆公司租金267,958.26元及利息，并赔偿盛隆公司损失30,000元。创格融资租赁公司则辩称，案涉四辆汽车登记于四名个人名下，该四人由盛隆公司推荐给创格融资租赁公司，并与创格融资租赁公司建立融资租赁关系，该四人发生逾期后，盛隆公司替四名个人结清了融资租赁款项，现盛隆公司以这四辆车进行再次融资，创格融资租赁公司按约向盛隆公司支付融资款，创格融资租赁公司已经履行了合同义务，不承担实际交付义务，且盛隆公司未按约支付租金，故反诉要求盛隆公司支付租金97,019.37元及违约金19,403.87元。

【法院裁判】

上海市浦东新区人民法院于2021年8月2号作出(2021)沪0115民初16942号民事判决:驳回原告(反诉被告)盛隆公司的全部本诉诉讼请求;原告(反诉被告)盛隆公司应向被告(反诉原告)创格融资租赁公司支付借款本息97,019.37元、违约金9096.83元;驳回被告(反诉原告)创格融资租赁公司的其他反诉诉讼请求。

一审宣判后,盛隆公司依法提起上诉。上海金融法院于2022年2月7日作出(2021)沪74民终1800号民事判决:驳回上诉,维持原判。

法院生效判决认为,关于创格融资租赁公司与盛隆公司之间案涉《车辆融资租赁合同》的性质问题,2014年《最高人民法院关于审理融资租赁合同纠纷案件适用法律问题的解释》第1条规定:"人民法院应根据合同法第二百三十七条规定,结合标的物的性质、价值、租金的构成以及当事人的合同权利义务,对是否构成融资租赁法律关系作出认定。对名为融资租赁合同,但实际上不构成融资租赁法律关系的,人民法院应按照实际构成的法律关系处理。"本案系争《车辆融资租赁合同》签订时,作为租赁物的四辆汽车已被创格融资租赁公司作为租赁物出租给案外人王某1、王某2、郑某、尹某,且案外人租金支付义务尚未履行完毕,盛隆公司不享有该批车辆的所有权,创格融资租赁公司对此亦应明知。此时,创格融资租赁公司与盛隆公司签订《车辆融资租赁合同》进行相关车辆的售后回租,显然缺乏基础。审理中,盛隆公司亦表示,双方签订系争《车辆融资租赁合同》的实际目的是获得资金,以代为偿还相关个人承租人欠创格融资租赁公司的租金。据此认定,创格融资租赁公司与盛隆公司之间因案涉《车辆融资租赁合同》所形成的法律关系,名为融资租赁实为民间借贷。

关于案涉《车辆融资租赁合同》的效力问题,因现有证据不足以证明盛隆公司以放贷为业或转贷牟利,故案涉《车辆融资租赁合同》名为融资租赁实为民间借贷且有效。因本案中双方在系争《车辆融资租赁合同》项下并不构成融资租赁法律关系,故盛隆公司以系争车辆未实际交付为由,要求解除合同、创格融资租赁公司返还租金、赔偿损失的主张,缺乏事实和法律依据,本院难以支持。因创格融资租赁公司于2017年12月19日向盛隆公司出借了419,993.99元,借款期限为36个月,每期还款金额为13,859.91元,盛隆公司归还了401,937.39元,于2020年6月19日起未再还款,创格融资租赁公司有权要求盛隆公司归还尚欠的金额并支付相应违约金。现创格融资租赁公司要求盛隆公司支付合同约定的第

30～36期本息97,019.37元,有合同及法律依据,本院予以支持。创格融资租赁公司要求盛隆公司支付违约金19,403.87元(按所欠7期本息总额的20%计算),该计算方式虽然低于合同约定,但已超过法律所保护的民间借贷利率上限,本院按照相关司法解释规定,核定截至本案判决日,创格融资租赁公司可获得法律保护的违约金上限为9096.83元,故本院据此予以支持。

【案例评析】

在融资租赁业务中,存在部分企业借用法律所认可的售后回租型融资租赁(以下简称售后回租)的外壳进行借贷的现象。本案系融资租赁公司在出卖人(同时为承租人)未取得租赁标的物处分权的情况下,与其签订《车辆融资租赁合同》,开展售后回租业务,从而引发双方对合同性质及违约责任认定的争议。本案审理的主要难点在于,如何从租赁物所有权出发,确定售后回租法律关系的成立标准以及缺乏所有权转移基础的法律后果。

一、租赁物所有权转移是售后回租法律关系的基础

售后回租,一般是指承租人为融资之目的,将标的物所有权移转给出租人,再从出租人处租回的交易模式,是在所有权与使用权相分离的基础上融资与融物相结合的一种信用形式①,属于融资租赁中的一种特殊类型。在这种交易模式中,租赁物所有权转移作为将买卖合同与融资租赁合同相衔接的媒介,使得出租人与承租人在租赁物上各享权益,构成售后回租法律关系的基础。

(一)所有权转移是实现租赁物担保功能的前提

传统物权理念下的所有权通常指向物的归属,涵盖占有、使用、收益、处分等各个方面,但在融资租赁法律关系中,所有权被标签化,演化成了可移转的权益、可交易的信用②。租赁物所有权的担保功能隐含于融资租赁法律结构之中,而无须通过主从合同的附属关系予以维系。出租人一般并不追求租赁物所有权的最终归属,而是通过保留租赁物所有权的形式以保障租金债权的实现。为此,法律和司法解释明确规定,在融资租赁法律关系中,承租人未能按期足额支付租金的,出租人可以解除合同并要求承租人返还租赁物,或者请求参照民事诉讼法"实现担保物权案件"的规定,以拍卖、变卖租赁物所得价款支付租金。法律作出

---

① 梁慧星、陈华彬:《物权法》,法律出版社1997年版,第104页。

② 邱天利:《非典型担保共性解析》,载《政法论坛》2011年第1期。

上述规定,其法理基础就在于融资租赁法律关系中,出租人拥有租赁物的所有权,在承租人违约的情况下,可基于该所有权主张返还或实现担保物权。

(二)所有权转移区分了售后回租与借贷法律关系

售后回租交易模式的复合性决定了其融合了买卖、融资、租赁、担保等多元因素。我国1999年《合同法》就已明确了融资租赁合同的定义,但由于售后回租法律关系中承租人与出卖人、出租人与买受人身份竞合,长期以来,理论界和实务界对售后回租合同与借贷合同的区分和认定存在争议。为此,2014年《最高人民法院关于审理融资租赁合同纠纷案件适用法律问题的解释》第2条明确,人民法院不应仅以承租人和出卖人系同一人为由认定不构成融资租赁法律关系。在售后回租法律关系中,出租人同样向承租人支付融资款,租赁物的实际占有情况亦无变化,其与借贷法律关系相比,其主要区别就在于租赁物所有权转移给了出租人。一旦租赁物所有权未发生转移,则售后回租与借贷法律关系就无法准确区分。

(三)所有权转移区分了售后回租与一般租赁法律关系

售后回租法律关系与一般租赁法律关系相比,其底层逻辑均为租赁物的所有权人部分让渡了租赁物的占有、使用等权能以获取租金收益。除了租赁物的担保属性外,二者的区别还体现在售后回租法律关系中,租赁物的原始所有权人变为实际使用租赁物的承租人,并负有租金支付义务。之所以发生这一变化,就是因为售后回租法律关系嵌入了承租人将租赁物出售给出租人的交易前提。缺乏这一前提,售后回租法律关系就成了“空中楼阁”,也无法得到法律的认可。因此,租赁物所有权从出卖人(承租人)转移给出租人,构成了区分售后回租与一般租赁法律关系的重要依据。

二、租赁物所有权视角下售后回租法律关系的认定

租赁物所有权作为售后回租合同的基础与脉络,对法律关系的认定具有关键作用。在司法实践中,应基于租赁物所有权的视角,对售后回租法律关系的成立与否进行准确判断。

(一)租赁物客观存在且明确

融资租赁是以融物为特征的融资,二者缺一不可。租赁物所有权作为售后回租法律关系中的核心权利,其发挥效能的基本前提在于存在真实并且特定化的租赁物。虚构或者伪造租赁物消解了售后回租模式融物的属性,出卖人、出租人更是不可能拥有租赁物的所有权,故而合同双方之间仅有资金的融通,背离了

售后回租的构成要求。在司法实践中,法院一方面需要审查买卖合同、售后回租合同中对于租赁物有无约定具体明晰的信息,如型号、规格、数量、厂商等,以特定化租赁物;另一方面则要对租赁物的真实性进行实质审查。本案中,案涉租赁物包括双方系争的四辆汽车,通过审查车辆登记簿以及《租赁物接收确认函》等材料,能够确定系争车辆的型号、车架号等具体信息,租赁物应真实存在且明确。

(二)出卖人(承租人)对租赁物有处分权

在售后回租中,承租人在启动交易时拥有租赁物所有权是转让物再租回使用的前提条件,若出卖人(承租人)自始至终未获得出卖租赁物的处分权且购买人(出租人)对此明知,则难以认定双方具有建立售后回租法律关系的真实意愿。本案中,虽然作为租赁物的车辆存在,但是在盛隆公司与创格融资租赁公司签订案涉《车辆融资租赁合同》时,由于作为租赁物的四辆汽车已被创格融资租赁公司作为租赁物出租给案外人王某1、王某2、郑某、尹某,且案外人租金支付义务尚未履行完毕,根据创格融资租赁公司与该四名案外人所签订的《车辆融资租赁合同》约定,"在全部应付租金和相关费用等本合同项下承租人应付款项付清,且客户缴纳留购金后,标的车辆所有权转移至承租人所有",此时依约租赁物所有权仍归属于出租人创格融资租赁公司,系争合同项下的承租人盛隆公司并不享有该批车辆的处分权,其出卖行为属于无权处分。

(三)出租人合法取得租赁物所有权

融资租赁公司作为出租人应当合法取得租赁物的所有权。"合法取得"要求出租人满足自身善意、交易价格合理以及发生法律形式上的交付等条件,此外还需强调出租人应基于承租人的意旨购置租赁物,防止出现出租人自行购买、未经承租人同意购买租赁物的情况。在售后回租交易结构中,买卖合同与融资租赁合同的当事人归于一体,虽无租赁物占有的实际移转,但租赁物的所有权实则已经以占有改定的形式由承租人(出卖人)转移至出租人(买受人)。即便是抵押贷款,由于未发生担保物的所有权转移,借款人与出借人之间只存在资金的融通,而缺乏融物的实质,与售后回租法律关系也存在本质区别。本案中,盛隆公司并不享有案涉车辆的处分权,出租人创格融资租赁公司亦无法通过占有改定的方式从盛隆公司处合法取得车辆所有权,因此缺乏售后回租法律关系成立的必要基础。

(四)出卖人无权处分瑕疵消除的售后回租法律关系

实践中,不少融资租赁企业在车辆融资租赁业务中的交易模式为类似直租的售后回租,即先由承租人与汽车销售商订立买卖合同、开具销售发票,在车辆尚未交付、登记的情况下,由承租人与融资租赁企业订立售后回租合同,汽车销售商收到购车款后,再向承租人交付车辆并办理登记手续。此种情况下,订立车辆融资租赁合同时,售后回租承租人尚未获得车辆所有权,亦属对租赁车辆的无权处分,但由于在融资租赁合同履行期间,承租人获得车辆交付,已消除所有权转让障碍,出租人可合法获得所有权受让,双方的售后回租法律关系可依法成立。本案中,系争《车辆融资租赁合同》签订后,盛隆公司代案涉车辆原承租人支付了剩余租金,按照原《车辆融资租赁合同》约定,案涉四辆汽车的所有权应归原四名个人承租人所有,盛隆公司获得的是对该四人的追偿权而非车辆所有权,盛隆公司在系争《车辆融资租赁合同》项下无权处分的瑕疵并未得到消除,其与创格融资租赁公司之间的融资租赁法律关系仍无法认定。

三、售后回租交易中租赁物所有权未有效转移的法律后果

在售后回租交易中,承租人与出租人之间存在两个合意,即首先由承租人将租赁物所有权转让给出租人,再由出租人将租赁物租给承租人使用。在租赁物所有权实际属于第三人,承租人无权处分租赁物且出租人非善意的情况下,所有权转让给出租人的结果显然无法实现。

(一)所有权未有效转移给出租人的不成立售后回租法律关系

基于物权变动原因与结果相区分的原则,即便出卖人无权处分,作为原因行为的买卖合同并不当然无效,但买卖合同有效,实现物权变动的效力仍需以出卖人具备处分权为前提,且以交付或者登记为要件,故本案中租赁物所有权并未有效转移给出租人。如前所述,在出租人未合法取得所有权的情况下,融资租赁交易缺乏“融资”与“融物”的双重属性,也未能形成售后回租法律关系的基本架构,故不成立融资租赁法律关系,盛隆公司基于售后回租而主张的解除合同、赔偿损失的请求并不具备主张的依据。

(二)所有权未有效转移的售后回租合同按照实际构成的法律关系处理

2014 年《最高人民法院关于审理融资租赁合同纠纷案件适用法律问题的解释》第 1 条第 2 款为融资租赁合同的司法审判认定明确了方向,外观合同无效并不当然否定实质构成的法律关系的效力,而是要基于当事人的真实意思表示,调整其法律关系的认定,随后再对该合同进行效力判断。依据《民法典》第 146 条关于“通谋虚伪表示”的规定也可以得出同样的结论，该条对掩盖真意的虚假行为之效力作出否定性价值判断，同时对实际上建立的与表示内容并不相同的法律关系予以依法判定。本案中，盛隆公司与创格融资租赁公司签订的系争《车辆融资租赁合同》因缺乏租赁车辆的所有权转移基础，构成通谋虚伪表示中的表面行为而归于无效，应以资金融通之真意，按照实际构成的民间借贷关系确认双方的权利和义务。

（三）违约后果应结合法律规定及合同约定判定

《最高人民法院关于审理民间借贷案件适用法律若干问题的规定》对企业间为生产经营所需临时性的资金拆借行为的效力问题秉持较为开放的态度，只要融资租赁企业不以放贷为业，没有合谋转贷牟利行为，一般个案不宜认定无效，但需严格执行借贷利率司法保护标准。本案中，案涉《车辆融资租赁合同》中有关租金及违约金的约定，可视为双方就实际构成的民间借贷法律关系中利息、逾期利息的约定，反诉原告创格融资租赁公司要求反诉被告盛隆公司按照合同约定支付尚欠的款项，法院原则上应予支持。同时，在支持的款项范围上，还需要结合有关民间借贷的法律规定准确认定。一方面，应以融资租赁公司实际出借金额为基数计算收益，预先扣除的保证金、留购价款等金额不应计入出借总额；另一方面，出借人的收益率（含期内利率、逾期利率）、借款人的综合借款成本亦受到法律规范的明确限制，不得形成“高利贷”。

综上所述，盛隆公司与创格融资租赁公司在签订系争《车辆融资租赁合同》时，盛隆公司始终存在对案涉租赁车辆的处分权瑕疵，作为出租人的创格融资租赁公司无法通过占有改定的形式从盛隆公司处合法取得车辆所有权，双方对此情况皆明知，因此该合同缺乏“融物”的表征，不构成售后回租关系，应根据双方合意的真实性质认定为民间借贷关系。又因本案中现有证据不足以证明盛隆公司以放贷为业或转贷牟利，故案涉《车辆融资租赁合同》名为融资租赁实为民间借贷且有效。结合系争合同对于借款金额、期限的约定以及双方实际的放还款情况，法院依据《最高人民法院关于审理民间借贷案件适用法律若干问题的规定》对盛隆公司应支付创格融资租赁公司的借款本息以及违约金予以依法调整。

【典型意义】

在融资租赁业务中，存在部分企业借用法律所认可的售后回租型融资租赁的外壳进行借贷的乱象。本案系融资租赁公司在出卖人（同时为承租人）未取得租赁标的物处分权的情况下，与其签订《车辆融资租赁合同》，开展售后回租业务，从而引发双方对合同性质及违约责任认定的争议。本案不仅为出卖人（承租人）对租赁物的处分权存在瑕疵致使租赁物所有权未转移情形下售后回租型融资租赁法律关系的认定提供了参考思路，也为引导融资租赁企业依法合规展业，改善金融市场融资环境，服务保障实体经济健康发展提供了法律支撑。

【案例索引】

案号：

一审：上海市浦东新区人民法院（2021）沪 0115 民初 16942 号（2021 年 8 月 2 日）

二审：上海金融法院（2021）沪 74 民终 1800 号（2022 年 2 月 7 日）

审判组织：

一审：余韬

二审：贾沁鸥、孙倩、吴剑峰

编写人：余韬、金璐

12

融资租赁合同履行不能的风险负担

——环聚树脂公司与格上汽车租赁公司融资租赁合同纠纷案

裁判要旨

承租人已履行完毕融资租赁合同项下的全部支付租金义务，出租人因不可归责于出租人和承租人的原因无法履行转让租赁物所有权的义务，导致融资租赁合同客观履行不能的情况下，出租人应承担代物返还义务，将租赁物折价后的价值金额返还给承租人。法院在判断风险损失如何分担时，应结合融资租赁合同的特点，以平衡出租人与承租人的利益作为切入点加以综合考量，在分清物的责任与合同责任的基础上，从物权出发界定责任，损失计算仅限于对租赁物价值的弥补。

基本案情

原告：上海环聚树脂有限公司（以下简称环聚树脂公司）

被告：格上汽车租赁（上海）有限公司（以下简称格上汽车租赁公司）

原告环聚树脂公司诉称，2013年3月27日，原告（作为承租方）与被告（作为出租方）格上汽车租赁公司签署了《车辆租赁合同》，自2013年3月28日起至2016年3月27日止，被告将车牌号为沪N2××2的通用别克车辆一辆（含车牌）出租给原告使用，月租金13,100元（含税），共计36期。同日，原、被告双方签署《车辆处分意见书》。原、被告签署该意向书的目的是，被告告知原告上述租赁车辆所有权在合同期满后不能直接变更至原告名下，需要由被告先变更至原告指定的第三人名下，然后再由第三人变更到原告名下。后原告认为通过第三人解决车辆所有权、车牌额度持有人变更手续不方便，故希望车辆所有权及车牌额度能同时直接变更为原告。在这种背景下，原、被告签署了《车辆融资租赁合同》，约定：租赁车辆租赁期间自2016年3月28日至2017年3月27日止，共计12期，每月租金总额8800元，保证金80,000元；特别增补第4条关于租赁车辆所有权变更、车辆牌照（额度）持有人转移的约定，即原告付清被告全部租金以及应缴的费用并再向被告支付租赁车辆的留购价（以保证金80,000元抵扣）后，由被告向原告出具车辆所有权转移的相关材料并协助办理所有权转移给原告，租赁车辆（含上述车辆牌照）届时将按现状转让，被告对租赁车辆的质量等不作任何担保或保证。上述合同签署后，原告履行了支付租金在内的全部义务，但至今被告并未履行《车辆融资租赁合同》第4条约定的主要义务，涉案车辆的所有权并未转移至原告名下，车牌额度持有人也未变更至原告名下。受到上海市车牌额度流转政策的限制，根据2016年7月19日起施行的《上海市非营业性客车额度拍卖管理规定》，涉案车牌额度持有人无法由被告变更、流转至原告名下，故原告现不再向被告主张车牌额度由被告变更至原告名下，但被告应当依据《融资租赁合同》届满时车牌额度拍卖平均成交价款支付原告折价款202,856元。据此，原告向本院提出诉讼请求：1.判令被告协助原告将车架号为LS××××××××××90的通用别克车辆的所有权人由被告变更转移至原告名下；2.判令车牌号码沪N2×××2的车牌额度持有人为被告，被告支付原告车牌额度折价款人民币（以下币种同）202,856元（依据《融资租赁合同》期间届满时即2017年3月的车牌额度拍卖平均成交价款）。

被告格上汽车租赁公司辩称，对原告提出的事实和理由均无异议，并同意原告的第1项诉请；关于原告的第2项诉请，被告认为车牌额度的补偿价款应该按照《融资租赁合同》履行期间即自2013年3月28日起至2016年3月27日止的车牌额度拍卖平均成交价款计算。

经审理查明，2013年3月27日，原告（作为承租方）与被告（作为出租方）签署了《车辆租赁合同》，约定：自2013年3月28日起至2016年3月27日止，被告将车牌号沪N2×××2的通用别克车辆一辆（车架号为LS××××××××××××90）（含车牌）出租给原告使用，月租金13,100元（含税），共计36期。同日，原、被告双方签署《车辆处分意见书》，约定：原告于2016年3月27日以160,000元（含车牌价格），将涉案租赁车辆处分予第三人，并将该处分金额交付被告；被告在收到该处分金额后，交付涉案租赁车辆给原告。原告依约履行了《车辆租赁合同》约定的支付租金等付款义务。后原、被告签署了《车辆融资租赁合同》，约定：涉案租赁物租赁期间自2016年3月28日起至2017年3月27日止，每月租金总额8800元，保证金80,000元；原告向被告付清全部租金及其他依本合同应缴纳予被告的费用，并再向被告支付租赁车辆留购价80,000元及转移所有权相关费用后，由被告向原告出具租赁车辆所有权转移相关材料并协助办理将所有权转移给原告，承租车辆（含车牌）届时将按现状转让，被告对承租车辆的质量等不作任何担保或保证。2017年3月27日，《车辆融资租赁合同》到期，原告届期已履行包括租金在内的全部义务。

另查明，2016年7月19日开始施行的《上海市非营业性客车额度拍卖管理规定》，规定：个人和单位委托的在用客车额度纳入额度拍卖范围，客车额度拍卖，必须委托有资质的拍卖机构进行；在用客车额度持有人不再需要使用客车额度的，应当委托有资质的拍卖机构进行拍卖。

再查明，上海市非营业性客车额度2017年3月的竞拍日为3月20日，当日车牌额度拍卖平均成交价为202,856元。

【法院裁判】

上海市浦东新区人民法院于2018年7月25日作出（2017）沪0115民初95290号民事判决：一、车架号为LS×××××××××××××90的通用别克车辆的所有权归原告环聚树脂公司所有，被告格上汽车租赁公司应协助原告环聚树脂公司办理车辆过户手续（不含沪N2×××2牌照）；二、被告格上汽车租赁公司应支付原告环聚树脂公司沪N2×××2牌照折价款202,856元。

一审宣判后，被告格上汽车租赁公司提出上诉。上海市第一中级人民法院于2018年11月21日作出（2018）沪01民终12028号民事判决：驳回上诉，维持原判。

法院生效判决认为，依法成立的合同，对当事人具有法律约束力，当事人应当按照约定履行自己的义务，不得擅自变更或者解除合同。原、被告之间签订的《车辆租赁合同》《车辆处分意向书》《车辆融资租赁合同》系双方当事人的真实意思表示，且与法不悖，本院依法予以确认，双方均应恪守。

本案中，原告履行完毕《车辆融资租赁合同》约定的付款义务后，因上海市客车额度拍卖政策规定变化的客观因素，被告作为车牌号码沪N2×××2的车牌额度持有人，无法履行转让租赁车辆车牌的义务，原告为此要求被告支付车牌的折价款，被告对此表示同意，但双方对于租赁车辆的折价款的标准意见不一。原告认为,被告应依据《融资租赁合同》期限届满时即 2017 年 3 月 20 日成交的车牌额度拍卖平均成交价格计算;被告则认为,应按照《融资租赁合同》履行期间即 2013 年 3 月 28 日起至 2016 年 3 月 27 日的车牌成交平均价格计算。对此,本院认为,融资租赁合同不同于普通的租赁合同,出租人购买租赁物,并不是为了取得租赁物的所有权或使用权,其本质是为了通过收取租金获得合理的收益。合同履行完毕后,承租人通过支付留购价款获得租赁物,此时无论该租赁物价值是增长还是减少,均应由承租人承担收益或风险。本案中,虽然被告未依约将租赁车辆车牌过户至原告名下系政策变化的客观因素,但被告通过原告对《融资租赁合同》的履行,已经获得了其应得和预期的利润,且租赁车辆车牌现归属于被告名下,故被告理应补偿原告车牌的折价款。关于补偿的标准,考虑到双方约定车牌处分的时间为 2017 年 3 月 27 日租赁期限届满,故本院认为,原告提出以当时近一期上海市单位非营业性客车额度平均成交价 202,856 元来确定被告应补偿的金额,较为合理,本院予以采纳。另外,被告对原告第一项诉请无异议,本院予以确认。

【案例评析】

本案难点在于,原告履行完毕《车辆融资租赁合同》约定的付款义务后,因上海市客车额度拍卖政策规定变化的客观因素,被告作为租赁车辆车牌额度持有人,无法履行转让租赁车辆车牌的义务,在此情况下如何确定车牌折价款的标准。

一、非可归责于当事人的原因导致合同履行不能的理论基础与法理分析

履行不能(unmog lichen)的概念起源于罗马法,经《德国民法典》的继承和发展,在《德国民法典》和受德国法影响的一些大陆法系国家的合同法中占据着重要地位。如韩世远认为,“履行不能是指作为债权之客体的给付不可能的状态”。史尚宽认为,履行不能“谓实现给付之内容为不能。何谓不能,非物理学或逻辑学上之法则,而为社会上或法律上之观念。例如,海底寻针,物理学上虽非不能,而在社会观念上则认为不能”。学者们的描述从各个角度揭示了履行不能的本质,即履行不能是指债权人因债务主观或客观上的障碍而最终未能依债之本质实现合同目的。通说认为,依据不同的区分标准,履行不能可以分为自始不能与嗣后不能、客观不能与主观不能、永久不能与一时不能、全部不能与一部不能、法律上的不能与事实上的不能。在我国,非归责于当事人的合同履行障碍的问题仅作为一种学说加以讨论,并没有统一的履行障碍法,《民法典》合同编并未明确提出履行障碍的概念,对履行障碍的救济规则亦散见于诸多条文之中,对履行不能的救济规则亦如此。

鉴于本案实际情况,本文对合同解除权问题不加赘述,主要探讨的是在不能归责于当事人的事由发生后当事人应承担的风险负担和利益分配问题。具体到本案履行不能的情形,是指2016年7月19日开始施行的《上海市非营业性客车额度拍卖管理规定》,规定:个人和单位委托的在用客车额度纳入额度拍卖范围,客车额度拍卖,必须委托有资质的拍卖机构进行;在用客车额度持有人不再需要使用客车额度的,应当委托有资质的拍卖机构进行拍卖。该类政策的变化,难以预测性并且影响范围广,仅在融资租赁合同范围内,就有大量的交易行为涉及车牌额度的转让问题,所以本文探讨融资租赁合同发生类似履行不能的事由时的风险负担和利益分配问题具有现实意义。

在融资租赁交易中,买卖合同与融资租赁合同密切相关,相互影响,因此融资租赁合同因不可归责于出租人和承租人的原因导致合同履行不能的情况更为复杂。鉴于此,融资租赁合同的履行具有以下特点:一是融资租赁合同履行期限往往比较长,承租人需要通过一段时间的使用方能获得租赁物产生的收益与租金支出之间的平衡,由此租赁物遭遇不可归责于当事人的事由而毁损、灭失的可能性更大;二是融资租赁合同的标的物多是生产设备、交通工具等具有较高收益价值与盈利能力的设备,此类设备的精密性与流动性相较于其他租赁合同的租赁物而言普遍较高,故此类租赁物可能遇到的不可归责于当事人的因素与风险更大;三是融资租赁合同兼具融资融物的特性,租赁物的实际所有权人与登记所有权人往往不同,融资租赁合同多涉及合同履行完毕后的所有权的转移,由于所有权转移的相关规定、政策具有可变性,故融资租赁合同更易面临此类不可归责于当事人的风险。基于上述特点,根据《最高人民法院关于审理融资租赁合同纠纷案件适用法律问题的解释》第10条、第15条之规定,我国在立法中对于发生不可归责于当事人的风险时,采用的是"补偿"责任的观点,即在分清物的责任与合同责任的基础上,从物权出发界定责任,损失计算仅限于对租赁物价值的弥补。

二、融资租赁合同履行不能风险负担标准理论探讨

租赁物由于不可归责于当事人的事由必然会产生相应的损失,该项客观存在的损失如何负担,法律必须设定相应的制度规则予以调整分配,这就是租赁物的风险负担问题。风险负担规则的首要价值,就是预先设定风险分配模式,以便对标的物意外毁损、灭失造成的损失和不利后果在当事人之间进行合理分配,从而维护交易安全,实现交易公平。鉴于融资租赁合同具有融资性、周期长、利益重大、交易复杂等特点,特别由于租赁物的占有与所有相分离,即租赁物的交付与所有权的转移不一致,所有权人对物不享有实际的占有、支配全能,其享有的所有权象征意义多于实际功能,在合同履行过程中必然牵涉所有权转移的问题。如本案中上海市客车额度拍卖政策规定变化这一牵涉面极广的客观因素,导致非归责于出租人的合同履行不能的类似情境,风险损失如何分担便成为司法审判实践中无法回避的现实问题。

因融资租赁合同为持续性合同,合同解除不具有溯及力,故当事人已经履行的不再返还和恢复原状,但尚未履行的可以终止履行。因非归责于当事人的合同履行不能,造成了客观上的返还不能,所以出租人应承担代物返还义务,将租赁物折价后的价值金额返还给承租人,即此时承租人能够获得的仅为租赁物自身的价值。由此可见,适用风险负担规则的关键在于对出租人的利润损失是否予以补偿。

三、融资租赁合同履行不能风险负担实践解析

发生本案类似情形时,当事人均不具有可归责性,因此不存在违约损失赔偿问题,基于我国立法采用的是"补偿"责任的观点,需要平衡和协调的关键问题是租赁物的所有权人即出租人可以获得多大范围的利益补偿。按风险负担的一般原则,融资租赁合同中的风险由承租人负担,出租人可以主张全部租金利益(包括了租赁物自身的价值和利润)。但如让承租人承担全部租金风险,则其不但要承受租赁物自身的损失,而且要负担出租人的利润损失,而出租人却不承担租赁物意外损毁、灭失的任何不利后果,这对承租人不免过于严苛,负担过重。由承租人承担租金损失,实际上是支持了出租人的全部可得利益。在融资租赁合同交易中,对承租人而言,其往往资金困难,希冀通过融资租赁交易,借助融物而实现融资的目的,对于出租人而言,其收取的租金不仅包含租赁物本身的购买价格,还包括出租人提供资金融通作用所支出的必要费用及其正常利润。如让承租人承担全部租金风险,无论承租人是否违约、是否具有可归责事由,其承担的损失后果却是完全相同的,这显然不利于引导人们诚实守信,因而不合理、不公平。就本案来看,关于租赁物车辆车牌额度的补偿的标准,出租人要求按照涉案融资租赁合同的整个履行期间车牌额度拍卖平均成交价款计算,承租人要求按照近一期上海市单位非营业性客车额度平均成交价计算，由于客车车牌额度在2013年至2017年有大幅上涨，故出租人与承租人对于车牌额度的补偿具体数额相差较大。基于本文前述考量，出租人已通过承租人支付的全部租金获得了正常利润，为公平分配双方损失，引导当事人诚信守约，本文支持了承租人的补充标准，即按照近一期上海市单位非营业性客车额度平均成交价计算车牌额度补偿款。

通过本文对风险负担标准的分析，可以得出发生履行不能事由时补偿标准的切入点是平衡出租人与承租人的利益天秤。不仅是本案发生政策变化导致租赁物所有权转移障碍，租赁物发生不可归责于合同当事人的事由发生毁损、灭失一段时间后，当事人才请求解除合同或要求按风险负担原则进行补偿时，由于租赁物损毁、灭失与合同解除或折价补偿存在时间差，受租赁物折旧率、市场价格变动等因素影响，折价返还时按不同时点计算出来的租赁物的价值往往会存在差异，此时如何确定租赁物折价的计算时点对当事人的利益会产生不同影响。

本案判决通过考量在融资租赁这种特殊的交易形式下，需要适用利益分配方式更有利于保障和实现公平，通过探索融资租赁交易的内涵和外延，选择和适用了更合理、更公平的利益抉择，引导商事主体在交易过程中诚实守信。

【典型意义】

当合同出现履行障碍时，往往并不能够用单一的法律制度来解决，而应当综合分析合同履行情况，以适应社会生活的多样性和当事人利益的复杂性。本案通过分析融资租赁合同相较于普通租赁合同的特点，即融资租赁合同其本质是为了通过收取租金获得合理的收益，而被告通过原告对涉案合同的履行，已获得了其应得和预期的利润，故在判断车牌折价款标准时，采信了原告的意见，即以当时近一期上海市单位非营业性客车额度平均成交价来确定被告应补偿的金额。

【案例索引】

案号：

一审：上海市浦东新区人民法院（2017）沪0115民初95290号（2018年7月25日）

二审:上海市第一中级人民法院(2018)沪01民终12028号(2018年11月21日)

审判组织:

一审:贾丹、乐新祥、华文东

二审:周清、蔡茜芸、桂佳

编写人:贾丹、张峥

13

保理人向应收账款债务人附条件返还账款的性质及效力认定

——绿城融资租赁公司与成龙建设公司等保理合同纠纷案

裁判要旨

在有追索权保理合同纠纷中，保理人与应收账款债务人事先就保理人附条件向应收账款债务人返还已给付应收账款之情形作出约定，对于该约定的法律性质及效力，需要依据双方的真实意思表示并结合缔约目的予以综合认定。基于相应的应收账款已经由应收账款债权人转让给保理人，保理人有权与应收账款债务人就应收账款的给付及履行方式等进行重新约定。若保理人未明确作出免除债务意思表示的，则上述约定系属双方对应收账款债务履行方式及内容的合意变更，在不违反法律、行政法规强制性规定且不违背公序良俗的情况下，应为合法有效；且上述变更若未对应收账款债权人增加不利或者创设义务的，应收账款债权人仍应依照保理合同之约定履行回购义务。

基本案情

原告：绿城融资租赁（上海）有限公司（以下简称绿城融资租赁公司）

被告：成龙建设集团有限公司（以下简称成龙建设公司）

被告：义乌市恒风路桥有限公司（以下简称恒风路桥公司）

第三人：杭州西溪山庄房地产开发有限公司（以下简称西溪房产公司）

2019 年 9 月 18 日，原告绿城融资租赁公司与被告成龙建设公司签订《有追索权保理合同》，约定原告向被告成龙建设公司支付 2100 万元的应收账款受让款，作为原告受让被告成龙建设公司与第三人西溪房产公司基础合同项下应收账款的对价。合同约定了保理融资利息、违约金的计算方式，并约定原告未按时、足额收到任一期回收款、保证金、利息或其他应付款项的，原告有权要求被告成龙建设公司立即对第三人西溪房产公司仍未清偿的应收账款进行一次性回购并支付回购款。同日，双方签订《服务合同》，约定被告成龙建设公司就保理合同项下应收账款回收事宜向原告提供代收管理服务。同日，被告恒风路桥公司等分别与原告签订《保证合同》或出具保证函，同意为被告成龙建设公司在上述《保理合同》项下相应义务提供连带责任保证。后，原告与被告成龙建设公司共同向第三人西溪房产公司发出应收账款转让通知书，第三人西溪房产公司出具回执确认知悉。

2019 年 9 月 25 日，原告按约支付保理融资款。2020 年 4 月 20 日，原告与被告成龙建设公司、被告恒风路桥公司等签署《有追索权保理合同补充协议》，约定了保理合同的展期期间利息计算方式及调整后的每期回收款支付时间和金额。同日，原告和被告成龙建设公司共同向第三人西溪房产公司发送通知书，第三人西溪房产公司出具回执确认知悉。

2019 年 9 月 25 日，原告向被告成龙建设公司支付保理融资款 2100 万元。2020 年 11 月 6 日，原告与第三人西溪房产公司签订《划款协议》，约定：第三人西溪房产公司同意于该协议生效后向原告划款 1588 万元；若第三人西溪房产公司基于配合政府维护社会稳定，须以基础合同项下对被告成龙建设公司已届或未届付款期的应付款（含质保金）用于支付被告成龙建设公司的农民工工资或其他应付款，导致第三人西溪房产公司产生质保金缺口的，原告同意第三人西溪房产公司保留要求保理人退还部分划转款的权利。同日，第三人西溪房产公司向原告支付 1588 万元。2021 年 1 月 18 日，被告成龙建设公司向第三人西溪房产公司出具《委托付款协议书》，委托第三人西溪房产公司支付 10,490,469 元至农民工工资表所列人员银行账户并表示第三人西溪房产公司支付该款项即视为被告成龙建设公司已收到相应金额的工程款。第三人西溪房产公司依照农民工工资表支付农民工工资 10,253,169 元后，基础合同项下质保金产生缺口，故向原告致函要求退还 600 万元划转款。2021 年 6 月 1 日，原告向第三人西溪房产公司划款 600 万元。2021 年 9 月 22 日，浙江省义乌市人民法院裁定受理对被告成龙建设公司的破产清算申请。

原告诉称，原告与被告成龙建设公司签订《有追索权保理合同》及补充协议，原告按约支付保理融资款,但被告成龙建设公司、被告恒风路桥公司等均未履行相应合同义务。据此,原告请求判令:1. 被告成龙建设公司向原告支付回购款9,254,488.64元及相应的违约金;2. 被告成龙建设公司向原告支付律师费10万元、财产保全担保费12,796.13元;3. 被告恒风路桥公司等对被告成龙建设公司前述第1项、第2项付款义务承担连带清偿责任。

被告成龙建设公司等辩称,上述款项已由第三人西溪房产公司全部归还,对于原告向第三人西溪房产公司退回的600万元,系原告免除债务的行为,各被告无须再承担还款责任。

第三人西溪房产公司述称,对原告所述涉及第三人西溪房产公司的事实均无异议。

【法院裁判】

上海市浦东新区人民法院于2021年12月20日作出(2021)沪0115民初18203号民事判决:一、确认原告绿城融资租赁公司对被告成龙建设公司享有回收款6,870,776.39元、截至2021年9月21日的违约金1,086,292.18元以及律师费损失100,000元的债权;二、被告恒风路桥公司等应对被告成龙建设公司欠付原告的回收款6,870,776.39元、截至2021年9月21日的违约金1,086,292.18元以及律师费损失100,000元承担连带清偿责任(如果原告在破产程序中获得清偿的,则应予相应扣除);三、驳回原告的其余诉讼请求。

一审判决作出后,各方当事人均未提起上诉,本案判决现已生效。

法院生效判决认为,案涉《有追索权保理合同》《有追索权保理合同补充协议》系各方当事人的真实意思表示,约定了回购款的计算公式及各期回收款金额。原告对回购款计算方式的主张具有相应的合同依据,应予认可。原告与第三人西溪房产公司在《划款协议》中明确约定了退还划转款的情形,此系原告与第三人西溪房产公司间就应收账款履行方式所作的特别约定,原告并未作出免除债务的意思表示,且上述约定兼顾了对农民工群体基本权益以及工程质量安全的保障,缔约目的正当、约定内容合理,应属合法有效。因此,被告成龙建设公司等被告提出的上述约定系原告免除600万元债务的辩称意见,缺乏相应的事实依据,不予采纳。根据被告成龙建设公司向第三人西溪房产公司出具《委托付款协议书》之约定,若第三人西溪房产公司向被告成龙建设公司支付的农民工工资涉及原告已受让应收账款的,根据原告与被告成龙建设公司签订的《服务合同》,原告有权要求被告成龙建设公司依约定将款项转付至原告处。若第三人西溪房产公司向被告成龙建设公司支付的农民工工资涉及质保金的,则第三人西溪房产公司事实上并未清偿原告已受让的应收账款,原告亦有权要求被告成龙建设公司承担回购责任。综上,被告成龙建设公司尚未支付的回收款为 6,870,776.39 元。原告计算违约金的基数不尽合理,法院依法调整为以未付回收款金额为基数并重新核定违约金金额。各保证人应依约对被告成龙建设公司的上述债务承担连带清偿责任。

【案例评析】

本案系保理合同纠纷,根据《最高人民法院关于适用〈中华人民共和国民法典〉时间效力的若干规定》,应当适用《民法典》关于保理合同的规定。本案中,原告系保理合同项下的保理人,被告成龙建设公司系应收账款债权人,第三人西溪房产公司系应收账款债务人,被告成龙建设公司向原告转让了其对第三人西溪房产公司所享有的应收账款,原告依约向被告成龙建设公司支付保理融资款项、提供保理融资服务,各方当事人之间的合同依法成立有效,符合保理合同的特点。本案的主要争议为被告成龙建设公司是否应对原告退还第三人西溪房产公司的 600 万元划转款承担回购责任。上述争议涉及如何认定保理人向应收账款债务人附条件返还已给付应收账款的性质及效力问题。

一、有追索权保理中保理人的行权路径

《民法典》将保理合同单列为章,针对有追索权保理中保理人的行权方式进行了规定,即当事人约定有追索权保理的,保理人可以向应收账款债权人主张返还保理融资本息或者回购应收账款债权,也可以向应收账款债务人主张应收账款债权。保理人向应收账款债务人主张应收债权,在扣除保理融资款本息和相关费用后有剩余的,剩余部分应当返还给应收账款债权人。由此,在有追索权保理合同项下,保理人可以选择基于受让的应收账款债权,以基础交易合同关系向应收账款债务人主张权利;也可以依据保理合同中有关追索权的约定,向应收账款债权人主张权利。[①] 进一步而言,保理人是否可以同时实施上述两种行权方式,即一并向应收账款债权人和债务人主张权利?《最高人民法院关于适用〈中

① 李志刚:《〈民法典〉保理合同章的三维视角:交易实践、规范要旨与审判实务》,载《法律适用》2020 年第 15 期。

华人民共和国民法典〉有关担保制度的解释》对此予以了明确，即在有追索权保理中，保理人一并起诉应收账款债权人和应收账款债务人的，人民法院可以受理。司法实践中对保理人的上述一并行权方式也基本予以认可。[①] 需要注意的是，保理人可以一并起诉应收账款债权人和债务人，仅意味着其可同时提起对两者的权利主张，至于保理人上述权利主张能否得以支持，则需进一步分析是否符合相应的规范要件。

就本案而言，保理人仅向应收账款债权人主张应收账款的回购责任，因此需判断保理人的回购条件是否已成就。一方面，案涉保理合同约定："无论何种原因，保理人未按时、足额收到任一期回收款、保证金、利息或其他应付款项的，有权要求应收账款债权人对应收账款债务人仍未清偿的相应款项进行回购。"由此，案涉保理合同约定的回购条件即为应收账款债务人未在指定期间向保理人清偿应收账款。另一方面，理论上对于有追索权保理的法律性质虽尚存"间接给付"[②]"让与担保"[③]"附追索条款的债权让与"[④]等争议，但无论对有追索权保理的法律性质认定如何，一旦应收账款债务人已清偿应收账款的，基于新债（应收账款之债务）清偿则旧债（保理融资之债务）一并消灭、保理人通过行使担保权利使保理融资债权已获清偿、基础合同之债务清偿导致追索条款不再触发等理由，保理人均无法再向应收账款债权人追索或主张回购责任。因此，保理人回购条件是否成就取决于应收账款债务是否已获清偿或因其他事由而消灭。

进一步而言，本案中，保理人与应收账款债务人签订《划款协议》，约定：若应收账款债务人基于配合政府维护社会稳定，须以基础合同项下对应收账款债权人已届或未届付款期的应付款（含质保金）用于支付应收账款债权人的农民工工资或其他应付款，导致应收账款债务人产生质保金缺口的，保理人同意应收账款债务人保留要求保理人退还部分划转款的权利。后，应收账款债务人根据应收账款债权人的委托向其农民工支付了工资，确已发生了上述约定事由。保理人在收到应收账款债务人致函后，依约定向其退还了 600 万元。据此，双方在本案中的核心争议为，上述 600 万元应收账款债务是否已消灭？该问题涉及如何认定保理人附条件返还应收账款债务人已给付应收账款的性质及效力。

---

① 茆荣华主编：《上海法类案办案要件指南》（第 4 册），人民法院出版社 2021 年版，第 427 ~ 428 页。

② 参见最高人民法院（2017）最高法民再 164 号民事判决书。

③ 陈本寒：《新类型担保的法律定位》，载《清华法学》2014 年第 2 期。

④ 包晓丽：《保理项下应收账款转让纠纷的裁判分歧与应然路径》，载《当代法学》2020 年第 3 期。

二、保理人附条件返还应收账款债务人已给付应收账款的法律性质

关于保理人附条件返还应收账款债务人已给付应收账款的法律性质,实践中有不同认识,主要存在"债务免除""债务清偿""附解除条件的债务清偿""债务履行变更"等不同观点。我们认为,对上述行为法律性质的认定需要依据双方的真实意思表示并结合缔约目的综合加以判断。

(一)债务免除

债务免除是债权人抛弃债权的单独行为,自债权人向债务人表示后,即产生债务消灭的效果;债权人作出债务免除的意思表示应当明确,债权人在作出债务免除的意思表示后不得撤回,自身应受其约束。① 亦有观点认为债务免除应为双方行为,②除了考虑债权人免除债务的意思表示外,还需具备债务人接受债务免除的意思表示。无论采用"单方行为说"还是"双方行为说",债务免除均需以债权人作出明确具体的意思表示为前提,因债务免除对债权人的利益影响较大,故在认定债权人是否具有免除债务的意思时应当较为审慎。有观点认为,保理人向应收账款债务人返还已清偿的应收账款即视为保理人免除了应收账款债务人的相应债务,相应的应收账款债务已因免除而消灭,应收账款债权人对保理人的回购义务亦不复存在。我们认为,不能仅以保理人向应收账款债务人返还已给付应收账款,即认定其具有免除债务的意思表示。应根据保理人与应收账款债务人间的具体约定判断双方的真实意思表示。就本案而言,保理人与应收账款债务人仅约定若需以应收账款支付应收账款债权人农民工工资或其他应付款,导致应收账款债务人产生质保金缺口的,应收账款债务人可要求保理人退还部分划转款。双方并未就退还的划转款后续如何处理进行约定,保理人未明确放弃其享有的应收账款权利,且本案应收账款债务人也未确认保理人向其返还已给付应收账款的行为系免除债务,因此,本案中难以将保理人的上述行为性质认定为债务免除。

(二)债务清偿

有观点认为,应收账款债务人在向保理人给付应收账款时,应收账款债务即因清偿而消灭,保理人与应收账款债权人间基于保理合同关系的融资债权债务

---

① 参见最高人民法院民事审判第一庭:《如何认定债务免除是否成立及其法律效力》,载最高人民法院民事审判第一庭编:《民事审判指导与参考》(2014 年卷),人民法院出版社 2018 年版,第 478 ~480 页。

② 张谷:《论债务免除的性质》,载《法律科学》(西北政法学院学报)2003 年第 2 期。

亦一并消灭。后保理人向应收账款债务人返还已清偿的应收账款,系基于保理人与应收账款债务人间的另行约定而处分自身权利,已不属于保理合同法律关系下的范畴,亦不能对抗应收账款债权人,保理人与应收账款债务人间的争议应另行解决,不应在保理合同法律关系下处理。上述债务清偿的观点事实上仅考虑了应收账款债务人向保理人给付应收账款的事实,但忽视了该给付行为所基于的保理人与应收账款债务人间的特别约定,因此"债务清偿"的观点难以全面、完整、准确地反映各方的真实意思表示以及缔约目的。

(三)附解除条件的债务清偿

保理人与应收账款债务人系在应收账款债务人给付应收账款前已就该款项的给付及返还达成了合意,双方就应收账款的清偿事宜作出了特别约定,即可以理解为,应收账款债务人给付应收账款后,在出现约定的返还事由且保理人确已返还已给付应收账款的,则该应收账款并未清偿完毕。鉴于此,有观点认为,基于对保理人与应收账款债务人间的约定以及保理人返还已给付应收账款的整体考量,上述行为可认定为一种附解除条件的债务清偿。该观点虽然综合考虑了保理人与应收账款债务人之间的合同约定以及保理人返还应收账款的行为,但其立足点仍然为"应收账款债务人对应收账款的给付即等同于应收账款债务已经清偿",仅是在该基础上添加了一个解除条件。

(四)债务履行变更

我们认为,应收账款债务人向保理人给付应收账款与应收账款清偿间是否能画等号,需要结合双方的真实意思表示以及缔约目的加以判断。本案中,根据《划款协议》以及相关事实,双方缔约时的真实目的系考虑到应收账款债务人代为发放应收账款债权人农民工工资会引发质保金的缺口,故一旦出现约定事由,则由保理人向应收账款债务人退还部分已给付应收账款。基于上述特别约定,保理人与应收账款债务人之间实际并未就应收账款给付即等同于清偿达成合意。

一般认为,债权受让人承受让与债权的一切法律地位,包括由该债权所发生的结果债权。[①] 由于应收账款已经由应收账款债权人转让给保理人,在转让通知送达应收账款债务人后,保理人作为债权受让人可以与应收账款债务人就应收账款的给付内容、方式等履行行为进行重新约定,故将上述行为解释为对应收账

---

① 丁俊峰:《民法典保理合同章主要条文的适用》,载《人民司法》2021 年第 4 期。

款债务履行方式及内容的变更更符合各方的真实意思表示。进一步而言,保理人同意退还部分应收账款以弥补因应收账款债务人代为支付应收账款债权人农民工工资款而导致质保金的不足,但保理人并没有放弃就返还部分的款项向应收账款债务人再行主张的权利;同时,基于应收账款已然转让,应收账款清偿义务的履行对象应为保理人而并非应收账款债权人,即使应收账款债务人系代应收账款债权人支付其农民工工资,也不能据此认定相应的应收账款已向保理人进行了清偿。综上,案涉应收账款债务并未因清偿而消灭。

三、保理人附条件返还应收账款债务人已给付应收账款的效力认定

如上文所述,保理人附条件返还应收账款债务人已给付应收账款的法律性质需结合各方的真实意思表示予以判断,而其效力的认定则需在民事法律行为效力认定的规则下予以衡量。一方面,要审查保理人与应收账款债务人之间的约定是否违反法律、行政法规的强制性规定、是否违背公序良俗。另一方面,要衡量保理人与应收账款债务人之间的约定是否会对应收账款债权人增加不利或者创设义务,并进而判定是否对应收账款债权人在保理合同项下应履行的合同义务产生影响。

本案中,保理人与应收账款债务人之间关于返还部分应收账款的约定,系双方真实意思表示。保理人作为应收账款债权的受让方与应收账款债务人就应收账款的履行方式进行了重新安排,即应收账款债务人向保理人给付应收账款,其中部分款项在符合约定条件时由保理人向应收账款债务人返还。上述对应收账款履行方式的约定,并未违反法律、行政法规的强制性规定。从缔约目的考量,该约定一方面考虑由应收账款债务人以返还的款项代付应收账款债权人的农民工工资,另一方面尽可能使工程质保金不产生缺口。农民工工资的按时给付事关对该部分群体的基本生活保障及生存权益保护;质保金因用于工程项目出现质量缺陷时的维保事宜,关系到工程质量安全及业主利益。双方对应收账款给付方式的上述安排,在考量履行应收账款给付义务的同时,兼顾了对农民工群体基本权益及相关工程质量安全的保障,具有缔约目的的正当性、缔约内容的合理性,亦彰显了文明、和谐的社会主义核心价值观,该约定的效力应当依法予以认可。

此外,需进一步衡量上述保理人与应收账款债务人间对应收账款履行方式的约定是否会影响应收账款债权人的利益。本案中,应收账款债权人委托应收账款债务人将保理人返还的款项用于支付应收账款债权人拖欠的农民工工资,且双方约定应收账款债务人将款项汇入相应账户后，即视为应收账款债权人收到相应金额的工程款。由此可见，应收账款债权人对保理人与应收账款债务人之间关于应收账款返还的约定是知晓且同意的，且款项实际用于清偿应收账款债权人的工资债务，即事实上系由应收账款债权人受领了该部分返还的应收账款。而根据保理人与应收账款债权人之间的约定，对于应收账款债务人支付至应收账款债权人处的款项，应收账款债权人也应当转付至保理人处。因此，保理人与应收账款债务人之间就上述应收账款履行方式的约定并未对应收账款债权人创设义务或增加不利。据此，本案保理人就返还给应收账款债务人的款项，有权要求应收账款债权人继续承担相应的回购责任，其相关诉讼请求应予支持。

【典型意义】

本案判决基于交易各方真实的意思表示，并结合缔约目的，认定保理人与应收账款债务人就保理人附条件向应收账款债务人返还已给付应收账款的约定系属对应收账款债务履行方式及内容的合意变更，在不违反法律、行政法规强制性规定且不违背公序良俗的情况下，应为合法有效；且上述变更若未对应收账款债权人增加不利或者创设义务的，应收账款债权人仍应依照保理合同之约定履行回购义务。本案判决准确认定了保理合同法律关系下各方的权利义务，在引导保理商充分发挥综合性金融服务功能、落实金融服务实体经济要求、促进金融机构履行社会责任、弘扬社会主义核心价值观等方面均具有一定的指导意义。

【案例索引】

案号：上海市浦东新区人民法院（2021）沪0115民初18203号（2021年12月20日）

审判组织：余韬、陆燕、顾天翔

编写人：顾天翔、周亚杰

14

隐蔽型保理中应收账款债权人接受清偿后保理商有权追索

——工商银行上海南汇支行与商景公司等保理合同纠纷案

裁判要旨

保理业务中债权的转让必须符合相应的生效条件,即债权的有效存在、债权让与人与受让人就债权的让与达成合意、债权具有可转让性。债权人转让权利的,应当通知债务人,未经通知,该转让对债务人不发生效力。在购货方履行了应收账款清偿义务,而销售方未将收到的应收账款用于清偿融资款项的情形下,保理商虽无法要求销售方回购应收账款,但在有追索权的保理合同项下,仍可要求销售方偿还相应的保理融资款项。

基本案情

原告:中国工商银行股份有限公司上海市南汇支行(以下简称工商银行南汇支行)

被告:上海商景实业有限公司(以下简称商景公司)

被告:阳光城集团股份有限公司(以下简称阳光城公司)

被告:樊某

被告:谢某

被告:任某某

被告:刘某

被告:王某某

2011 年 11 月 1 日，原告工商银行南汇支行与被告樊某和谢某，被告任某某和刘某分别签订两份《最高额保证合同》，约定被告樊某和谢某，被告任某某和刘某分别为被告商景公司自 2011 年 11 月 1 日至 2015 年 12 月 31 日在人民币 2 亿元债务的最高余额内向原告提供连带责任保证，两份《最高额保证合同》约定的保证担保的范围均为主债权本金、利息、复利、罚息、违约金等。2012 年 6 月 13 日，被告商景公司作为销货方以其与购货方之间形成的应收账款，向原告申请办理有追索权的国内保理业务，并与原告签订《国内保理业务合同》，约定被告商景公司将应收账款债权及相关权利转让给原告，原告审查确认后，按照合同项下每笔应收账款发票对应的保理融资金额之和，给予被告商景公司总额 1900 万元的保理融资，用于购买原材料。同日，原告与被告商景公司签署《应收账款转让清单》，约定被告商景公司将其与购货方，即被告阳光城公司之间形成的应收账款债权及相关权利转让给原告，与上述《国内保理业务合同》及其他附件一起，构成完整的、对双方均有约束力的合同。之后，原告依约足额向被告商景公司发放了 1900 万元的保理融资款。由于被告商景公司存放于某商品交易市场的货物发生灭失，对其如期归还原告保理融资造成不利影响，根据《国内保理业务合同》，原告于 2012 年 7 月 17 日对未到期的该笔保理贷款宣布提前到期，被告商景公司于同日承诺对保理融资款项承担还款义务。2012 年 7 月 20 日，被告王某某承诺对包括 2012 年 6 月 13 日放款的 1900 万元保理融资款在内的债务提供担保。后因被告商景公司并未承担回购义务，被告樊某、谢某、任某某、刘某、王某某也未承担相应的保证责任，故原告起诉至法院。

另，2012 年 6 月 4 日，被告商景公司与被告阳光城公司签订《销售合同》，约定被告阳光城公司向被告商景公司购买塑料，合同价款共计 2480 万元，结算方式和时间为，2012 年 10 月 25 日前，被告阳光城公司支付全部货款至被告商景公司名下 A 账户。2012 年 6 月 12 日，双方针对上述合同签订了《合同变更协议》，约定将上述合同的结算方式和时间变更为，2012 年 10 月 25 日前，被告阳光城公司支付全部货款至被告商景公司名下 B 账户。2012 年 6 月 18 日，被告阳光城公司向被告商景公司支付 380 万元货款，其中 46 万元用于支付本案《销售合同》项下的货款；2012 年 6 月 20 日，被告阳光城公司向被告商景公司分别支付 434 万元、500 万元、500 万元、500 万元、500 万元货款。由于被告商景公司和被告阳光城公司之间存有多份销售合同，故采取统一支付款项的方式结清债务，2012 年 6 月 21 日，被告商景公司向被告阳光城公司出具《应收账款收入确认函》，确认收到被告阳光城公司《销售合同》项下的2480万元应收账款。又,原告于2012年7月24日向被告阳光城公司的注册地寄送应收账款债权转让通知书,但被告阳光城公司未签收,应收账款债权转让通知书仍退回原告处。

原告认为,被告商景公司未承担回购义务,被告樊某、谢某、任某某、刘某、王某某也未承担各自担保责任,故请求法院判令:1.被告阳光城公司偿还所欠原告应收账款债权本金2480万元;2.被告商景公司对上述给付事项应在本金1900万元及利息的范围内对被告阳光城公司的上述债务承担回购责任,并立即偿还该款项(自2012年7月18日起按7.98525%的利率计算利息至实际给付日)。3.被告樊某、谢某、任某某、刘某、王某某对被告商景公司的上述债务承担连带保证责任。

被告商景公司、樊某、谢某、任某某、刘某、王某某共同辩称,被告商景公司在2012年6月因使用的仓库出现了货物灭失的情况,导致其拥有的大量货物无法变现,进而造成资金链断裂,无法按期偿还银行的融资款。被告商景公司正积极与所有银行进行调解,希望达成债务重组,以偿还各银行的融资款,对诉请金额无异议。被告樊某、谢某、任某某、刘某对承担担保责任无异议。被告王某某的担保书是2012年7月20日签署的,被告商景公司已经将相关情况告知原告,原告在与被告商景公司协商的过程中,被告王某某签署担保函,但原告于担保函签署后一周内提起诉讼,故被告王某某对担保函的效力提出异议。

被告阳光城公司辩称,其已根据与被告商景公司的合同约定于2012年6月20日前向其指定账户支付全部货款,而原告与被告商景公司直至2012年7月24日才通知被告阳光城公司关于应收账款债权转让事宜,因此该通知对被告阳光城公司不发生效力,本案纠纷与被告阳光城公司无关,故法院应当依法驳回原告对被告阳光城公司的诉讼请求。原告的债权转让通知到目前为止被告阳光城公司都没有收到。

【法院裁判】

法院经审理认为,原告与被告商景公司签署的《国内保理业务合同》系双方真实意思表示,双方之间的保理合同关系依法成立有效,双方理应恪守。原告依约向被告商景公司发放保理融资款1900万元,并受让了被告商景公司对购货方被告阳光城公司所享有的应收账款债权2480万元。但在保理合同履行期间,被告因货物发生灭失,对保理本合同项下的履约能力产生重大不利影响,原告根据约定对未到期的保理融资款宣布提前到期具有事实依据。原告与被告樊某、谢某签订的《最高额保证合同》、与被告任某某、刘某签订《最高额保证合同》系各方的真实意思表示，依法成立有效，被告樊某、谢某、任某某、刘某应按约承担保证责任。原告宣布保理融资提前到期后，被告商景公司承诺偿还上述债务，被告王某某对此出具了书面的保证担保意见，现被告王某某仅因原告的诉讼行为对担保效力提出异议，法院对此不予采信，根据《担保法》①的规定，当事人对保证方式没有约定或约定不明确的，按照连带责任保证承担保证责任，故被告王某某应对被告商景公司的债务承担连带清偿的保证责任。

本案的争议焦点主要在于：第一，涉案应收账款债权的转让是否对被告阳光城公司发生效力；第二，原告能否按照保理合同约定向被告阳光城公司行使追索权；第三，原告能否按照保理合同约定要求被告商景公司回购涉案应收账款债权并向其行使追索权。

首先，对于涉案应收账款债权的转让是否对被告阳光城公司发生效力。原告与被告商景公司于 2012 年 6 月 13 日签订《国内保理业务合同》和应收账款转让清单，约定自合同生效之日起，被告商景公司对被告阳光城公司共计 2480 万元的应收账款之债权即转移至原告，原告和被告商景公司之间的应收账款债权的转让具有明确的合同依据，且不违反法律、行政法规的相关规定，依法有效。但根据《合同法》②的规定，债权人转让权利的，应当通知债务人，未经通知，该转让对债务人不发生效力。而本案中，被告商景公司并未将该债权转让的事实通知被告阳光城公司，虽然原告于 2012 年 7 月 24 日向被告阳光城公司寄送了债权转让的通知，但该通知并未实际送达至被告阳光城公司，被告阳光城公司并不知晓原告与被告商景公司之间的债权转让事实，且在原告寄送债权转让通知之前，即 2012 年 6 月 21 日，被告阳光城公司已支付了涉案应收账款，被告商景公司亦确认被告阳光城公司已履行了支付义务，故被告商景公司将涉案应收账款债权转让给原告对被告阳光城公司不发生效力。

其次，对于原告能否按照保理合同约定向被告阳光城公司行使追索权。虽然合同约定保理融资到期后，原告有权自行决定直接向购货方被告阳光城公司进行追索，但被告阳光城公司并非保理合同的缔约当事人，原告与被告商景公司

---

① 现已失效，新规定见《民法典》担保编，后不赘述。

② 现已失效，新规定见《民法典》合同编，后不赘述。

在订立保理合同时没有同时将债权转让的事实告知被告阳光城公司，双方实际上采取的是隐蔽保理的模式，故合同成立后，有关债权转让的内容未依法在债务人向债权人履行债务前及时通知到债务人阳光城公司而对被告阳光城公司不发生效力，故原告不能对被告阳光城公司行使追索权。

最后，对于原告能否按照保理合同约定要求被告商景公司回购涉案应收账款债权并向其行使追索权。法院认为，鉴于被告阳光城公司向被告商景公司履行了应收账款的清偿义务，故涉案应收账款债权即归于消灭，原告要求被告商景公司对应收账款债权行使回购的权利也因债权的消灭而丧失了实现基础。但根据合同约定，被告商景公司收到被告阳光城公司的涉案应收账款之后，应当用于偿还保理融资款项，但是被告商景公司并未按约将已经收到的应收账款用于清偿融资款项，故原告虽然无法要求被告商景公司回购涉案应收账款债权，但仍可基于保理合同的约定对被告商景公司享有最终的追索权，即要求该被告偿还相应的保理融资款项，原告于2012年7月17日宣布保理融资项下贷款提前到期，故其主张从2012年7月18日起计算相应的逾期利息具有事实依据，另外，原告主张的保理融资逾期利息符合合同的相关约定，且不违反法律、行政法规的规定，法院予以采信。

综上，法院依法判决：一、被告商景公司偿还原告保理融资款1900万元及自2012年7月18日起至实际清偿之日止的逾期利息（利率按《国内保理业务合同》的约定，按实际天数计算）；二、被告樊某、谢某、任某某、刘某、王某某对被告商景公司的上述第一项判决中的债务承担连带清偿责任，被告樊某、谢某、任某某、刘某、王某某履行保证责任后，有权向被告商景公司追偿；三、驳回原告的其余诉讼请求。

宣判后，原、被告均未提出上诉，判决已生效。

【案例评析】

在保理合同业务中，合同的双方当事人分别是作为保理商的原告和作为销售方的被告商景公司，被告商景公司以其和债务人被告阳光城公司之间的应收账款向原告申请办理保理业务，本案涉及的法律问题是应收账款债权的转让在未通知债务人的情况下是否有效以及原告如何行使保理合同项下的权利义务。

应收账款本质上属于债权，因此，保理业务中债权的转让必须符合相应的生效条件，即债权的有效存在、债权让与人与受让人就债权的让与达成合意、债权具有可转让性，且根据法律规定，债权人转让权利的，应当通知债务人；未经通知，该转让对债务人不发生效力。故保理业务中的应收账款转让也应当通知债务人，这也是商事交易既尊重债权人自由处分权利又适当考虑债务人利益的体现，否则，对债务人即不产生法律效力。而本案中，被告商景公司作为让与人并未将债权转让的事实通知被告阳光城公司，原告作为受让人亦未在签订保理合同的第一时间将债权转让事项通知债务人，仅是在自身债权可能受到不利影响的情况下，向债务人被告阳光城公司寄送了债权转让的通知，但该通知也未经被告阳光城公司签收确认，且在保理合同签订后、原告寄送转让通知之前，债务人阳光城公司实际已履行完相应的债务，故涉案应收账款债权的转让并未通知债务人，对债务人不产生法律效力。

在应收账款转让不发生法律效力的情况下，原告如何行使保理合同项下的权利义务，是本案涉及的另一个法律问题。一方面，虽然合同约定保理融资到期后，原告有权自行决定直接向债务人被告阳光城公司进行追索，但保理追索权行使的前提为应收账款转让通知债务人并发生法律效力，否则，债务人阳光城公司在既非保理合同当事人又非债权转让知晓人的情况下，承担债权转让的法律后果既无法律依据，也不符公平正义原则，本案中，应收账款转让并未通知被告阳光城公司，故原告不能按照保理合同约定向被告阳光城公司行使追索权。另一方面，由于债务人被告阳光城公司在保理合同签订后，已经履行了应收账款的偿付义务，导致应收账款权利归于消灭，也使得原告要求被告商景公司回购应收账款的权利基础不复存在，原告事实上也无法要求被告商景公司回购涉案应收账款。但是，由于涉案保理合同系有追索权的保理合同，原告对被告商景公司享有最终的追索权，其仍可以要求被告商景公司偿还相应的保理融资款项。

【典型意义】

在保理业务中，应收账款债权的转让未经通知对债务人不发生法律效力。本案确立了在此情形下，债务人向债权人履行了应收账款清偿义务，而债权人未将收到的应收账款用于清偿融资款项，保理商虽无法要求债权人回购应收账款，但在有追索权的保理合同项下，仍可要求债权人偿还相应的保理融资款项的裁判规则，明确了有追索权保理合同纠纷中各方当事人的法律关系，提示保理商在受让应收债权时未通知债务人的风险，对实践中经常出现的转让应收账款债权存在瑕疵所导致的纠纷案件的处理具有指导意义。

【案例索引】

案号:上海市浦东新区人民法院(2012)浦民六(商)初字第5606号(2012年11月21日)

审判组织:陆剑平

编写人:陆剑平、孔燕萍

15

“先保理后票据”模式下保理商权利的司法认定

——阜鼎保理公司与沃特玛公司等保理合同纠纷案

裁判要旨

在以票据背书转让作为债权转让形式的保理交易中,若交易各方未约定交付票据后原债权即消灭,则当票据到期后未能兑付时,不能视为债务人履行了付款义务。保理公司既可以基于票据关系主张权利,也可以基于保理合同主张权利。

基本案情

原告:深圳阜鼎汇通商业保理有限公司(以下简称阜鼎保理公司)

被告:荆州市沃特玛电池有限公司(以下简称沃特玛公司)

被告:四川浩普瑞新能源材料股份有限公司(以下简称浩普瑞公司)

被告:贺某某

2017 年 4 月 20 日,被告浩普瑞公司因融资需要,与原告签订《商业保理业务合同》,约定由原告在最高额 2000 万元的额度内向被告浩普瑞公司提供融资保理服务,保理类型为国内有追索权保理业务。同日,被告浩普瑞公司与原告再签订《应收账款转让协议》及应收账款转让通知书,约定被告浩普瑞公司基于其与被告沃特玛公司之间自 2017 年 4 月 20 日起已产生尚未清偿完毕的及未来产生的所有应收账款转让给原告,原告作为新债权人,享有对被告沃特玛公司在该债权下的全部合法权利和利益。同日,被告贺某某向原告出具最高额担保函(不可撤销),自愿就原告与被告浩普瑞公司所签订的主合同项下债权最高额度2400万元提供担保,保证方式为连带责任担保,担保债权范围与主合同一致。上述合同签订后,被告浩普瑞公司向原告申请了多笔保理融资款,其中:1.编号为2017042100001872的申请书约定:被告浩普瑞公司以其对被告沃特玛公司享有的于2018年2月24日到期的500万元应收账款向原告申请保理融资款500万元,服务费总额为638,000元,融资到期日为2018年3月6日;2.编号为2017042700001970的申请书约定:被告浩普瑞公司以其对被告沃特玛公司享有的于2018年3月24日到期的200万元应收账款向原告申请保理融资款200万元,服务费总额为268,800.83元,融资到期日为2018年4月3日;3.编号为2017042700001971的申请书约定:被告浩普瑞公司以其对被告沃特玛公司享有的于2018年3月25日到期的200万元应收账款向原告申请保理融资款200万元,服务费总额为269,600.50元,融资到期日为2018年4月4日。原告依约在扣除服务费后,分别于2017年4月21日、2017年4月27日、2017年4月27日向被告浩普瑞公司指定账户发放上述保理融资款,金额分别为4,362,000元、1,731,199.17元、1,730,399.50元。

2017年4月1日,被告沃特玛公司向被告浩普瑞公司背书转让汇票号码为210258400220720170330077310723的电子商业承兑汇票,出票人和承兑人均为案外人丁电池公司,收票人为被告沃特玛公司,票据金额为500万元,汇票到期日为2018年2月24日,后被告浩普瑞公司又于2017年4月21日向原告背书转让了该汇票。2017年4月1日,被告沃特玛公司向被告浩普瑞公司背书转让汇票号码为210258400220720170401077618964的电子商业承兑汇票,出票人和承兑人均为案外人丁电池公司,收票人为被告沃特玛公司,票据金额为200万元,汇票到期日为2018年3月24日,后被告浩普瑞公司又于2017年4月27日向原告背书转让了该汇票。2017年4月1日,被告沃特玛公司向被告浩普瑞公司背书转让汇票号码为210258400220720170401077619004的电子商业承兑汇票,出票人和承兑人均为案外人丁电池公司,收票人为被告沃特玛公司,票据金额为200万元,汇票到期日为2018年3月25日,后被告浩普瑞公司又于2017年4月27日向原告背书转让了该汇票。上述三张电子商业承兑汇票到期后,原告提示付款均未获兑付。原告为实现本案债权支出律师费15万元。被告贺某某向原告出具的最高额担保函(不可撤销)约定的2400万元最高额度为保理融资款本金余额最高限额。

【法院裁判】

上海市浦东新区人民法院于 2019 年 2 月 15 日作出(2018)沪 0115 民初 53159 号判决:一、被告沃特玛公司应支付原告阜鼎保理公司应收账款债权本金 900 万元、截至 2018 年 7 月 2 日的逾期付款利息 123, 706.85 元及自 2018 年 7 月 3 日起至实际清偿之日止的逾期付款利息(以 900 万元为基数,日利率按年利率 4.35%/365 计算);二、若被告沃特玛公司届期未能足额履行上述第一项付款义务,被告浩普瑞公司应在保理融资本金 900 万元、律师费损失 15 万元、截至 2018 年 7 月 2 日的逾期违约金 623, 342.47 元及自 2018 年 7 月 3 日起至实际清偿之日止的逾期违约金(以 900 万元为基数,日利率按年利率 24%/365 计算)的范围内向原告阜鼎保理公司归还被告沃特玛公司未履行部分的款项;三、被告贺某某对被告浩普瑞公司上述第 2 项付款义务承担连带清偿责任,被告贺某某履行上述清偿义务后,有权向被告浩普瑞公司追偿;四、若被告浩普瑞公司履行了上述第 2 项付款义务,则原告享有的本判决第 1 项应收账款债权转回至被告浩普瑞公司,免除被告沃特玛公司就该应收账款债权向原告的偿还责任。

一审判决后,被告浩普瑞公司提起上诉。上海金融法院于 2019 年 8 月 27 日作出(2019)沪 74 民终 418 号终审判决:驳回上诉,维持原判。

法院生效判决认为,《商业保理业务合同》、《应收账款转让协议》、应收账款转让通知书系各方当事人的真实意思表示,且于法无悖,故依法成立有效,各方当事人理应恪守。首先,被告浩普瑞公司将涉案应收账款债权以票据背书的形式转让予原告,被告沃特玛公司确认收到应收账款转让通知书,该债权转让行为已对债务人即被告沃特玛公司生效,故被告沃特玛公司应向原告履行付款义务。被告沃特玛公司虽辩称其向被告浩普瑞公司背书转让涉案三张电子商业承兑汇票的行为应视为履行了付款义务,但本院认为,因系争交易各方并未约定交付票据后原因债权即消灭,原告未实现票据付款请求权,表明其作为新债权人未能获得实际完全给付,其与被告沃特玛公司之间的债权债务关系并未消灭,故其有权在既享有应收账款债权请求权又享有票据追索权的情形下择一行使,要求实现应收账款债权。因此,原告要求被告沃特玛公司支付应收账款债权本金 900 万元的主张,具有事实和法律依据,本院予以支持。对被告沃特玛公司的该项辩称,本院不予采信。关于逾期付款利息的计算,原告主张按中国人民银行同期同档贷款基准利率计算,该主张不违反法律和行政法规的强制性规定,本院予以支持,但对日利率的换算,本院调整为按年利率 4.35% 除以 365 计算。按此标准,涉案三笔应收账款债权截至 2018 年 7 月 2 日共计产生逾期付款利息 123,706.85 元。

其次,因原告在保理融资到期后,未足额收回应收账款,故其有权按照涉案《商业保理业务合同》的约定行使追索权。被告浩普瑞公司虽辩称其向原告背书转让涉案三张电子商业承兑汇票的行为应视为履行了清偿保理融资款的义务,但本院认为,因系争交易各方并未约定交付票据后原因债权即消灭,原告亦未实现票据付款请求权,表明其未能收回被告浩普瑞公司转让的应收账款,故其有权在既享有保理融资款追索权又享有票据追索权的情形下择一行使,主张保理融资款追索权。因此,原告要求被告浩普瑞公司归还保理融资本金 900 万元并支付逾期违约金的主张,具有事实和法律依据,本院予以支持。对被告浩普瑞公司的该项辩称,本院不予采信。关于逾期违约金的计算,原告自愿将《商业保理业务合同》约定的逾期利率降低至按年利率 24% 计算,系其对自身权利的处分,亦不违反法律和行政法规的强制性规定,故本院予以支持,但对日利率的换算,本院调整为按年利率 24% 除以 365 计算。按此标准,涉案三笔保理融资款截至 2018 年 7 月 2 日共计产生逾期违约金 623,342.47 元。

再次,原告主张律师费损失 15 万元,该费用根据《商业保理业务合同》的约定应由被告浩普瑞公司承担,且金额亦符合律师收费的相关标准,故本院予以支持。但对原告要求被告沃特玛公司共同承担上述律师费损失的主张,因缺乏事实与法律依据,故本院不予支持。被告贺某某作为保证人,应对被告浩普瑞公司的上述债务承担连带清偿责任。

最后,根据涉案《商业保理业务合同》的约定,若被告浩普瑞公司履行了上述回购义务,则原告享有的涉案应收账款债权转回至被告浩普瑞公司,免除被告沃特玛公司就该应收账款债权向原告进行偿还的责任。

【案例评析】

涉票据结算保理系保理业务的一种创新形式,保理公司受让应收账款的同时受让了作为该笔应收账款结算工具的票据,债权人存在基于票据权利及保理合同两类权利主张路径。本案对于“票据到期未能兑付,不能视为债务人履行了付款义务”的认定,厘清了两种不同的法律关系,系对保理创新业务的认可,有利于促进保理行业健康有序发展。

一、票据保理业务的法律关系

票据保理是票据业务与保理业务创新发展的一种产物，目前尚没有权威的定义与概念范围。票据保理的交易结构将票据支付法律关系引入保理法律关系，从而使得作为应收账款受让人的保理商不仅受到债权相关法律法规保护，还能作为票据持票人受到票据相关法律法规保护。实践中，主要存在先票据后保理、先保理后票据两种交易模式。

《动产和权利担保统一登记办法》第3条关于“因票据而产生的付款请求权”的规定，是指保理人直接向应收账款债权人购买未到期商业汇票，以保理业务为名变相经营票据贴现业务的情形，即所谓的“先票据后保理”。该模式违反了《商业汇票承兑、贴现与再贴现管理（暂行）办法》，且《商业银行保理业务管理暂行办法》《中国银保监会办公厅关于加强商业保理企业监督管理的通知》以及各地方制定的商业保理管理办法等，均明确不得以票据产生的付款请求权开展保理融资业务，对于此种模式，司法亦应给予否定性评价。先保理后票据模式是指债权人先将应收账款转让给保理商，再由债权人向保理商转让其取得的债务人签发、背书转让的票据，或者由债务人直接向保理商签发、转让票据。先保理后票据模式下，保理商在取得应收账款的同时，亦取得了对债务人票据付款请求权，因票据的无因性，可以减少甚至避免债务人基于应收账款的抗辩，提升保理回款的效率。本案票据保理业务属于先保理后票据模式。

二、债权人向保理商转让票据行为的性质

本案中，在保理商的债权不能实现的情况下，保理商在向票据承兑人、出票人主张票据权利，亦未获得清偿，保理商以合同纠纷提起本案诉讼，此时，票据的定性存在争议。

一种观点认为，债权人向保理商转让、签发票据即完成付款义务，保理商虽在以票据持有人身份向票据承兑人（出票人）提起的另案诉讼中，未获得清偿，但其仍具有相应胜诉权，若本案中仍认可保理商的债权，则保理商将获得双重受偿。另一种观点认为，保理合同项下债务并非因债务人签发票据而消灭，债权仍然存在。保理商向票据出票人（承兑人）主张票据权利未获得付款，说明债权人向保理商转让票据并未完成付款义务，保理商仍可以主张保理合同项下的权利。

生效判决赞同第二种观点。由于票据具有付款功能，商事主体通过签发和背书转让票据，提升了商事交易的效力和安全。票据的便利性有助于满足因实体经济增长带来的高增长结算需求。票据是一种附期限的付款方式，不同于银

行承兑汇票到期基本均能获得兑付、财务公司承兑汇票大概率可以获得兑付，而商业承兑汇票在票据到期后能否被承兑存在较大的不确定性。票据到期后，承兑人未完成付款义务，即意味着债权尚未获得清偿，债权债务关系尚未消灭，保理商可以主张保理合同项下的债权。当然，保理商亦可以继续向票据承兑人主张权利，以获得票据关系项下的付款权利，对于票据款项低于保理合同项下应获得债权的，保理商仍可以就保理合同项下未清偿部分的债权主张权利。

【典型意义】

在涉票据结算保理中，虽存在基础债权债务，但由于基础债权债务中债权人已经接受债务人的票据，该应收账款是否能作保理业务存在较大争议。本案先肯定了先保理后票据模式下的票据保理业务的合法性，再确立保理商存在基于票据权利及保理合同两类权利主张路径，维护了保理商的合法权益。对未来保理业务规范开展具有指引作用，为保理业务的健康发展提供了支持和引导。

【案例索引】

案号：

一审：上海市浦东新区人民法院(2018)沪0115民初53159号(2019年2月25日)

二审：上海金融法院(2019)沪74民终418号(2019年8月27日)

审判组织：

一审：顾权

二审：王承晔、孙雪梅、周菁

编写人：顾权、王朝辉

16

有追索权保理合同解除的法律后果

——远东租赁公司与海寓公司等保理合同纠纷案

裁判要旨

有追索权保理合同解除后，应收账款的所有权应回转至应收账款债权人，应收账款债权人及债务人的赔偿范围可尊重当事人的约定，在没有约定的情况下，保理人应向应收账款债权人主张赔偿损失，损失赔偿范围可包括保理融资本息及相关费用，应收账款债务人已履行部分应在损失赔偿范围内予以扣除，应收账款债务人就其已履行部分可向应收账款债权人进行抗辩。

基本案情

原告：远东国际融资租赁有限公司（以下简称远东租赁公司）

被告：上海海寓公寓管理有限公司（以下简称海寓公司）

被告：上海景闳远寓公寓管理有限公司（以下简称景闳公司）

被告：上海合滨投资管理有限公司（以下简称合滨公司）

2019年10月15日，远东租赁公司作为保理商与作为应收账款转让方的海寓公司、作为应收账款债务人的景闳公司签订了《有追索权保理合同》，约定海寓公司将其对景闳公司的应收账款2970万元转让给远东租赁公司，远东租赁公司向海寓公司提供综合性保理服务；景闳公司为清偿应收账款应向远东租赁公司按约支付回收款；如发生回购事件，海寓公司应向远东租赁公司支付回购款；海寓公司、景闳公司未按约支付任一笔款项超过60日的，构成回购事件，远东租赁公司有权解除本合同，并要求海寓公司和/或景闳公司单独或连带赔偿远东租赁公司所遭受的全部损失，即全部到期及未到期回收款及其他所有款项和费用，并自该款项逾期之日起,按逾期金额每日万分之五支付违约金。

合滨公司出具股东会决议,于2019年10月15日与远东租赁公司签订《保证合同》,约定合滨公司对景闳公司在前述保理合同项下之全部义务提供连带责任保证;远东租赁公司解除保理合同时,有权要求合滨公司立即履行保证责任,无论保理合同项下远东租赁公司是否拥有其他任何形式的物的担保。

海寓公司出具了股东决议,于2019年10月15日与远东租赁公司签订《最高额股权质押合同》,约定为担保景闳公司履行自2019年8月20日至2019年12月31日远东租赁公司与景闳公司签署的包括保理合同在内的所有债权方式的融资合同,海寓公司以其合法持有的景闳公司的49%股权在最高债权限额4400万元范围内向远东租赁公司提供质押担保,该质押担保的实现不受其他形式担保的影响;远东租赁公司同时办理了股权出质设立登记。

2019年10月15日,远东租赁公司与景闳公司签订服务协议,约定鉴于前述保理合同的签订,景闳公司委托远东租赁公司提供保理融资等服务,远东租赁公司提供的服务成果包括提供保理产品结构设计及融资服务、根据景闳公司的要求以报告形式交付服务成果等;同时约定了服务期间、服务费金额以及具体支付时间及金额;景闳公司未按约支付服务费的,还应当按照日千分之一的利率支付逾期付款利息。2019年10月25日,远东租赁公司向景闳公司出具了经营发展咨询报告,对景闳公司的经营发展提出了相应的服务建议。

2019年10月15日,远东租赁公司与海寓公司签订《应收账款转让登记协议》,具体约定了前述保理合同项下应收账款2970万元的转让登记事宜。2019年10月24日,远东租赁公司在中国人民银行征信中心办理了涉案应收账款转让登记。2019年10月28日,远东租赁公司向海寓公司实际支付2700万元。之后,景闳公司仅于2019年12月30日向远东租赁公司支付了第1期回收款20万元及第1期服务费50万元,未能支付其他任何款项。

远东租赁公司认为,景闳公司未按约支付回收款及服务费,根据约定,远东租赁公司有权通过提起诉讼的方式要求解除合同,故请求判令解除涉案《有追索权保理合同》,要求海寓公司、景闳公司共同赔偿远东租赁公司未收回收款2680万元及相应违约金(按每日万分之五计算),要求景闳公司支付服务费172万元及相应违约金(按每日万分之五计算),要求合滨公司对海寓公司、景闳公司的付款义务承担连带清偿责任,要求海寓公司对海寓公司、景闳公司承担质押担保责任。

景闵公司辩称，同意解除涉案《有追索权保理合同》。同意支付未收回收款损失2680万元、服务费172万元；对未收回收款损失违约金计算基数、服务费违约金计算基数无异议，但认为根据2020年8月20日发布的《最高人民法院关于审理民间借贷案件适用法律若干问题的规定》，应按照起诉时一年期LPR的四倍（年利率15.4%）计算。

海寓公司、合滨公司未应诉答辩。

【法院裁判】

上海市浦东新区人民法院经审理后认为，本案系保理合同纠纷，根据《最高人民法院关于适用〈中华人民共和国民法典〉时间效力的若干规定》，应当适用《民法典》关于保理合同的规定。本案需要审查的是，第一，远东租赁公司所主张的与本案相关的合同的性质和效力；第二，远东租赁公司在要求解除涉案《有追索权保理合同》情形下如何主张相应的权利；第三，相关违约金的标准如何确定；第四，涉案保证担保、股权质押担保的效力和范围如何认定。

首先，关于远东租赁公司所主张的与本案相关的合同的性质和效力，远东租赁公司作为融资租赁公司具有保理业务经营资质，系保理合同项下的保理人，海寓公司系应收账款债权人，景闵公司系应收账款债务人，海寓公司向远东租赁公司转让了其对景闵公司所享有的应收账款，远东租赁公司依约向海寓公司支付保理融资款项、提供保理融资服务，各方当事人之间的合同依法成立有效，符合《民法典》第761条规定的保理合同特点，各方当事人理应恪守。

其次，关于远东租赁公司在要求解除涉案《有追索权保理合同》情形下如何主张相应的权利，根据约定，涉案《有追索权保理合同》项下"回购事件"发生时，远东租赁公司即有权要求解除合同，景闵公司未按约支付回收款符合合同约定的"回购事件"，故远东租赁公司有权行使合同约定的解除权。远东租赁公司以提起诉讼的方式主张解除合同，保理合同自起诉状副本送达对方时解除。合同解除后，远东租赁公司可以依约主张相应的损害赔偿责任。从责任形态来看，根据约定，在解除合同的情况下，远东租赁公司有权要求海寓公司、景闵公司连带赔偿远东租赁公司回收款损失2680万元以及相应违约金。此外，根据远东租赁公司与景闵公司另行签订的服务协议，远东租赁公司主张的服务费172万元及相应逾期付款违约金具有合同依据，景闵公司对此亦不持异议，应予支持。

再次，关于相关违约金的标准如何确定，本案作为保理合同纠纷于2020年8

月 19 日依法立案，对于回收款逾期付款违约金，远东租赁公司主张应当按照合同约定的每日万分之五的利率计算；对于服务费逾期付款违约金，鉴于合同约定的违约金计算标准过高，远东租赁公司自愿调整为按照每日万分之五的利率计算。对此，景闳公司辩称应根据 2020 年 8 月 20 日最高人民法院发布的《最高人民法院关于审理民间借贷案件适用法律若干问题的规定》第 29 条、第 30 条之规定，按照一年期 LPR 的四倍即年利率 15.4% 计算。法院认为，《最高人民法院关于审理民间借贷案件适用法律若干问题的规定》自 2020 年 8 月 20 日起施行，其适用范围为该规定施行后，人民法院新受理的一审民间借贷纠纷案件，故景闳公司该项辩称缺乏法律依据，法院难以采信。远东租赁公司主张的相关违约金计算标准具有合同依据，亦不违反法律、行政法规的禁止性规定，法院予以支持。

最后，关于涉案保证担保、股权质押担保的效力和范围如何认定，根据《公司法》第 16 条第 1 款之规定，公司向其他企业投资或者为他人提供担保，依照公司章程的规定，由董事会或者股东会、股东大会决议。由于公司对外担保涉及公司及股东的重大利益，并非法定代表人可以单独决定之事项，须以公司决议机关的决议作为法定代表人代表权的基础和来源。涉案《保证合同》《最高额股权质押合同》签订时，远东租赁公司均审查了相应的股东会决议，涉案公司担保经过了公司决议机关的决议，公司对外担保合法有效，担保人应当承担相应的担保责任。但担保范围应当根据合同约定予以确定，远东租赁公司亦不能据此要求合滨公司对海寓公司的赔偿义务承担连带保证责任，同时，质押担保范围也未包括景闳公司在《服务协议》项下应付的服务费及相应违约金。

上海市浦东新区人民法院于 2021 年 1 月 4 日作出(2020)沪 0115 民初 59865 号民事判决，判决：一、确认涉案《有追索权保理合同》于 2020 年 9 月 11 日解除；二、海寓公司、景闳公司连带赔偿远东租赁公司回收款损失 2680 万元及相应的违约金(按每日万分之五的利率计算)；三、景闳公司支付远东租赁公司服务费 172 万元及相应的违约金(按每日万分之五的利率计算)；四、合滨公司对景闳公司上述第二项付款义务承担连带保证责任；五、海寓公司以其持有的景闳公司 49% 的股权对景闳公司上述第二项付款义务承担最高额质押担保责任；六、驳回远东租赁公司其他诉讼请求。

一审宣判后，各方当事人均未提起上诉，判决已发生法律效力。

【案例评析】

《民法典》立法积极回应保理业务发展的现实司法需求，首次将保理合同纳入合同编分则，并以专章的形式加以规范，《民法典》第766条规定了有追索权保理业务的核心内容，也为保理人向应收账款债权人、债务人主张权利确立了裁判规则。但实践中，保理人主张权利的方式不仅包括要求应收账款债权人、债务人承担违约责任，亦可依约主张行使解除权。

本案系《民法典》实施后，上海首例适用《民法典》审结的保理纠纷。本案中，保理人并未依据《民法典》第766条规定主张权利，而是要求行使约定的合同解除权，并要求应收账款债权人、债务人依约承担赔偿责任。由于《民法典》未特别规定保理合同解除的法律后果，保理合同具有混合合同性质，有追索权保理的具体交易结构和合同条款设计直接影响保理合同当事人权利义务的承担，在合同解除的情况下，如何妥善处理应收账款债权以及确定应收账款债权人、债务人的赔偿责任，是司法实践中仍需进一步思考的问题。

一、《民法典》视野下有追索权保理的交易结构及法律性质辨析

(一)有追索权保理的交易结构

按照保理人在无法收回应收账款时，是否可以向债权人反转让或者回购应收账款、返还融资的不同，保理可分为有追索权保理和无追索权保理。无追索权保理又称买断型保理，是指应收账款在无商业纠纷等情况下无法得到清偿的，由保理人承担应收账款的坏账风险。有追索权保理又称回购型保理，是指在应收账款到期无法从债务人处收回时，保理人可以向债权人反转让应收账款，要求债权人回购应收账款或者归还融资的保理业务。[①] 与无追索权保理相比，有追索权保理的保理人债务受偿的担保性更强，虽然国际上无追索权保理业务占主流，但在我国却是有追索权保理业务占据主导地位，司法实践中亦是有追索权保理合同纠纷为主。

对于保理的交易结构，一般认为，典型的保理业务涉及两个合同关系、三方当事人。两个合同关系是指应收账款债权转让关系以及融资借款等保理服务关系，三方当事人则是指保理人、应收账款债权人和债务人。根据《民法典》第761条之规定，保理业务是基于应收账款转让而产生的保理人提供资金融通、应收账

① 参见最高人民法院民法典贯彻实施工作领导小组主编：《中华人民共和国民法典合同编理解与适用(三)》，人民法院出版社2020年版，第1767页。

款管理或催收、应收账款债务人付款担保等服务的合同。从该条规定可以看出,应收账款转让是保理业务的前提,也是保理交易的核心,但保理人基于应收账款转让提供的保理服务的具体内容,则当事人可以进行一定的选择。有追索权保理的基本交易结构同样系保理人基于应收账款转让而提供的保理服务,但实践中具体交易结构则因合同权利义务设置而呈现出一定多元性。

本案涉及的有追索权保理业务中,基本的交易结构为,海寓公司作为债权人,将其对景闳公司的应收账款转让给远东租赁公司,远东租赁公司向海寓公司提供包括资金融通在内的综合性保理服务,景闳公司作为债务人对应收账款承担支付义务(保理合同中约定的"回收款"概念),并约定"回购事件"发生时,远东租赁公司有权要求海寓公司回购应收账款。本案有追索权保理业务交易结构的特殊之处在于,远东租赁公司未向海寓公司收取融资利息,但远东租赁公司与景闳公司同时签订了《服务协议》,约定在远东租赁公司向海寓公司提供保理服务的前提下,由远东租赁公司向景闳公司提供宏观经济分析、行业状况分析、保理融资服务等服务内容,景闳公司向远东租赁公司支付相应的服务对价。对于该服务费的性质,一方面,根据《服务协议》的约定,远东租赁公司提供了约定的保理产品结构设计及融资服务,并据此向景闳公司出具了咨询服务报告,提供了约定的服务成果。另一方面,考虑到保理合同为双务有偿合同,虽然保理合同没有约定保理服务报酬如何支付,但是远东租赁公司作为保理人收取服务报酬具有合理性,故从整个保理交易的结构来看,该服务对价从性质上看类似于保理人收取的融资对价。为此,保理人权利救济的方式不仅应考虑其基于法律规定的所设计的保理交易基础业务模式,也应当考虑当事人基于约定所产生的特殊交易构架。

(二)有追索权保理的法律性质辨析

对于保理合同的法律性质,在《民法典》颁布之前一直颇有争议,其中债权转让说较为主流,但根据《民法典》第766条之规定,仅有应收账款转让并不构成保理业务,保理业务是在应收账款转让前提下形成的保理服务合同。保理合同实质上是应收账款转让与融资、委托代理、担保,应收账款催收与管理等服务要素的组合体,是以合同形式表现的应收账款转让与综合性金融服务的叠加,具有混合合同的属性。[①] 尽管实践中保理业务的具体业务结构有所不同,但是基于应收

① 黄和新:《保理合同:混合合同的首个立法样本》,载《清华法学》2020年第3期。

账款转让形成的保理合同关系因《民法典》的规定而予以明确化。有追索权保理业务中,应收账款转让是保理业务的前提和基础,但是仅有应收账款转让并不构成保理合同,保理合同的业务核心仍在于保理人提供的融资、应收账款管理等保理服务,应收账款转让则赋予保理合同担保功能。

《民法典》第766条规定仅对有追索权保理业务核心内容进行了描述,但未对其法律性质作出认定,即便是有追索权保理业务,因具体的合同条款设计以及案件事实不同,并不能当然得出一个普遍定性。[①] 实践中常常面临的问题是,保理合同交易结构创新成分多,其约定概念与法律概念混合的背景下,如何认定相关条款的法律效力。比如,《民法典》规定的有追索权的保理合同,该追索权的指向对象为应收账款债权人,但实践中,有的保理合同中则约定,追索权分为对应收账款债权人的追索和对债务人的追索,并赋予保理人两种追索权并行行使之权利,由此引发保理人如何对应收账款债务人行使约定的"追索权"之争议。此外,实践中保理合同当事人权利义务的基础除了保理合同外,也可能包括与保理合同相关的合同,由此构成一个"保理合同群",此类情形下,如何结合"保理合同群"认定保理合同当事人的权利义务也是实践中颇有争议之处。本案的有追索权保理业务亦存在其独特之处,基于应收账款转让约定之"回收款"概念即为债务人在应收账款项下的支付义务,保理人向债权人提供保理融资但未向其收取手续费或者融资利息等服务对价,保理人的服务对价则体现在债务人每期向保理人支付的服务费中,但该服务费具体支付则是通过保理人和债务人之间另行签订的《服务协议》予以约定,保理合同和《服务协议》共同构成了"保理合同群",保理人解除合同时如何主张服务对价也是本案审查重点所在。

二、《民法典》视野下有追索权保理合同约定解除权的行使规则

(一)有追索权保理合同的效力审查

保理人要求解除合同的前提是保理合同为合法有效的合同。法律之所以赋予某些合同以拘束力,而对于另外的一些合同作否定的评价,均有其特殊的原因,是经过相当的价值判断和利益衡量的结果。[②] 合同效力涉及法律评价问题,也是法院依职权应当审查的范围,商业保理公司属于地方金融监管局"7+4"监管范围,保理业务是应收账款融资的重要类型,作为中小微企业便捷的融资手

① 丁俊峰:《民法典保理合同章主要条文的适用》,载《人民司法·应用》2021年第4期。

② 韩世远:《合同法总论》(第2版),法律出版社2008年版,第134页。

段，对合同效力的审查是当事人意思自治与国家金融秩序的维护之间平衡的体现。《民法典》第761条并未规定保理人的准入资质，实践中影响保理合同效力的因素具有多样性，一般会考虑：1. 合同主体对效力的影响，即保理人准入资质是否影响合同效力，如除商业保理公司以外的准金融机构或者普通商事主体从事保理业务的合同效力。2. 交易结构对合同效力的影响，如以保理合同为名所从事的借贷类或者其他性质的合同。3. 交易行为对合同效力的影响，如虚构应收账款对保理合同效力的影响。如保理合同无效的，远东租赁公司要求解除合同的诉讼请求因缺乏合法性前提自是不能实现。

本案对远东租赁公司作为融资租赁公司是否具备保理人资质亦进行了审查，法院主要考虑了以下几个方面：首先，从远东租赁公司的经营范围来看，远东租赁公司的经营范围中包括"兼营与主营业务相关的商业保理业务"，远东租赁公司开展涉案保理业务并未超越其经营范围。其次，从远东租赁公司展业的历史沿革来看，2013年《国务院关于印发中国(上海)自由贸易试验区总体方案的通知》中之附件《中国(上海)自由贸易试验区服务业扩大开放措施》明确提出"允许融资租赁公司兼营与主营业务有关的商业保理业务"。中国(上海)自由贸易试验区管理委员会2014年发布的《中国(上海)自由贸易试验区商业保理业务管理暂行办法》①第3条第1句明确规定："本办法所称从事商业保理业务的企业，是指在自贸试验区内设立的内外资商业保理企业和兼营与主营业务有关的商业保理业务的内外资融资租赁公司。"远东租赁公司作为中国(上海)自由贸易试验区内的融资租赁公司，其开展相关的商业保理业务系监管机构允许的金融服务开放措施。最后，从保理合同的特点来看，目前并无法律和行政法规规定保理业务属于金融行业的特许经营范围，远东租赁公司经营保理业务亦未违反法律和行政法规的禁止性规定。因此，远东租赁公司作为融资租赁公司具有保理业务经营资质。

(二)约定解除权的行使规则

金融业务具有创新特点，有追索权保理交易结构也因交易对象不同呈现出个性化特征，并据此体现在相应的合同文本中。

《民法典》对保理人在两类保理业务中如何主张权利进行了区分，也为保理人向应收账款债权人、债务人主张权利确立了裁判规则。但金融业务具有创新

① 现已失效。

特点,有追索权保理交易结构也因交易对象不同呈现出个性化特征,并据此体现在相应的合同文本中。保理人除依《民法典》第 766 条规定主张权利救济途径外,自可依据《民法典》合同编的一般规则要求行使合同解除权,解除方式包括法定解除、约定解除、合意解除。有追索权保理合同中约定解除权一般保留给保理人一方,本案中,远东租赁公司行使约定解除权的依据在于景闳公司未按约支付回收款,已构成保理合同约定的"回购事件"。对保理人约定解除权的行使方式,审查重点应包括:(1)解除通知的合理审查。解除权法律性质上属于形成权,即无须对方当事人同意,一方作出解除的意思表示即可解除合同。当事人对解除权行使方式可进行特别约定,若无特别约定,当事人一方依法主张解除合同的,应当通知对方。实践中,当事人的通知如果仅包含催收事实,未明确表示解除合同,则不能据此认定解除通知已到达对方当事人。(2)合同解除时间的认定。实践中,合同解除时间一般直接影响到合同解除之后赔偿相关违约金的计算,审理过程中应予以明确。如起诉之前,解除人已经明确通知对方解除合同,则自该解除通知到达对方之时。若当事人一方未通知对方,直接以提起诉讼或者申请仲裁的方式依法主张解除合同,则根据《民法典》第 565 条之规定,合同自起诉状副本或者仲裁申请书副本送达对方时解除。本案中,远东租赁公司即是以直接起诉的方式主张解除合同,则保理合同自起诉状副本送达对方时解除。

三、《民法典》视野下有追索权保理合同解除的法律后果分析

(一)原状恢复义务下保理人应收账款债权的回转

保理合同系有名合同的一种,除《民法典》特别规定外,还应适用《民法典》关于合同编的一般规定。根据《民法典》第 566 条第 1 款之规定,合同解除的首要后果就是原状恢复。原状恢复义务的性质,有的认为是不当得利返还义务,有的认为是法律所规定的特殊义务。史尚宽先生则认为,后者更为恰当,即原状恢复义务,为因解除新发生之义务,其时效自解除之时进行。① 保理人行使约定解除权的情形下,原状恢复义务的履行实际上涉及应收账款债权权属的认定。保理合同系以应收账款债权转让为基础进行的交易,对于合同解除后,应收账款债权的权属应在纠纷处理过程中一并处理。否则,保理人基于解除合同既享有损害赔偿请求,仍对应收账款债权享有所有权,已经重复受偿。因此,有追索权保理合同解除后,保理人须将应收账款债权回转至原债权人。但此种回转与保理

① 史尚宽:《债法总论》,中国政法大学出版社 2000 年版,第 556 页。

人向谁主张赔偿损失又密切相关,如由债权人向保理人赔偿损失后,则债权人自可依据回转之应收账款债权向债务人主张权利;如由债务人向保理人赔偿损失后,则债务人自可基于其已经赔偿之事实向债权人进行履行抗辩。本案中,关于合同解除的后果,法院向远东租赁公司释明合同解除后,应收账款所有权应当予以明确,远东租赁公司明确应收账款所有权仍归海寓公司所有,远东租赁公司不再主张应收账款所有权,该意思表示符合合同解除条件下原状恢复义务之履行。有追索权保理合同解除之后的原状恢复之义务可以确保保理人在合同解除的情况下不得重复受偿,因此,应收账款的回转是合同解除时应当予以审查和处理的事项。

(二)有追索权保理合同解除后损失赔偿的认定

解除人在通过“恢复原状请求权”恢复自己已给付的物之外,对于并不能由此而获涵盖的因债务不履行所生之损害,还须允许请求赔偿。[①] 根据《民法典》第766条之规定,保理人是否可以同时向应收账款债权人和债务人主张权利,实践中仍有争议。一般来说,如果合同有明确确定,应收账款债权人和债务人承担连带责任或者共同责任的情况下,按照合同约定予以支持。保理合同解除后,应收账款所有权回转至应收账款债权人,保理人如何向应收账款债权人、债务人主张损害赔偿,《民法典》未予明确规定,司法实践中应当根据《民法典》合同编第566条第2款规定,借鉴《民法典》第766条,结合有追索权保理合同的交易结构进行认定。

应收账款债权人、债务人承担责任的范围、顺位和性质,与相应的保理合同条款的涉及息息相关,而司法裁判对商事交易的意思自治保持着比较一贯的尊重。[②] 对于赔偿责任的认定,有追索权保理合同对债权人、债务人赔偿方式、赔偿范围有约定的,在不违反《民法典》关于有追索权保理业务规定的情形下,应当尊重合同约定。首先,从责任主体看,涉案保理合同约定,在解除合同的情况下,远东租赁公司有权要求海寓公司、景闵公司连带赔偿远东租赁公司相应的损失。根据《民法典》第178条第3款的规定,连带责任,由法律规定或者当事人约定。因此,从责任形态来看,远东租赁公司要求海寓公司、景闵公司承担连带赔偿责

① [日]四宫和夫:《请求权竞合论》,一粒社1978年版,第205页。转引自韩世远:《合同法总论》(第2版),法律出版社2008年版,第480页。

② 丁俊峰:《民法典保理合同章主要条文的适用》,载《人民司法·应用》2021年第4期。

任具有依据,应予支持。其次,约定赔偿范围应遵循可得利益原则。对于合同解除后海寓公司、景闵公司的赔偿损失范围,涉案保理合同约定了损失赔偿范围包括回收款损失以及相应违约金,该约定符合保理合同正常履行情形下远东租赁公司可以获得的利益,亦未超过海寓公司、景闵公司订立合同时应当预见到的因违约可能造成的损失,故应当予以支持。对于相关违约金的标准,由于本案作为保理合同纠纷于2020年8月19日依法立案,远东租赁公司主张应当按照每日万分之五的利率计算,具有合同依据,亦不违反法律、行政法规的禁止性规定,应当予以支持。

如有追索权保理合同对债权人、债务人赔偿方式、赔偿范围没有约定的,或保理人行使法定解除权情形下,保理人应当如何主张损害赔偿责任?笔者认为,基于合同解除后应收账款债权回转至应收账款债权人的事实,保理人并不能当然依据《民法典》第766条的规定同时向债权人和债务人主张权利,基于应收账款债权转让成立的担保已随着保理合同解除而失效,保理人赔偿损失的请求权应向应收账款债权人主张,损失赔偿范围可包括保理融资本息及相关费用,应收账款债务人已履行部分应在损失赔偿范围内予以扣除,应收账款债务人就其已履行部分可向应收账款债权人进行抗辩。

(三)"保理合同群"框架下保理相关合同一并处理原则

如前所述,实践中保理合同交易结构千变万化,在当事人通过保理合同及相关合同组成"保理合同群"的情形下,保理人基于保理相关合同主张权利应如何处理也是实践中需要解决的问题。本案中,远东租赁公司在解除合同的同时,亦依据其与被告景闵公司另行签订的《服务协议》,要求被告景闵公司向其支付服务费及违约金。从该诉讼请求的本质来看,此系和保理合同相关的合同处理。由此涉及保理合同相关合同是否应在保理合同纠纷中一并处理,以及如何一并处理。对此,笔者认为应当结合相关合同的关联程度,从法律秩序的价值判断角度综合考量。对于和保理合同交易结构关联紧密的相关服务合同,能够证明服务费用属于保理交易结构项下保理人收取的对价的,为避免讼累,应当允许在保理合同中一并处理。如前所述,本案中远东租赁公司主张的服务费具有保理服务对价的性质,在本案中一并处理既与保理合同法律关系密切相关,亦符合诉讼经济原则,方便当事人"一揽子"解决争议。

(四)有追索权保理合同中混合担保的司法审查

实践中,即使有追索权保理本身系具有担保功能的合同,但保理人要求债权人或债务人提供其他形式担保的情形也较为常见，由此构成保理合同项下的混合担保。对此，应当根据《民法典》第392条的规定认定，具体审查时应当注意公司对外担保的效力，解除合同项下担保范围的认定混合担保的实现。

主合同解除情形下，当事人之间债权由履行请求权变为回复原状请求权、损害赔偿请求权，根据《民法典》第566条第3款之规定，主合同解除后，对债务人应当承担的民事责任仍应当承担担保责任，但是担保合同另有约定的除外。有追索权保理合同解除后，担保人的担保责任并不因此免除，除非保证合同另有约定。但是对于担保的范围，应当尊重担保合同的约定。本案中，即使《服务协议》系保理合同的相关合同，但保证人对应收账款债务人提供的担保，不能基于有追索权保理交易结构而自动衍生至应收账款债权人，也即，保证人并不因此对应收账款债权人的赔偿责任承担连带赔偿责任。因此，一方面，远东租赁公司要求合滨公司对债权人海寓公司的赔偿责任承担保证责任明显缺乏合同依据；另一方面，虽然服务费性质上可以理解为保理人的服务对价，但其作为保理合同相关合同独立约定的支付义务，不属于保证合同约定的担保范围，远东租赁公司不得主张合滨公司对景闳公司的服务费支付义务承担连带保证责任。同理，质押担保范围也未包括景闳公司在《服务协议》项下应付的服务费及相应违约金。因此，有追索权保理合同解除后，相关担保的范围的认定需结合担保合同约定予以认定。

四、余论

《民法典》合同编中“保理合同”一章对保理人向应收账款债权人、债务人主张权利确立了相应裁判规则，但未就保理合同解除的法律后果进行规定。本文以一则保理人解除保理合同案件为视角，探索了实践中保理人如依约主张行使解除权，应如何认定相关的法律后果，以期对将来保理合同解除裁判规则的统一提供一些思考。对于保理人解除有追索权保理合同，法院应当结合具体交易结构和合同条款设计认定相应的法律后果。从原状恢复义务角度看，有追索权保理合同解除后，应收账款的所有权应回转至应收账款债权人。从损失赔偿范围看，应收账款债权人及债务人的赔偿范围可尊重当事人的约定，在没有约定的情况下，保理人应向应收账款债权人主张赔偿损失，损失赔偿范围可包括保理融资本息及相关费用，应收账款债务人已履行部分应在损失赔偿范围内予以扣除，应收账款债务人就其已履行部分可向应收账款债权人进行抗辩。

【典型意义】

本案系《民法典》实施后,上海法院首例适用《民法典》审结的保理合同纠纷。《民法典》首次将保理合同有名化,但对于保理合同解除后当事人权利义务如何厘定,《民法典》未予明确。本案中保理业务架构特殊,法院结合《民法典》规定对保理合同解除后果确立了相应的裁判规则,结合具体交易结构和合同条款合理认定当事人的权利义务,有助于对将来保理合同解除裁判规则的统一提供参考,也对市场化、法治化、国际化营商环境建设起到显著推动作用,体现了金融司法对金融创新业务的合法支持,积极回应了金融市场对新型疑难问题公正高效的司法需求。

【案例索引】

案号:上海市浦东新区人民法院(2020)沪0115民初59865号(2021年1月4日)

审判组织:吴金水、王鑫、孔燕萍

编写人:孔燕萍

保险类纠纷案件

17

病历所载患者主诉内容在投保人如实告知义务中的认定

——刘某某与国华人寿上海分公司人身保险合同纠纷案

裁判要旨

在人身保险合同订立过程中,投保人应根据保险人的询问如实告知与投保相关的情况。实践中,经常有保险公司依据被保险人就诊记录中“患者主诉”内容,证明被保险人病史及未如实告知情况。病历记录中“患者主诉”一般是医生在患者陈述自身情况的基础上,进行总结归纳后记录形成的,不同于医院直接采取医学检查措施后得出的检查或诊断结果,其准确性可能受到患者陈述的精准性及医生理解、总结患者陈述情况的影响。因此,病历记录中的“患者主诉”部分内容,需结合案件其他证据情况予以综合判断,不能单独作为认定投保人是否如实告知的直接依据。

基本案情

原告:刘某某

被告:国华人寿保险股份有限公司上海分公司

2020 年 1 月 2 日,原告作为投保人和被保险人,与被告签订“国华国民健康福终身重大疾病保险”合同,该保险合同载明,生效日期:2020 年 1 月 3 日零时,险种名称“国华国民健康福终身重大疾病保险”,保险期间终身,缴费年限 30 年,基本保险金额 300,000 元,计划名称“国民健康福终身重疾计划 4”,保险责任为“重大疾病保险金,中症疾病保险金,轻症疾病保险金,重大疾病、中症疾病、轻症疾病豁免保险费，二、三次恶性肿瘤保险金”。《国华国民健康福终身重大疾病保险条款》第2.4.1条约定：“（等待期）在本合同生效日起90日内（含90日当日），被保险人因意外伤害事故以外的原因患本合同约定的保险事故的，我们不承担保险责任……”；第2.4.2条约定：“（重大疾病保险金）若被保险人初次发生并被医院的专科医生确诊患有本合同约定的重大疾病，我们按以下情形之一的金额给付重大疾病保险金，该项保险责任终止：(1)若该重大疾病在本合同第十个保单周年日（不含）前初次发生并被医院的专科医生确诊，则为本合同基本保险金额的130%……”

2020年1月12日，原告参加工作单位组织的体检，体检报告书中的终检结论载明：“双叶甲状腺肿块。建议头颈外科进一步检查。”2020年4月16日，原告至华东医院就诊，就诊记录册记载：“高血压史2年，最近体检发现甲状腺结节……”2020年4月22日，原告至华东医院进行检查，该院24小时出入院记录记载：“主诉体检发现甲状腺结节1年……患者2019年因体检查甲状腺彩超发现甲状腺结节……”2020年5月11日至2020年5月18日，原告在民航上海医院—瑞金医院古北分院住院治疗，该院出院小结记载：“入院时主要症状与体征：患者……发现颈部肿块1个月。病程及治疗经过：……于2020－05－13全麻下行胸骨后甲状腺肿瘤切除术……”

2020年8月7日，傲冉信息技术（上海）有限公司出具《证明》，载明：“兹证明我公司员工刘某某，于2018年2月27日入职，因公司体检福利只针对入司满10个月以上的员工，故刘某某未满足2018年福利条件，不能参加有效期为2018年11月15日—2019年1月13日的体检福利。而在2019年满足福利条件，可参加有效期为2019年11月15日—2020年1月13日的体检福利。”

庭审中，针对2020年4月22日相关出入院记录、出院小结中载明主诉“体检发现甲状腺结节1年”“患者2019年因体检查甲状腺彩超发现甲状腺结节”，原告作出如下陈述：当天原告去医院办理入院时，医生问其什么时候发现的甲状腺结节，其没有出示体检报告，只是口头回答“春节之前检查发现的”。该次体检应属于公司2019年度体检，而这次体检原告实际参加时间是2020年1月12日。病历中显示主诉“体检发现甲状腺结节1年”和“2019年体检发现甲状腺结节”系医生自行得出的结论，原告在2019年没有做过任何体检或医院的甲状腺检查。

原告刘某某诉称，被告于2020年1月2日签发保险单，投保人为原告，投保险种为“国华国民健康福终身重大疾病保险”(国民健康福终身重疾计划4),基本保险金额为300,000元,保险期间为终身。原告于2020年1月12日公司体检中发现甲状腺结节,于2020年4月22日在华东医院行结节细针穿刺,确诊为甲状腺乳头状癌(该时间已过等待期90日),于2020年5月13日全麻下行甲状腺肿瘤切除术。原告认为,其因患病入院治疗,按保险合同约定可以获得重大疾病保险金,保险金额为基本保险金额的130%,即390,000元,且其已及时向被告申请理赔,但被告不予给付保险金。向本院提出诉讼请求:1.判令确认原、被告于2020年1月2日签订的“国华国民健康福终身重大疾病保险”合同继续有效;2.判令被告向原告支付“国华国民健康福终身重大疾病保险”保险金人民币390,000元;3.本案诉讼费用由被告承担。

被告甲保险公司辩称,根据被告委托第三方公估机构的调查结果,发现原告于2020年4月22日在华东医院存在病历一份(24小时出入院记录和出院小结),该病历记载原告主诉“体检发现甲状腺结节1年”,同时该病历载明“患者2019年因体检查甲状腺彩超发现甲状腺结节”。原告在投保时的告知事项含“被保险人目前或曾经患有下列疾病或症状:……甲状腺结节……”,但原告在投保时予以了否认,所以原告在投保时未履行如实告知义务,严重影响了被告的承保决定,故被告有权根据《中华人民共和国保险法》的规定解除合同且不承担保险金的给付责任。综上,请求法院驳回原告的诉讼请求。

【法院裁判】

法院经审理后认为,原、被告之间签订的保险合同系双方当事人之间的真实意思表示,内容不违反法律、行政法规的强制性规定,依法成立并有效,双方理应恪守。本案的争议焦点在于原告投保时对自身甲状腺结节状况是否尽到如实告知义务。原告认为自己在投保时不知道自己是否患有甲状腺结节,对相关情况已尽到如实告知义务;被告则认为原告于2020年4月22日在华东医院就诊相关出入院记录、出院小结中载明“体检发现甲状腺结节1年”“患者2019年因体检查甲状腺彩超发现甲状腺结节”,说明原告在投保时已明知自己患有甲状腺结节,属于未如实告知。对此,本院分析如下:第一,华东医院出入院记录、出院小结中载明的“主诉”和“入院情况”不同于医院检查或诊断结果。一般来说,此类信息是医生在患者陈述自身情况的基础上,进行总结归纳后记录形成的,不同于医院直接采取医学检查措施后得出的检查或诊断结果,其准确性可能受到患者陈述的精准性及医生理解、总结患者陈述情况的影响。第二,原告对该记录出现的解释具有一定的合理性。原告陈述其去医院办理入院时,医生问其什么时候发现的甲状腺结节,其没有出示体检报告,只是口头回答春节之前检查发现的,该陈述与原告2020年1月12日参加单位组织的体检情况一致,且可能导致医院将"主诉"记录为"体检发现甲状腺结节1年"。同时,本次住院穿刺检查是2020年4月16日原告在华东医院门诊就诊的延续,而在2020年4月16日门诊就诊记录中,医生记录的信息为"最近体检发现甲状腺结节……",与"体检发现甲状腺结节1年"不一致。第三,被告主张原告在投保时已明知自己患有甲状腺结节缺乏其他佐证。原告在华东医院住院检查后,于2020年5月11日至2020年5月18日在民航上海医院—瑞金医院古北分院住院进行手术治疗,而该院出院小结记载"入院时主要症状与体征:患者……发现颈部肿块1个月",不能与被告提供的"体检发现甲状腺结节1年"记录相印证。

综上所述,被告主张原告在投保时就甲状腺结节情况未履行如实告知义务,应就原告投保时明知自己患有甲状腺结节的事实承担相应的举证责任,根据在案证据及原、被告的陈述,被告的举证尚不足以证明该事实,故本院对被告的相关辩称意见不予采纳。原告在投保及等待期后发生保险事故,有权依照保险合同要求被告支付保险金。关于双方系争保险合同的效力,被告在《理赔决定通知书》中以原告未如实告知为由,通知原告解除合同,但根据本案认定的事实,被告依约并未享有合同解除权,故原告主张双方合同继续有效具有事实和法律依据,本院予以支持。

一审判决后,双方均未提起上诉,本案一审判决已生效。

【案例评析】

在人身保险合同订立过程中,投保人应根据保险人的询问如实告知与投保相关的情况。投保人在投保后一年内,因病赴医院住院治疗。在医院出具的入院情况和出院小结中,"患者主诉"中均记载被保险人"体检发现甲状腺结节1年",保险公司据此主张投保人在投保时勾选无甲状腺疾病属未如实告知,拒绝理赔并解除合同。实践中,经常有保险公司依据被保险人就诊记录中"患者主诉"内容,证明被保险人病史情况,相关主张能否得到支持,对类似案件的审理具有一定的参考意义。

第一,医疗机构出具的病历记录对患者疾病情况一般具有较强的证明力。

根据国家卫生计生委、国家中医药管理局印发关于《医疗机构病历管理规定》(2013 年版)的规定,病历是指医务人员在医疗活动过程中形成的文字、符号、图表、影像、切片等资料的总和,包括门(急)诊病历和住院病历。病历归档以后形成病案。卫生部(现为卫计委)颁发的《病历书写基本规范》第 3 条规定,病历书写应当客观、真实、准确、及时、完整、规范。由于制作病历的医疗机构是患者治疗疾病的直接见证者和实施者,加之医学的高度专业性,一般而言,医疗机构出具的病历会客观、准确地记录患者的病史、诊疗过程和身体状况,对患者疾病情况的记录具有很高的证明力。诉讼中,在确定病历记录的真实性且无相反证据予以证明的情况下,法院应认定病历所证明的事实。

第二,用于证明病情时,病历记录中"患者主诉"部分应与其他内容作适当区分。如前所述,病历对患者诊疗情况具有较强的证明力,但司法实践中对病历"患者主诉"部分的记录的事实能否直接认定存有争议。对此,笔者认为,在证明病史等事实时,"患者主诉"部分应与病历其他部分内容作一定区分。《病历书写基本规范》第 18 条规定:"……(二)主诉是指促使患者就诊的主要症状(或体征)及持续时间……"实践中,该部分内容一般是患者向医护人员陈述自身病情,医护人员作适当整理后记录形成的。在这一过程中,存在以下失实风险:首先,患者自身感受、记忆的准确性。患者一般不具有专业医学知识,其对疾病症状及持续时间的描述只能出于一般人的主观感受和记忆,其准确程度难以确定。其次,患者陈述时的准确性。不同患者的表达能力参差不齐,部分患者可能在表述时存有歧义。最后,医护人员整理、记录的准确性。医护人员的优势在于其高于公众的医学知识和对诊疗技术的掌握,然而,其在书写病历"患者主诉"内容时,虽有一定的专业性,但主要依赖的技能是对患者表述的理解、整理和转化成记录的语言能力,而在这方面医护人员并不具有高于常人的明显优势。综上,病历"患者主诉"部分所记载内容不同于体格检查、疾病诊断、治疗措施、出院情况等内容,在用于证明疾病情况时应作一定区分。

第三,病历"患者主诉"内容对疾病情况的证明力需结合案件其他情况予以综合判断。《最高人民法院关于民事诉讼证据的若干规定》第 85 条第 2 款规定:"审判人员应当依照法定程序,全面、客观地审核证据,依据法律的规定,遵循法官职业道德,运用逻辑推理和日常生活经验,对证据有无证明力和证明力大小独立进行判断,并公开判断的理由和结果。"本案中,被告保险公司于 2020 年 1 月签发案涉保单,而医院于 2020 年 4 月 22 日病历的"主诉"部分载明:患者"体检发现甲状腺结节1年""患者2019年因体检查甲状腺彩超发现甲状腺结节",被告据此主张原告投保时未如实告知甲状腺结节情况。对此,原告解释医生问其什么时候发现的甲状腺结节,其口头回答"春节之前检查发现的",实际参加体检时间是投保后的2020年1月12日,并提供了相关证据。法院结合原告同时段其他医院就诊记录情况,认为被告仅凭上述病历"患者主诉"记载的内容,尚不足以证明原告投保前已明知自己患有甲状腺疾病,故对相关抗辩意见不予支持。原告要求被告支付保险金的诉请于法有据,应当予以支持。

【典型意义】

实践中,经常有保险公司依据被保险人就诊记录中"患者主诉"内容,证明被保险人病史及未如实告知情况。该案例明确,病历记录中"患者主诉"一般是医生在患者陈述自身情况的基础上,进行总结归纳后记录形成的,不同于医院直接采取医学检查措施后得出的检查或诊断结果,其准确性可能受到患者陈述的精准性及医生理解、总结患者陈述情况的影响。因此,病历记录中的"患者主诉"部分内容,需结合案件其他证据情况予以综合判断,不能单独作为认定投保人是否如实告知的直接依据,相关裁判要旨对类似案件的审理具有一定的参考意义。

【案例索引】

案号:上海市浦东新区人民法院(2020)沪0115民初70257号(2020年11月30日)

审判组织:余韬

编写人:余韬

18

人身保险合同宽限期内保费不能通过诉讼方式直接主张

——中国人保苏州分公司与轺辂信息公司保险合同纠纷案

裁判要旨

约定分期支付保险费的人身保险合同，如投保人未在宽限期内支付欠付的当期保险费，合同效力中止，保险人不得以诉讼方式直接要求投保人支付宽限期内的保费。仅当宽限期内发生保险事故时，保险人方可从应给付的保险金中扣减欠交的保费。

基本案情

原告：中国人民财产保险股份有限公司苏州市分公司（以下简称中国人保苏州分公司）

被告：上海轺辂信息技术有限公司（以下简称轺辂信息公司）

原告中国人保苏州分公司诉称，被告轺辂信息公司为"优拜共享单车"的运营商。原告于2017年6月14日向被告轺辂信息公司签发保单，承保险种为"优拜共享单车平台非机动车第三者责任保险"（以下简称优拜三者险）和"优拜共享单车平台骑行人员意外伤害保险"（以下简称优拜骑行人员意外险），保险期限自2017年6月15日至2018年6月14日止，两个方案合计预收及最低保费68万元，分两期支付，保单生效后15日内支付34万元，2017年12月15日前支付34万元。保单签发后，原告仅收到被告支付的首期保费，经多次催讨，被告至今尚未支付第二期保费，故原告诉至法院，请求判令被告轺辂信息公司支付拖欠的保费34万元。

被告轺辂信息公司未作答辩,亦未提供证据。

上海市浦东新区人民法院经审理查明事实如下:2017年6月14日,原告中国人保苏州分公司向被告轺辂信息公司签发保单,承保险种为优拜三者险及优拜骑行人员意外险,保险期间均为自2017年6月15日0时起至2018年6月14日24时止。其中,优拜三者险的被保险人为"被告轺辂信息公司及投保的非机动车,首批投保共计65,507辆",每车保险费为2元,保障范围为:"由优拜共享单车平台下单使用优拜自行车的人员,在骑行过程中发生意外事故并造成第三人的人身伤亡和财产直接损失的,保险人按照合同的约定限额负责赔偿。"优拜骑行人员意外险的被保险人为"符合中华人民共和国法律规定范围内正常使用共享单车的使用人,首批投保共计65,507辆",费率为FLAT(浮动费率),保障范围为:"由优拜共享单车平台提供的车辆,在下单使用过程中,由于使用车辆自身的缺陷导致的意外事故,致使使用人的死亡、伤残及产生的意外医疗费用,保险人按照合同的约定限额负责赔偿。"

在两份保单的"特别约定"栏均载明:轺辂信息公司本次投保的两个险种,合计预收及最低保费为68万元;采用分期付款方式,轺辂信息公司应在保单生效后15日内支付第一期保费34万元,第二期保费34万元于2017年12月15日前支付。2017年7月5日,案外人上海大黍保信息技术有限公司代被告支付首期保费34万元,但被告轺辂信息公司未依约向原告支付第二期保费。本案审理中,原告表示,首批投保后,被告并未新增车辆,亦未向原告申请理赔。

【法院裁判】

法院经审理后认为,被告轺辂信息公司支付原告中国人保苏州分公司优拜三者险保险费65,507元,对于原告主张的优拜骑行人员意外险保险费不予支持。1.关于优拜三者险的保费,该险种为财产保险,保险合同生效后,投保人即应及时、足额支付保险费。虽然被告轺辂信息公司在保险期间内未发生保险事故,未申请理赔,但原告的承保义务已经全面履行。作为对价,被告应当支付第二期保费。优拜三者险的保费总额为131,014元,首期已付65,507元,尚应补付65,507元。2.关于优拜骑行人员意外险的保费,该险种为人身保险,且明确约定保险费分期支付。根据《保险法》第36条的规定,被告轺辂信息公司未按约支付第二期保费,且超过约定期限60日仍未支付,故在上述法定宽限期于2018年2

月 14 日届满后，保险合同效力中止，原告不再承担保险责任，也无权要求被告韶铬信息公司支付此后的保险费。

对于 60 日宽限期内的保费，被告韶铬信息公司亦无须支付。(1)从《保险法》第 36 条的立法目的看，宽限期制度在保费支付上，给予了投保人明显的倾斜性保护。一方面适当延长了交费期限，避免因投保人一时未按合同约定支付当期保费而影响保险合同的效力；另一方面在实质上赋予了投保人是否继续履行保险合同、是否支付后续保费的选择权。如投保人决定不再履行合同，即不再承担保费支付义务。从后一角度而言，宽限期亦可理解为法律赋予投保人的"犹豫期"。因此，对于宽限期内的保费，保险人无权通过诉讼直接进行主张，否则将悖于第 36 条的立法宗旨。(2)从经济效用的角度看，宽限期本身期限较短，如在期限内未发生保险事故，免除该段保费不会对总体保费收入构成严重影响；如在期限内发生保险事故，保险人可依法从赔付款中扣减投保人欠付的保险费，保费收入有迟延但未减少，不致损害保险共同体的根本利益。(3)《保险法》第 36 条文义明确，无论是长期的人寿保险合同还是短期的健康保险及本案所涉的意外伤害险，均适用宽限期制度。对于宽限期内的保险费，保险人均不得直接通过诉讼进行主张。

一审判决后，原告中国人保苏州分公司提起上诉，二审法院判决驳回上诉，维持原判。

【案例评析】

本案是全国首例关于分期付款人身保险合同在宽限期内保费支付而产生的争议。《保险法》对宽限期届满后投保人无须再支付保费有明确的规定，但对于宽限期内的保费应否支付未设明文，司法实践中对此存在不同观点。欲解决该问题，需从投保人保费支付的一般原则入手，通过探究宽限期制度的立法目的及原旨，明确该制度对保费支付的特殊规定及理由；同时结合对《保险法》的规则体系整体理解，确定可适用宽限期制度的保险合同类型，最终得出宽限期内保费不可直接通过诉讼方式主张的结论。

一、原则：投保人的保险费支付义务

对投保人而言，支付保费是其最重要的法律义务。[①] 保险合同是有偿、双务

---

① 江朝国：《保险法基础理论》，中国政法大学出版社 2002 年版，第 199 页。

合同,遵行"对价履行"规则,保险人从可能遭遇同类危害的危险共同体成员处收取保费,累积为基金,用于在保险事故发生时赔偿被保险人所受的损害,以分散和消化风险。投保人支付的保险费为其转移危险的对价,用以换取保险人在整个保险期间内承担约定的保险责任。因保险合同为射幸合同,承保的是将来可能发生但尚未发生的不确定危险事故,故实践中虽然大多数保险合同在保险期间内并不发生保险事故,但投保人同样要承担保费支付义务。

关于保费的支付方式,《保险法》第 35 条规定,投保人可以按照合同约定向保险人一次性支付全部保险费或者分期支付保险费。该条虽规定于"人身保险合同"一节中,但对于财产险和人身险均有适用余地。一般而言,保险期间较短者,①多约定保险费需一次性支付,即通常所说的趸交,如各类财产保险合同(财产损失保险、货物运输保险、责任保险、信用保险等)以及人身保险合同中的健康保险和意外伤害保险。而保险期间较长者,如人寿保险,则多约定分期支付保费。当然,上述区分并非绝对。实践中,也存在约定分期支付保费的短期保险合同,如本案所涉两险种;同样,也有部分长期寿险合同约定保险费应一次性趸交。

那么,如果投保人未能按照保险合同的约定支付保费,会产生什么法律后果?对此,可区分三类不同的欠费情况予以确定。1. 合同约定保险费应一次性趸交,但投保人欠交。2. 合同约定保险费分期支付,但投保人欠付首期保费。3. 合同约定保险费分期支付,投保人支付首期保费后,未按时支付后续保费。其中又可进一步细分为两种:(1)财产保险合同约定分期支付保费;(2)人身保险合同约定分期支付保费。

《保险法》对于前述第 1 类、第 2 类以及第 3(1)类欠费规定的法律后果完全同一,即保险人可以通过诉讼方式要求投保人支付。此为保险费支付的一般原则,遵循的是合同法的一般原理:依法订立的合同,对当事人具有法律约束力,双方均应依约履行,不得擅自变更或解除。尤其在 2009 年《保险法》修订之后,法

① 通常为 1 年。需要注意的是,保险期间指的是保费计算期间,而不是保险合同效力持续的期间。实践中,常有投保人出于便利或获得保费折扣的考虑,一次性与保险人签订多年的保险合同,一次交清所有的保险费。该种情况下,保险合同的效力虽持续数年,但需支付的保险费仍以每 1 年为计算单位,乘以投保年份而定。与长期的人寿保险合同中,按照全部的保险期间(如 5 年、10 年)计算保费不同,因此仍然属于短期保险合同。

律明确了保险合同为非要式、诺成性合同[①]。除法律有特别规定或当事人有特别约定之外,保险合同生效后,保险费即成为保险人的即得债权,投保人负有按照合同约定的金额、期限、方式及地点[②]支付保费的义务。包括人寿保险的首期保费在内,均可以通过诉讼进行主张[③]。本案所涉的优拜三者险欠费即属于第3(1)类,因双方的保险合同已成立生效,被告轺辂信息公司虽在保险期间内未发生保险事故,但此为保险合同的射幸属性使然,原告中国人保苏州分公司已经按约全面履行了承保义务,被告轺辂信息公司应支付拖欠的第二期保险费。

二、例外:分期付款人身保险合同的"宽限期"制度与保费支付

虽然原则上,未按约支付的保险费可通过诉讼方式进行主张,但有一种情况例外,即前述第3(2)类欠费:约定分期付款的人身保险合同的后续保费逾期未付。本案所涉的优拜骑行人员意外险即属此类。《保险法》第36条、第37条就该类情况特别规定了宽限期制度、保险合同的中止和复效制度[④]。上述规定产生如下效果:1. 如投保人未依约支付当期保费,法律将给予其一定的付款宽限期,期限分三类:当事人于合同中约定宽限期期限的,以约定为准;无约定的,如保险人已向投保人进行催告,则宽限期为自催告之日起30天;如无约定也未催告,则宽限期为自约定付款之日起60天。2. 宽限期的法律效果为:(1)如投保人在宽限期内补交保费,保险合同的效力不受影响。(2)如未补交,则宽限期届满后,保险合同效力中止,保险人无须再承担保险责任,相应地,投保人也不再负有保费支付义务。但如双方在保险合同中约定,欠交保费应由保险人按照相应条件减少保险金额的,按照约定。(3)无论是否补交保费,被保险人在宽限期内发生保

---

① 2009年修订的《保险法》第13条规定:投保人提出保险要求,经保险人同意承保,保险合同成立……依法成立的保险合同,自成立时生效……同时,修订的《保险法》还删除了原1995年《保险法》第57条第2款"合同约定分期支付保险费的,投保人应当于合同成立时交付首期保费"的规定,因该款容易造成"投保人支付首期保费是保险合同生效条件"的误解。

② 吴定富主编:《中华人民共和国保险法释义》,中国财政经济出版社2009年版,第38页。

③ 此为司法实践的倾向性观点,参见最高人民法院保险法司法解释起草小组编著:《〈中华人民共和国保险法〉保险合同章条文理解与适用》,中国法制出版社2010年版,第261页。

④ 《保险法》第36条规定:合同约定分期支付保险费,投保人支付首期保险费后,除合同另有约定外,投保人自保险人催告之日起超过三十日未支付当期保险费,或者超过约定的期限六十日未支付当期保险费的,合同效力中止,或者由保险人按照合同约定的条件减少保险金额。被保险人在前款规定期限内发生保险事故的,保险人应当按照合同约定给付保险金,但可以扣减欠交的保险费。第37条规定:合同效力依照本法第三十六条规定中止的,经保险人与投保人协商并达成协议,在投保人补交保险费后,合同效力恢复。但是,自合同效力中止之日起满二年双方未达成协议的,保险人有权解除合同。保险人依照前款规定解除合同的,应当按照合同约定退还保险单的现金价值。

险事故的，保险人仍应承担赔偿责任，但可以从支付的保险金中扣除欠交的保险费。3. 宽限期届满，保险合同中止，但保险人不能立即解除保险合同。在中止之日起两年内，投保人可随时与保险人协商补交保费，从而恢复保险合同的效力；如两年内未达成协议，保险人方有权解除，但应按照约定退回保单的现金价值。

从上述规定可见，对于分期付款人身保险合同的投保人，法律给予了明显的倾斜性保护，这一方面可以避免投保人因一时漏交保险费而导致合同轻易失效，另一方面有利于保险人保留保险业务及客户群[①]。据此，对于优拜骑行人员意外险宽限期届满后的保费，由于此时合同已经中止，被告韬铬信息公司自然无须支付。

至于在宽限期内的保费是否应当支付。存在两种不同观点。一种观点认为，法律既然规定宽限期届满后保险合同方才中止，这就意味着，宽限期内合同依然有效。《保险法》第 36 条第 2 款规定，被保险人在宽限期内发生保险事故，保险人仍应承担保险责任，也正是基于保险合同有效之故。既然保险合同有效，作为对价，投保人就应当支付该期间的保险费。另一种观点认为，虽然宽限期内保险合同依然有效，但通过对该制度的立法目的考察及条文解释，应认为宽限期内的保险费不可通过诉讼方式直接主张。本案判决采纳了第二种观点，具体理由如下：

首先，从《保险法》第 36 条的立法目的看，法律对于分期付费的人身保险合同，赋予了投保人自行决定是否继续交纳保费、维持合同效力的选择权。如前所述，保费支付的一般原则是，保险合同生效后，投保人即应按约支付保险费，如违约，保险人可通过诉讼方式主张。但根据《保险法》第 36 条的规定，在分期付款的人身保险合同中，如投保人最终选择不再继续支付后续保费，不再履行保险合同，则其虽违反了保险合同约定的付费义务，但经由法律的特别规定，该行为的违约性质被阻却，投保人无须承担补付保费的违约责任。从这一角度而言，宽限期亦可理解为法律赋予投保人的“犹豫期”，允许其自主决定是否继续履行合同。如果允许保险人主张宽限期内的保险费，无疑会与立法赋予投保人的该种自主选择权相违背。

其次，从《保险法》第 36 条的文义看，该条第 2 款规定，被保险人在宽限期内发生保险事故的，保险人可从赔付的保险金中扣减欠交的保险费。可见，对于宽

---

① 梁鹏：《保险法宽限期制度研究》，载《保险研究》2012 年第 12 期。

限期内的保费,法律并非未作考虑,而是本于立法宗旨,仅规定在发生保险事故时,保险人可获得该部分保费,且获得途径仅限于从保险金中扣减,而非通过诉讼方式直接主张。从该款规定可以推知:其一,极端情况下,如应给付保险金的金额低于欠交保费,保险人也不能要求投保人再行补付剩余保险费。其二,如未发生保险事故,法律并未苛以投保人必须补交宽限期内保费的义务。可见,《保险法》虽未明文指出宽限期内保费不得直接以诉讼方式主张,但通过目的性扩张已不难得出该结论。

最后,从经济效用的角度看,免除宽限期内的保险费不会对保险共同体的利益造成严重损害。如前所述,投保人支付的保费,需累积入基金池,以用于赔付危险共同体成员发生的保险事故。因此理论上,投保人不支付宽限期内的保费,会对保险共同体的利益造成一定影响。但由于宽限期本身期限较短,在未发生保险事故的情况下,该种影响程度有限;而如果发生保险事故,则根据第 36 条第 2 款的规定,保险人有权从赔付的保险金中扣减应交的保险费,在绝大多数情况下,扣减均为足额,保险合同的对价原则仍得到维持。总体而言,免除宽限期内的保费不会影响保险行业的健康发展。

基于上述理由,法院最终判决被告韬辂信息公司无须支付优拜骑行人员意外险的第二期保费。

三、延伸:适用宽限期制度的人身保险合同种类

本案二审中,原告中国人保苏州分公司提出:《保险法》第 38 条仅规定人寿保险的保险费不得以诉讼方式要求投保人支付;优拜骑行人员意外险虽属于人身保险,但并不具有人寿保险的长期性、持续性、保费的储蓄性和投资性的特点,且保单中约定保费分两期支付只是双方对付费方式方法的约定,不属于人身保险合同约定分期支付保险费的情形,因此本案不能适用《保险法》第 36 条。该项上诉意见提出了一个问题:宽限期制度可适用于哪些类型的人身保险合同,是否包括短期的健康保险和意外伤害保险在内?

诚然,《保险法》第 36 条主要针对的是长期的人寿保险合同,而之所以规定人寿保险的后续保费不可强制要求支付,主要基于以下考虑:(1)人寿险的保费由两部分构成,一部分是危险保险费,根据每年的危险保险金额计算得出;另一部分是储蓄保险费,以责任准备金的形式累积,在保险合同终止、解除或到期时一次性返还给受益人。因此,人寿保险具有投资或储蓄之性质,如果强令投保人必须支付全部各期保费,就会造成强制储蓄,有违自愿原则。(2)人寿保险期限较长,在长达数年乃至数十年的保险期间内,投保人的经济能力可能发生变化,致使生活困难无力续交保险费,如强令支付,则有悖于人寿保险保障生活的制度本意①。因此,也有部分学者认为,《保险法》第36条、第37条的规定仅适用于人寿保险合同,而不适用于财产保险合同和短期的人身保险合同②。但本文认为,该种观点有待商榷,理由如下:

首先,《保险法》第36条规定的条文文义清晰,适用于所有类型的人身保险合同。《保险法》第36条置于第二章"保险合同"的"人身保险合同"一节中,其适用的保险种类为"约定分期支付保险费"的人身保险合同,并未区分长期的人寿保险与短期的健康险、意外伤害险而作不同规定。前述观点欲通过法律的限缩解释,使其仅适用于人寿保险。然而,根据法律解释的一般原则,解释的目的在于确定法律规范的意义内容,因此,只有在法律规范本身存在模糊或不明确的情况下,才需要进行解释③。至于文本含义清晰的法律规定,则不存在解释的余地,否则会使得法律的适用因解释的过度泛化而存在不确定性,有违司法克制的原则。故在第36条规定十分明确的情况下,再作限缩解释,有悖立法文义。此外,从《保险法》第36条与第38条的关系来看,两者并不存在矛盾,可以互恰适用。结合第36条,应认为第38条规制的可诉意外伤害险及健康险保费,仅限于保费一次性趸交的情形,至于约定分期支付保费的,则落入第36条的规制范围,受该条调整。

其次,将意外伤害险与健康保险也纳入宽限期制度的规制范围,体现了立法对各类人身保险合同投保人的扩充性平等保护,且具有比较法依据。如前所述,虽然在通常情况下,意外伤害险与健康保险以短期居多,但实践中也有长期的合同存在。且意外伤害险、健康险与人寿保险一样,均以人的生命和健康利益作为保险标的,保险法将三类保险作同一规制,应是体现了立法对人身保险合同当事人的一体倾斜性保护。这一立法模式也在比较法上有所体现,如我国台湾地区"保险法"于第四章"人身保险"第一节"人寿保险"的第116条、第117条规定了

① 参见江朝国:《保险法基础理论》,中国政法大学出版社2002年版,第222页。

② 如贾林青教授即持此种观点,参见贾林青:《保险法》,中国人民大学出版社2014年版,第140页。

③ 梁慧星:《论法律解释方法》,载《比较法研究》1993年第1期。

与我国大陆地区法律中相类似的宽限期制度[①],同时在第二节“健康保险”的第130条、第三节“伤害保险”的第135条,均规定该“法”第116条于健康保险、伤害保险亦准用之。又如,《韩国商法典》保险法部分在第一章通则第650条第2款规定:“在约定的期限内未支付继续保险费时,保险人可以规定一定的期间催告保险合同人。在该期间内仍未支付,可以终止该合同。”[②]

最后,保险人作为专业金融机构及保险合同的提供方,理应基于法律的规定,合理约定短期人身保险的保费支付方式及逾期支付的法律后果。《保险法》已明确规定各类人身保险合同均适用宽限期制度,保险公司作为专业的保险机构,理应知悉并基于该规定,在签订保险合同时,对短期人身险的保费支付方式及违约后果作出清晰且合理的约定。以本案为例,如原告中国人保苏州分公司欲避免《保险法》第36条的适用,完全可以不使用分期付款的方式,而与对方约定首笔支付的为优拜骑行人员意外险保费,至于优拜三者险的保费因属财产保险,自然可以通过诉讼方式主张。此外,法律也允许双方当事人在保险合同中约定,如投保人未按期支付保险费,则保险合同效力自逾期之日起中止。然而,原告中国人保苏州分公司作为保险合同的提供方,未能作此约定,自然应承担相应的法律后果。

从上述分析可知,宽限期条款是否适用于短期的人身保险,本属立法价值判断范畴。在现行立法下,法律既然赋予各类人身保险合同投保人以同等的保护力度,司法就应该遵从立法本意,确认分期付款的人寿保险、意外伤害保险、健康保险合同均应适用宽限期制度,保险人对于宽限期内的保费,不能通过诉讼方式直接向投保人主张。仅当宽限期内发生保险事故时,保险人方能从应给付的保险金中扣减欠交的保险费。

【典型意义】

本案是全国首例关于分期付款人身保险合同在宽限期内保费支付而产生的争议案件。该案例明确,解决该类问题需从投保人保费支付的一般原则入手,通

---

① 我国台湾地区“保险法”第116条第1款规定:人寿保险之保险费到期未交付者,除契约另有订立外,经催告到达后逾三十日,仍不交付时,保险契约之效力停止。第3款规定:第1项停止效力之保险契约,于保险费及其他费用清偿后,翌日上午零时,开始恢复其效力。第4款规定:保险人于第1项所规定之期限届满后,有终止契约之权。

② 吴日焕译:《韩国商法》,中国政法大学出版社1999年版,第177～178页。

过探究宽限期制度的立法目的及原旨，明晰该制度对保费支付的特殊规定及理由；同时结合对《保险法》的规则体系整体理解，确定可适用宽限期制度的保险合同类型，最终得出宽限期内保费不可直接通过诉讼方式主张的结论，相关裁判要旨对类似案件的审理具有一定的参考意义。

【案例索引】

案号：

一审：上海市浦东新区人民法院（2018）沪0115民初34574号（2018年8月24日）

二审：上海金融法院（2019）沪74民终221号（2019年6月10日）

审判组织：

一审：童蕾、乐新祥、黄玉娟

二审：崔婕、张文婷、周欣

编写人：童蕾

19

保险人有权向有偿代驾人行使车辆损失保险的代位求偿权

——大地保险与陈某某等保险人代位求偿权纠纷案

裁判要旨

有偿代驾人系合同约定的“被保险人允许的合法驾驶人”,代驾人在提供有偿代驾服务过程中发生事故造成投保车辆损失,被保险人享有向其请求赔偿的权利,原告作为保险人享有可代位求偿的基础权利。

基本案情

原告:中国大地财产保险股份有限公司营业部

被告:陈某某

被告:上海安师傅汽车驾驶服务有限公司(以下简称安师傅服务公司)

第三人:陶某

第三人:钱某某

第三人陶某为其所有的车辆向原告投保家庭自用汽车损失保险,保险合同第4条约定:保险期间内,被保险人或其允许的合法驾驶人在使用被保险机动车过程中造成的被保险机动车的损失,保险人依照保险合同的约定负责赔偿。第三人钱某某(被保险人陶某的父亲)驾驶投保车辆外出就餐,因饮酒需代驾,被告安师傅服务公司指派两位代驾司机,其中由被告陈某某驾驶投保车辆。途中投保车辆发生交通事故,造成车损和路基损失,公安部门认定被告陈某某负全部责任。后车辆经核定损失为26,500元,原告照此向被保险人陶某进行了赔付。

被告安师傅服务公司(甲方)与被告陈某某(乙方)签订《代驾司机劳务合同》,约定:乙方同意接受甲方的代驾服务兼职司机岗位的工作,陈某某工号SH3852;乙方应按照客户端上派送的任务或者公司客服的人工调度,将顾客连人带车准确安全地送达顾客指定的目的地;乙方应根据甲方规定穿着公司统一提供的制服,遵守公司制定的《司机规章制度》等。代驾司机与客户之间的价格由公司确定,公司与代驾司机之间的收益分配比例也由公司确定并与代驾司机之间有协议。被告陈某某持有驾驶证的准驾车型与涉案投保车辆相符。

审理中,被告安师傅服务公司提供一份印有被告安师傅服务公司章的《安师傅代驾服务确认表》《安师傅代驾服务协议》,钱某某认为非其本人签字,且代驾司机未对协议进行说明。被告陈某某亦陈述仅“简单说明”,且客户联忘记交付被代驾人。

原告诉称,陶某为其所有的车辆向原告投保家庭自用汽车损失保险,后陶某之父钱某某驾驶投保车辆外出就餐,因饮酒需代驾,被告安师傅服务公司指派代驾司机即被告陈某某驾驶投保车辆。途中投保车辆发生交通事故,造成车损和路基损失,公安部门认定被告陈某某负全部责任。后车辆经核定损失为26,500元,原告照此向被保险人陶某进行了赔付。原告认为,其依法取得保险人代位求偿权,而车辆损失系被告陈某某造成,被告陈某某系被告安师傅公司雇佣,故要求两被告连带支付原告保险理赔款26,500元。

被告陈某某辩称,其是被告安师傅服务公司的驾驶员,系于工作中不慎操作汽车造成涉案事故,按照代驾协议,应当由涉案车辆的保险公司承担责任。

被告安师傅服务公司辩称,第一,代驾司机属于被保险人允许的合法驾驶人,根据保险条款,合法驾驶人驾驶被保险的机动车过程中,造成被保险的机动车损失的,原告应当承担保险责任。该条款事实上已经赋予了合法驾驶人具有被保险人的法律地位,原告无权向其进行代位追偿。第二,《安师傅代驾服务协议》明确约定:如因代驾过程中发生交通事故给被代驾人造成损失的,安师傅服务公司仅承担被代驾车辆有责部分的差额赔偿,即先由交强险赔偿,再由商业险赔偿,如果以上两方面赔偿后仍有损失余额,再由安师傅服务公司赔偿。本案中,商业险已经将汽车损失全部赔偿完毕,被保险人无损失余额,无权向被告主张权利,原告也就不存在代位求偿权。

【法院裁判】

法院经审理后认为,有偿代驾人系合同约定的“被保险人允许的合法驾驶人”,本案的主要争议焦点为①,原告对有偿代驾人能否行使代位求偿权。对此,法院认为:第一,代驾人在提供有偿代驾服务过程中发生事故造成投保车辆损失,并对此负全责,对车辆所有人即被保险人陶某的财产构成侵权,陶某享有向其请求赔偿的权利,则原告作为保险人享有可代位求偿的基础权利。第二,有偿代驾人不具有“被保险人”的法律地位。保险合同第 4 条系对保险责任范围的界定,被保险人允许的合法驾驶人发生事故属于保险赔偿范围,不能由此反推其具有被保险人的法律地位;交强险条例虽然规定“被保险人是指投保人及其允许的合法驾驶人”,但交强险系法定强制第三者责任险,突破了合同的相对性,具有特殊性,不应扩大适用于本案的车损财产险;代驾公司有偿代驾,对投保车辆不具有车辆损失保险的保险利益,也不能因此取得被保险人地位。第三,有偿代驾人不属于法定不允许追偿的对象。因被保险人的家庭成员或其组成人员与被保险人对保险标的在经济上具有一定程度的共同利益,《保险法》第 62 条规定,保险人不得对被保险人的家庭成员或者其组成人员非故意造成的保险标的损失请求代位赔偿。本案中,代驾人显然不属于被保险人的家庭成员;组成人员一般应当针对“组织”而言,而本案被保险人系自然人,且代驾人系有偿服务,其与被保险人对涉案车辆不具有共同经济利益,亦不属于被保险人的组成人员。第四,允许车辆的保险人在赔偿被保险人损失后向代驾公司追偿,有助于推动代驾公司对代驾司机资质的严格审查和代驾行为的约束,促进代驾行业的健康有序发展;再者,与亲友之间无偿借用不同,代驾公司系有偿服务、收取对价,以营利为目的,属于经营行为,由经营者自担经营风险更符合社会责任的公正分配,且该经营风险亦可以通过另行购买相应保险如代驾责任险予以分摊、获得保障。

至于《代驾服务协议》中的限制代驾人责任的条款,因代驾人未尽到明确说明义务,对被代驾人不具有约束力,代驾人不得以此对抗保险公司的追偿权利。被告安师傅服务公司与被告陈某某之间成立雇佣关系,被告陈某某事发于执行代驾职务过程中,属于职务行为,应当由雇主被告安师傅服务公司承担赔偿责

---

① 本案另有两项争议焦点:第一,代驾人是否因《代驾服务协议》的限责条款而不受保险人的追偿;第二,本案的赔偿责任主体应为代驾司机还是代驾公司。为使本文更具针对性,该两项争议焦点不一一列出。

任。综上,法院依法判决被告安师傅服务公司赔偿原告保险金损失人民币26,500元,并驳回原告中的其余诉讼请求。

一审判决后,被告陈某某、安师傅服务公司提起上诉,二审法院判决驳回上诉,维持原判。

【案例评析】

本案涉及有偿代驾人作为"被保险人允许的合法驾驶人"驾驶投保车辆造成车辆损失,车辆损失保险将此纳入保险责任范围,保险公司基于此向被保险人支付保险金后,能否再向有偿代驾人行使代位求偿权的问题。该问题在现有的司法实践鲜有涉及。[①] 本文对此类案件的审理思路予以梳理,在确认保险人享有可代位的基础权利的前提下,进一步明确了"被保险人允许的合法驾驶人"依托条款约定仅取得被纳入承保风险范围的地位,能否取得对抗保险人追偿权之地位尚需从三个方面予以考量:是否取得保险利益、是否属于法定限制追偿对象、是否纯粹为被保险人之利益。车辆损失保险中,有偿代驾人既未取得保险利益,亦不属于法定限制追偿对象,其"有偿性"又打破了其与被保险人利益的一致性,故保险人有权向其追偿。

一、保险人对有偿代驾人享有可代位的基础权利

保险人代位求偿权是指保险公司在向被保险人支付保险金后,有权代被保险人向造成保险标的损害并负有赔偿责任的第三者请求赔偿的权利。因第三者的原因致使保险标的遭受损失时,被保险人将产生两种请求权:一种是基于保险合同享有的保险金给付请求权;另一种是基于第三者使被保险人受损的行为享有的对第三者的赔偿请求权。为协调这两种请求权,平衡保险人、被保险人和第三者之间的权利义务,保险代位求偿制度应运而生,它是民商法代位权制度与保险理赔制度相结合的产物。

保险人代位求偿权的性质为法定债权转移,其权利完全来源于被保险人对第三人享有的请求权之让渡,以该基础权利的存在为前提。保险人对被保险人赔付损失后,基础权利转移至保险人,保险人得以自己的名义直接向第三者主张

① 截至2016年4月,笔者在全国裁判文书库仅检索出两例案件:(2014)渡法民初字第02488号判决认为,保险公司赔偿车损险后有权向有偿代驾人追偿,即否认有偿代驾人的被保险人地位;(2013)浙温民终字第1641号判决则持相反意见。

该项基础权利。如果不存在被保险人对第三者的原始债权,代位的对象根本就不存在,当然就不可能产生代位求偿权。

赋予保险人代位求偿权,一方面,防止被保险人因对同一损失同时享有两个请求权而获得双重受偿,否则,与财产保险的损失补偿原则相悖;另一方面,避免第三人的民事赔偿责任因受损人购买保险而免除,此系禁止不当得利准则之要求。

本案中,代驾人的不当驾驶行为导致投保车辆受损,从合同角度看,其与被代驾人(享有被保险人地位)之间存在代驾服务合同关系,将被代驾人及其车辆安全送达目的地系其合同义务,代驾人显然违反了该项义务,被代驾人因此对其享有违约损害赔偿权利;从侵权角度看,代驾人不当驾驶与车辆受损存在因果关系,被代驾人因此对其享有侵权损害赔偿权利。因此,无论基于合同抑或侵权,被保险人对代驾人均享有赔偿请求权,存在可使保险人代位的基础权利。若保险人向被保险人赔付全部损失后,不能向代驾人追偿,而被保险人又因不能超额获赔而不得再向代驾人索赔,则代驾人本应为自己的过错行为而承担的民事责任就此免除,这无异于另一种层面的不当得利。①

二、有偿代驾人不享有保险利益而不具有被保险人之地位

仅有可代位的基础权利的存在,并不必然使保险人得以向第三者行使代位求偿权,当第三者在保险事故发生时取得保险利益,进而享有被保险人之地位时,保险人仍不得向其追偿。

(一)"被保险人"地位之界定

根据我国《保险法》第 12 条、第 48 条的规定,财产保险的被保险人是指其财产受保险合同保障,享有保险金请求权的人;财产保险的被保险人在保险事故发生时,对保险标的物应当具有保险利益,否则不具有保险金请求权,即被保险人之法律地位来源于:(1)保险事故发生时,其对保险标的享有保险利益;(2)该保险利益系该保险合同所保障之利益。

财产保险的保险利益是指被保险人对保险标的具有的法律上承认的利益。②

---

① 参见邹海林:《保险代位权研究》,载梁慧星主编:《民商法论丛》(第 6 卷),法律出版社 1997 年版,第 25 页。

② 我国《保险法》第 12 条第 6 款规定,"保险利益是指投保人或者被保险人对保险标的具有的法律上承认的利益"。人身保险的保险利益是指投保人对被保险人具有的保险利益,本文仅涉及财产保险,故仅指被保险人对保险标的具有的法律上承认的利益。

具体来讲,一般包括[①]:(1)财产上的既有利益,如基于对财产的所有权、担保物权、占有权、使用权、经营管理权等而拥有的利益;(2)期待利益,系基于保险标的既有权利预期未来可获得的利益,必须具有得以实现的法律根据或合同根据;(3)责任利益,指因被保险人依法应当承担民事赔偿责任而产生的经济利益,一般包括违约责任和侵权责任。可见,同一保险标的物上可能存在不同的利益关系,不同的人可基于对同一保险标的物不同的利益关系而享有保险利益,进而取得被保险人的法律地位。

(二)本案的适用

本案系车辆损失保险,则需考量有偿代驾人在本案保险事故发生时是否取得车辆损失保险的保险利益,进而享有本案保险合同的被保险人之地位。

1."车辆损失保险"保险利益之界定

"车辆损失保险",顾名思义,属于财产损失保险。[②]"财产损失保险"指以有形财产及其相关利益为保险标的的财产保险,其保险标的物是以物质形式存在、可以用货币价值衡量的财产。被保险人享有的是该有形财产上承载的物质性利益,其财产减损的风险源于财产因受损而发生直接的物质性利益的减损。"车辆损失保险"的保险利益为被保险人对车辆享有的物质性利益,通常来源于对车辆享有的物权,包括但不限于:所有权,车损险的被保险人通常即为车辆的所有权人;使用权,使用权实质系所有权权能之一,因车辆所有权和使用权分离现象大量存在,如亲朋好友之间的无偿借用,车主将自己所有权中的使用权让渡给借用人,借用人便因此对车辆享有了保险利益;占有权,占有人虽然不是车辆的所有权人,亦可基于对车辆的合法占有享有保险利益。

2.有偿代驾人不具有"车辆损失保险"的保险利益

(1)不享有占有权。如前所述,第三人可基于对车辆的合法占有而享有车损险的保险利益,本案中代驾人亦系经被代驾人允许而驾驶车辆,是否享有占有权

---

① 参见浙江、广东、福建高级人民法院相关指导意见。虽然审判实践中因财产保险利益不明确而产生各种争议,但是考虑到理论界与实务界对保险利益的分类尚未形成共识,通过列举的方式难以穷尽保险利益的内容,可能无法适应日益发展的保险行业的需要,故放弃通过司法解释对保险利益作出一般规定。参见最高人民法院民事审判第二庭编:《最高人民法院关于保险法司法解释(二)理解与适用》,人民法院出版社2013年版,第38~39页。

② "财产损失保险"不同于"财产保险"。根据保险标的的不同,我国《保险法》第95条第2款将财产保险在实务中又进一步区分为财产损失保险、责任保险、信用保险、保证保险等,"财产损失保险"只是"财产保险"的一种。

进而具有保险利益？占有人是对物事实上管领的人[①]，本案中代驾人虽受被代驾人委托实际驾驶作为保险标的物的车辆，但该驾驶行为系受被代驾人指示而为，驾驶过程中保险标的物并未脱离被代驾人的控制，实质仍是被代驾人对车辆具有事实上的运行支配权，代驾人只是占有辅助人，其占有系为他人占有的意思，也就是说，此时占有权并未发生转移，代驾人不具有法律意义上的占有权，[②]因此不能基于占有而获取对车辆的保险利益。

（2）享有责任利益而非财产利益。本案中代驾人须就其造成的车辆损失向车辆所有人赔偿，代驾人的财产当然也因保险事故而发生减损，但是该种财产减损来源于代驾人就车辆承担的民事责任，属于责任保险的保险标的，享有的是责任利益，并非车损险所保障之“就车辆本身享有的物质性利益”，因此代驾人也未取得本案保险合同的保险利益。

三、有偿代驾人不属于法定限制追偿的对象

我国《保险法》第62条规定，“除被保险人的家庭成员或者其组成人员故意造成本法第六十一条第一款规定的保险事故外，保险人不得对被保险人的家庭成员或者其组成人员行使代位请求赔偿的权利”，对代位求偿的对象进行了法定限制。

（一）限制追偿之立法目的

从理论上讲，对保险标的的损失负有赔偿义务的人只要是被保险人以外的第三人，都可以成为代位求偿权的行使对象。然而，在某些情况下，这种符合逻辑的结果可能导致不公平。

1. 从保险之宗旨来看，订立保险合同目的在于使被保险人在保险事故发生后可以获得相应的补偿。如果负赔偿责任的第三人与被保险人具有经济上的密切联系，则可能由于保险代位的结果，造成由被保险人实质负担赔偿责任的局面，从而在实质上丧失保险的保护。[③] 比如，被保险人与其家庭成员之间存在财产的混同，当家庭财产遭受损失时，他们的权益同样遭受损失；当保险人赔付保

---

① 《民法典》物权编未对“占有”进行定义，该处定义引自我国台湾地区“民法典”第940条。

② 占有辅助人是对“占有”这一概念进行限缩的结果，参见王泽鉴：《民法物权2：用益物权占有》，中国政法大学出版社2001年版，第164页。因为按照占有的本意，事实上管领物的人就是占有人，而由于在辅助关系存在的场合，认定其为占有人违背占有制度的本意，会产生一系列违背人们日常观念的后果，因此，通过法律的这种例外规定，某人虽对某物有事实上管领力，但仍不被认为是占有人。

③ 参见叶启洲：《保险法实例研习》，元照出版有限公司2009年版，第158页。

险金时，他们的共同利益同样受到补偿。[①] 如果允许追偿，则相当于对家庭财产损失进行的保险补偿又从家庭财产中返回至保险公司，“左手给付、右手索还”，失去保险的应有之义。

2. 从代位求偿制度之功能看，当被保险人基于与第三人的关系，能够合理地被期待不会去实际行使损害赔偿请求权的话，[②]前述“避免被保险人双重受偿和防止第三人不当免责”这两项保险代位求偿权最为重要的功能，便无用武之地，[③]失去适用的目的。比如，家庭成员之间一般不会相互主张损害赔偿。

（二）限制对象的界定

1. 被保险人的家庭成员

“家庭成员”并非具体的法律概念，对家庭成员限制追偿是家属协同理念的延伸，是对家庭成员关系中存在血亲、姻亲或扶养关系等现存状态予以维持的一种延伸性保障，因此应对其作广义的解释，指与被保险人因共同生活或虽非共同生活但负有法定义务，而具有经济上共同利益的亲属。[④]

2. 被保险人的组成人员

关于“组成人员”的范围存在两种观点：一种观点主要基于我国台湾地区“保险法”的规定，其第 53 条第 2 款将“被保险人的受雇人”纳入限制追偿范围，认为为被保险人利益而受其委托或者与被保险人有某种特殊法律关系而进行活动的人保险人不得追偿，包括被保险人的雇佣人员、代理人、信托人等；另一观点认为，“组成人员”系指被保险人为机关、企事业单位等法人及其他非法人组织时，被保险人的员工或雇员。笔者认同第二种观点。首先，“组成人员”的前提系存在“组织”。从文义看，“组成人员”显然应当针对“组织”而言；在保险实务中，被保险人并非仅存在于自然人，条文使用“家庭成员”以对应被保险人自然人属性，并列使用“组成成员”以对应被保险人的法人性和组织性，符合实际，既全面覆盖

---

① 王乐宇、佟春华：《论保险代位求偿权行使的对象限制——以〈保险法〉第六十二条为视角》，载《经济论坛》2010 年第 3 期。

② See S. R. Derham, Subrogation in insurance law, Sydney : Law Book Co. , 1985, p. 94，转引自武亦文：《保险代位求偿对象的类型化分析——以特殊主体为研究对象》，载《法学评论》2013 年第 3 期。

③ 武亦文：《保险代位求偿对象的类型化分析——以特殊主体为研究对象》，载《法学评论》2013 年第 3 期。

④ 参见《最高人民法院关于审理保险纠纷案件若干问题的解释》第 30 条，家庭成员包括被保险人的近亲属和与其共同生活的其他亲属，没有亲属关系但在同一家庭长期共同生活的人视为此处规定的家庭成员。《最高人民法院关于审理保险纠纷案件适用法律若干问题的解释（送审稿）》第 14 条规定，当被保险人是自然人时，家庭成员包括与被保险人共同生活的人及其他与被保险人有扶养或者赡养关系的人。

被保险人的不同情形,也能够反映保险代位求偿权在自然人领域与法人、组织领域的“同质”限制。[①] 其次,我国台湾地区“立法”上所谓的“受雇人”统统纳入限制追偿范围亦不合理。与被保险人有雇佣契约关系的受雇人种类繁多,若一概禁止保险人行使代位权,无异于广泛免除被保险人的受雇人过失侵权行为或过失债务不履行的责任,宜否保护受雇人到如此程度,实在有疑义。[②]

(三)本案的适用

本案中,首先,有偿代驾人显然不属于被保险人的家庭成员。其次,被保险人系自然人,亦不具备存在组成人员的事实基础;而代驾人与自然人发生雇佣服务关系,仅系该作为被保险人的自然人在相应的法律关系中的相对方,并不因该种法律关系的发生而成为法律意义上的组成人员。最后,有偿代驾人与被保险人财产互相独立,亦不存在形成利益共同体的事实基础,保险人向其追偿并不会造成被保险人因购买保险所获保障发生减损,不符合法定限制追偿的原理与立法目的。故而,有偿代驾人不属于法定限制追偿对象。

四、有偿代驾人并非纯粹为被保险人之利益

财产保险的目的在于保障被保险人的利益,当某一民事主体(法定限制追偿对象之外的)对保险标的物之行为纯粹为被保险人利益所为时,成为被保险人的利益一致人,这种利益的一致性,使得保险人再向其进行追偿有违公平,从而免于被追偿。要达到此种程度的“一致性”,笔者认为应符合“纯粹”之要求,即该民事主体为该行为时不以从被保险人处获取利益为前提。

在无偿代驾的情形下,代驾人驾驶车辆的目的并非为其个人利益,而是送被代驾人至其目的地,代驾人不收取报酬,不因代驾行为取得收益,代驾行为的利益为被代驾人完全享有,无偿代驾人此时与被代驾人具有利益一致性,此种情形如果允许保险人向代驾人追偿,显然有违公平。

本案中,代驾人虽然也是依照被代驾人的指示送至被代驾人的目的地,但其所为驾驶的目的系为自己取得报酬、获取利益;被代驾人似乎享有代驾行为的利益,但是这种利益来源于其所支付的对价。这种“有偿性”打破了代驾人与被代驾人的利益一致性,不符合“纯粹”之要求;代驾人从被代驾人处取得对价的同

---

① 王乐宇、佟春华:《论保险代位求偿权行使的对象限制——以〈保险法〉第六十二条为视角》,载《经济论坛》2010 年第 3 期。

② 刘宗荣:《新保险法:保险契约法的理论与实务》,中国人民大学出版社 2009 年版,第 246 页。

时,造成被代驾人的损失,被代驾人的保险人进行追偿,自属合理。同时,代驾公司提供代驾服务以营利为目的,属于经营行为,由经营者自担经营风险显然更符合社会责任的公正分配,且该经营风险亦可以通过另行购买相应保险如代驾责任险①予以分摊、获得保障。

【典型意义】

本案系本市首例保险公司向代驾公司进行追偿的案件,《人民法院报》《新民晚报》等多家媒体予以报道。有偿代驾人作为"被保险人允许的合法驾驶人"驾驶投保车辆造成车辆损失,车辆损失保险将此纳入保险责任范围,保险公司基于此向被保险人支付保险金后,能否再向有偿代驾人行使代位求偿权?该问题在当时的司法实践鲜有涉及,且存在相异判决。本案明晰了车辆损失保险中保险公司和代驾公司的责任范围,第一,有助于推动代驾公司对代驾司机资质的严格审查和代驾行为的约束,促进代驾行业的健康有序发展,提示代驾公司应自行投保代驾责任险等商业保险分散经营风险;第二,促进保险公司结合实践进行保险业务创新,研究开发代驾相关的综合保险,分散代驾风险,为代驾行业的发展提供保障;第三,作为首例案件,通过详尽、有力的法律和事实分析,为后续该类案件的处理提供了借鉴和思路。

【案例索引】

案号:

一审:上海市浦东新区人民法院(2015)浦民六(商)初字第5375号(2016年3月22日)

二审:上海市第一中级人民法院(2016)沪01民终5966号(2016年8月26日)

审判组织:

一审:林晓镍、周士钧、岳兴军

二审:金成、孙倩、盛宏观

编写人:林晓镍、周士钧、徐秋子

① 2015年5月,中国平安保险已推出"平安代驾责任险",最低1.5元/单,每个代驾人员全年累计赔偿限额为30万元。

20

车辆起火原因不明的保险责任认定

——晶辉公司与平安保险财产保险合同纠纷案

裁判要旨

车损险虽将火灾列为承保风险,但条款明确区分了"火灾"和"自燃",并将前者定义为"车辆本身以外的火源引起的……",且明确将"自燃及不明原因火灾"列入免责事由,而原告提供证据不能证明外来火源引起,且原告自认无法提供起火的原因,应承担举证不能的责任,不予适用车损险。原告单独投保自燃险,"车头冒烟起火"符合"自燃"的现象,在被告未能举证事故属于自燃险免责范围的情况下,本案应当适用自燃险理赔。根据自燃险赔偿条款,在保险金额内,按实际损失计算赔偿,车辆实际修理费和施救费小于出险时的实际价值,属于部分损失,故应予以全部赔付。

基本案情

原告:上海晶辉物流有限公司(以下简称称晶辉公司)

被告:中国平安财产保险股份有限公司(以下简称平安保险公司)

原告为其车辆向被告投保,保单载明:新车购置价 211,700 元;初次登记时间为 2011 年 5 月;车辆损失险(基本险)保险金额为 211,700 元,自燃损失险(附加险)保险金额为 153,270.80 元,附加险不计免赔率等。条款约定:本保险合同为不定值合同;保险条款分为基本险、通用条款、附加险、释义四个部分,附加险不能独立保险,保险人按照承保险别分别承担保险责任,附加险条款与基本险条款相抵触之处,以附加险条款为准,未尽之处,以基本险条款为准。第二章车辆损失险约定，火灾造成保险车辆的损失属保险责任范围，自燃[①]及不明原因火灾造成的损失，保险人不负责赔偿。自燃损失险章节约定：保险责任为车辆在使用过程中，因本车电器、线路、油路、供油系统、供气系统、货物自身发生问题、机动车运转摩擦起火引起火灾，造成车辆损失，以及被保险人合理的施救费用；保险金额由投保人和保险人在保险车辆的实际价值内协商确定；第五条赔偿处理，在保险单载明的保险金额内，按保险车辆的实际损失计算赔偿。释义部分：不定值保险合同指在订立合同时不预先确定保险标的的保险价值，而是按照保险事故发生时保险标的的实际价值确定保险价值的保险合同；火灾指车辆本身以外的火源引起的……燃烧；实际价值指同类型车辆市场新车购置价减去该车已使用期限折旧金额后的价格；涉案车辆月折旧率12‰；全部损失指车辆整体损毁，或修复费用与施救费用之和达到或超过出险当时的实际价值，保险人可推定全损。就涉案事故，公安消防支队出具出警证明：2014 年 2 月 17 日 20 时 7 分许，原告的驾驶员驾驶投保车辆行驶至某处时车头冒烟起火，消防队出场出水扑灭火灾。原告支付施救费 1400 元和清污费 300 元，并依照被告定损结果支付修理费 119，000 元。

原告诉称，火灾致损属于车损险承保范围，涉案车辆车头起火受损，应依照车损险约定赔偿；原告虽未提供起火原因，但已及时报案，仅取得出警证明，没有起火原因认定，原告对不能认定起火原因并无过错，且被告未对免责条款予以提示和明确说明，以“不明原因火灾免责”而拒赔没有依据；原告足额投保车损险，应全额获赔。

被告辩称，原告未能提供起火原因，不明原因火灾造成的车辆损失属免责范围，不予赔付；原告另购买附加险自燃损失险，即使适用自燃险，因原告未足额投保自燃险，应按比例赔偿。

【法院裁判】

法院经审理认为，一、如何认定事故适用险种。原告认为车头起火即火灾致损，应适用车损险；被告认为原告未能提供起火原因，属于车损险的免责事由“不

---

① 根据涉案保险条款的约定，“非营运企业或机关车辆的自燃”也属于车辆损失保险的保险责任范围，免责事项中的“自燃”不包括“按照保险合同约定为非营运企业或机关车辆的自燃”，涉案车辆属“营运”性质，与上述涉及“非营运”条款无关，为行文方便，在文中略去条款的该部分约定。

明原因火灾”。法院认为:首先,原告主张适用车损险,应当对涉案事故属于该险种的保险责任范围负举证责任。车损险虽将火灾列为承保风险,但条款明确区分了“火灾”和“自燃”,并将前者定义为“车辆本身以外的火源引起的……”,表述清晰无歧义,且明确将“自燃及不明原因火灾”列入免责事由,而原告提供的出警证明仅载明“车头冒烟起火”,不能证明外来火源引起,且原告自认无法提供起火的原因,应承担举证不能的责任,不予适用车损险。其次,原告单独投保自燃险,“车头冒烟起火”符合“自燃”的现象,在被告未能举证事故属于自燃险免责范围的情况下,法院确认本案应当适用自燃险理赔。

二、如何认定保险赔付金额。被告认为,自燃险保险金额低于投保时的新车购置价,属不足额投保,应当适用车损险的赔偿处理条款按比例赔付。法院认为,第一,条款总则约定,附加险条款未尽之处,以基本险条款为准。自燃附加险、车损基本险就“赔偿处理”分别予以了约定,不存在附加险条款“未尽之处”,应当分别予以适用,被告主张自燃险损失适用车损险条款没有依据。第二,不足额保险系指保险金额小于保险价值的保险。根据约定,系争保险合同为不定值保险合同,按照保险事故发生时保险标的的实际价值确定保险价值,保险价值为出险时的实际价值,根据约定折旧计算为130,407.20元,低于自燃险保险金额153,270.80元,不属于不足额保险,被告主张按比例赔付没有依据。根据自燃险赔偿条款,在保险金额内,按实际损失计算赔偿,车辆实际修理费和施救费小于出险时的实际价值,属于部分损失,故应予以全部赔付。综上,法院依法判决被告平安保险公司应赔付原告晶辉公司保险金120,400元,并驳回原告的其余诉讼请求。

【案例评析】

本案车辆同时投保车辆损失险(基本险)和自燃损失险(附加险),承保风险均涉及车辆起火,因索赔人未提供车辆起火原因认定,引发保险责任认定的争议。在保险条款交付被保险人的前提下,本案涉及如下问题:

一、车损险免责事由“不明原因火灾”的认定

“车损险”保险责任条款列举承保事故原因包括“火灾”,同时将“自燃和不明原因火灾”列为免责事由;将“火灾”定义为“指保险车辆本身以外的火源引起的,在时间或空间上失去控制的燃烧……所造成的损害”,但未对“不明原因火灾”释义。在司法实践中,保险人以“不明原因火灾”为由拒赔主要有三种情形:

(1)不明外来火源引起火灾;(2)公安消防部门未出具火灾原因认定书,客观上无法再予查明起火原因;(3)火灾经公安消防部门查勘后,仍无法确定起火原因。

如何认定“不明原因火灾”,应当探究其免责原因。保险业属于高度技术化的行业,它根据大数法则集合多个主体的风险,计收保费、共同聚资,以对特定危险事故发生所致的损失予以补偿,从而分散个体风险。保费的合理性依赖于特殊技术测定风险概率、进而厘定,这一精算过程又依赖于对风险的界定。因此风险必须具有可预见性,即一定时期、一定危险发生的频率和损失率通过大数法则是可以测定出来的;反之,保险精算无从算起。因此,保险合同将无从预见的“不明原因火灾”从承保的火灾风险中剔除。具体到前述三种情形:

第一种,虽然外来火源不明,但已明确系车辆本身以外的火源引起,符合条款释义中界定的“火灾”范围,而无论该外来火源的原因为何,均不应认定为“不明原因火灾”。

第二种,公安消防部门出具的证明仅描述起火状态,未对原因进行认定,诉讼时已无法查明。笔者认为,未能出具火灾原因认定,并不必然推定事故系前述无从界定的火灾风险所致,在起火事故确已发生、被保险人已及时履行报案义务的前提下,不宜轻易将其认定为免责事由中的“不明原因火灾”,具体适用何种险别需要在个案中结合证据和举证责任分配加以认定。本案即属于此情形。

第三种,公安消防部门已经查勘,仍不能确定起火原因,并在《火灾原因认定书》中明确认定起火原因不明,根据保监会(现为银保监会)关于机动车辆火灾责任等问题的复函(保监办函〔2003〕99 号),“不明原因火灾”应特指此种情形。

二、适用险别的认定

保险合同对承保风险的确定有两种方式:一切险与特定险。一切险承保除列明除外责任以外的一切原因造成的保险标的的损失,被保险人无须证明损失具体是由哪种风险所造成,只要证明有事故发生在保险期间内即可,[①]保险人只有证明事故系除外责任之内的原因才可拒赔。特定险对保险责任采用列明风险方式,同时列明除外责任,被保险人须首先证明损失属于某项列明风险,完成初步举证后,保险人须证明该项损失属于某项除外责任才可拒赔。

车损险采用“特定险”方式,原告主张适用车损险,需举证损失是由其列明风

---

① 杜万华主编:《最高人民法院关于保险法司法解释(三)理解与适用》,人民法院出版社 2015 年版,第 516 页。

险的“火灾”引起,即起火源于外来火源。但原告为此提供的公安消防部门出具的出警证明,仅描述了起火的状态“车头冒烟起火”,既未认定起火原因,也未显示存在车身以外的外来火源,原告应当承担举证不能的责任,故不应适用车损险。

自燃险亦采用“特定险”方式,保险责任表述为“因本车电器、线路、油路、供油系统、供气系统、货物自身等发生问题、机动车运转摩擦起火等造成火灾。”同样,原告仅凭出警证明亦无法完全证明起火源于该列明风险。那么,是否因此不予适用自燃险?首先,《保险法》第22条规定,保险索赔方应当向保险人提供其“所能提供的”与确认保险事故的性质、原因、损失程度等有关的证明和资料。考虑到普通索赔方与保险人在查勘事故专业能力方面的悬殊,其举证责任限于“其所能提供的”范围,并达到初步证明的程度。原告事发后已向公安消防部门、保险公司履行了及时报案的义务,取得相关事故证明,虽未取得起火原因认定,但是没有证据表明原告对此具有过错,可以认为原告举证已达到“所能提供”的范围;事故证明描述“车头冒烟起火”,符合“自燃”的表面现象,已达到初步证明“自燃”事故的程度。其次,保险公司作为专业机构,具备查勘事故的设备和能力,其也对车辆进行了定损,如存在自燃险免责情形,其应有能力和机会获取,因此由保险公司对属于自燃险免责事由承担举证责任更为合理。本案中,被告保险公司未能对此举证,故本案应适用“自燃险”理赔。

三、自燃险赔付责任的认定

(一)车损险和自燃险赔偿条款的关系

机动车商业保险按照是否可以单独投保分为基本险和附加险。基本险可单独投保,如车损险;反之则为附加险,如自燃险,只能在投保基本险的基础上根据需要选择投保。附加险既是基本险的衍生和补充,又具有相对独立性。

关于附加险与基本险条款的适用关系,合同约定为,相抵触之处,以前者为准;未尽之处,以后者为准。所谓“未尽之处”与“相抵触之处”,除特别约定外,应当指整体事项,而非某一事项中的个别分项。例如,不同险种的“免责事由”系根据各险种的风险因素不同而分别设定,基本险和附加险分别设定多项免责事由,可能存在交叉和不同,基本险中某一分项免责事由,不能因附加险中没有,就视为附加险免责事由的“未尽之处”。同理,本案中车损险区分保险金额等于和低于投保时新车购置价两种情形,并分别设定不同赔偿计算方式,对于后一种情形约定按比例赔付;自燃险保险金额的设定符合后一情形,而自燃险条款未单独对该情形予以约定,虽然如此,但两险种各自订有赔偿计算条款,应系对应各自保险金额、风险体系、费率厘定作出的有针对性的设计,自燃险在“计算赔偿”这一整体事项不存在未尽之处,反而应认定为与车损险的“计算赔偿条款”相抵触,当然应当适用自燃险自身条款,而非适用车损险条款。

再者,比例赔付属免责条款,[①]保险人需尽提示和说明义务。如前所述,车损险条款对保险金额的确定向投保人提供两种方式,即等于或者低于新车购置价,并分别对应不同赔偿方式。如按新车价投保,部分损失时,将获得足额赔偿和赔偿便利,但全损时,通常只能按照低于新车价的实际价值获赔;如按折旧价投保,则在部分损失时,保险赔偿将按照折旧价占新车价的比例赔付,得不到足额,但全损时,虽同样得不到全赔,但可获得降低保费的益处。该两种方式各有利弊,使投保人得以权衡并自主选择,通过这种方式,车损险对比例赔付尽到提示和说明义务。而自燃险赔偿条款并未提及比例赔付,前述对车损险条款的提示和说明也不能当然适用于自燃险。

(二)自燃险保险赔付金额的认定

本案自燃险赔偿条款约定“在保险单载明的保险金额内,按保险车辆的实际损失计算赔偿”,其理赔取决于以下三点:

1.实际损失的认定

“实际损失”在全损和部分损失情形下含义不尽相同。相比本案条款的笼统约定,中国人民财产保险有限公司相关条款和2015年实施的《中国保险行业协会机动车辆保险示范条款》对此进行了区分,“全部损失,在保险金额内计算赔偿;部分损失,在保险金额内按实际修理费用计算赔偿”,更为合理、明确。

部分损失指局部损坏,可通过修理恢复使用,实际损失为实际修理费。[②] 全部损失根据条款释义,指车辆整体损毁,或修复与施救费用之和达到或超过出险时的实际价值,可推定全损。实践中事故车辆发生部分损失的情形占比超过99%,因此,人们习惯于将“实际损失”理解为车辆修理费,但是当修复费用超出出险时车辆实际价值,如仍照此赔付,将使被保险人获得额外利益。因为车辆可

① 《最高人民法院关于适用〈中华人民共和国保险法〉若干问题的解释(二)》第9条规定,保险人提供的格式合同文本中的责任免除条款、免赔额、免赔率、比例赔付或者给付等免除或者减轻保险人责任的条款,可以认定为保险法第17条第2款规定的“免除保险人责任的条款”。

② 根据自燃险保险责任条款,为减少车辆损失而支出的必要和合理的施救费也属于自燃险赔偿范围。

能发生的最大损失只能是损失发生时的实际价值。财产保险遵循损失补偿原则,保险旨在弥补损失,获得超出损失的收益可能诱发恶意超额投保的道德风险。因此,全损情形下"实际损失"不再等同于修复费用,而是出险时车辆的实际价值。

2. 保险金额的确定方式

保险金额是保险人承担赔偿责任的最高限额。保险价值是被保险人对保险标的所具有保险利益的货币评价,[①]反映特定时空下保险标的的实际价值。[②] 保险价值在财产损失险中的规范功能在于限制保险金额,将赔付额度限制在保险标的的可保利益价值以内,禁止被保险人不当得利[③]。本案中,自燃险保险金额"由投保人和保险人在保险车辆的实际价值内协商确定",即保险金额≤投保时车辆实际价值;又根据合同约定,自燃险系不定值保险,即订立合同时只确定保险金额,不预先确定保险价值,而是按照保险事故发生时保险标的的实际价值确定保险价值,也就是说"保险价值 = 出险时车辆的实际价值"[④],则保险金额和保险价值的关系存在三种可能:

(1)保险金额 = 保险价值,为足额保险。发生部分损失时,车辆修理费不超过保险价值,即小于保险金额,则按照实际修理费足额赔付;发生全损的,则赔付保险价值即保险金额。

(2)保险金额 < 保险价值,为不足额保险。主要有两种赔付方式:一种是比例赔付方式,按照保险金额与保险价值的比例赔付,即损失额 ×(保险金额/保险价值);另一种是"第一危险赔付",指不考虑保险金额和保险价值的比例,在保险金额内,损失多少赔偿多少[⑤]。《保险法》规定,除合同另有约定外,采用比例赔付。本案合同约定的表述符合第一危险赔付方式,应从约定,发生部分损失,应赔付实际修理费和保险金额中的低者,发生全损,则应按保险金额赔付。

(3)保险金额 > 保险价值,则是超额保险。《保险法》规定,超过部分无效,

① 樊启荣、康雷闪:《保险价值之法本质及功能解释》,载《法学》2013 年第 4 期。

② 荣学磊:《保险利益原则与意思自治原则的冲突及适用》,载《上海政法学院学报》2010 年 3 期。

③ 樊启荣、康雷闪:《保险价值之法本质及功能解释》,载《法学》2013 年第 4 期。

④ 根据全国保险业标准化技术委员会制定的《保险术语》的规定,保险价值是经保险合同当事人约定并记载于保险合同中的保险标的的价值,或保险事故发生时保险标的的实际价值。前者指定值保险的保险价值,后者指不定值保险的保险价值。

⑤ 韩长印:《不足额保险比例赔付的逻辑误区及其校正》,载《法学》2008 年第 11 期。

应退还相应的保险费①。本案保险金额等于投保时车辆的实际价值,大于出险时实际价值,符合理论上的超额保险,但实务中作此认定是否合理?车辆毁损时的实际价值只有在出险时才能确定,而投保时又必须以某个标准确定保险金额,若简单以出险时实际价值衡量是否超额,即使保险金额是以投保时的实际价值确定,由于车辆的价值通常随时间推移而折旧减损,将直接导致大多数车辆保险面临被界定为超额保险的情况②;另外,双方关于保险金额约定的效力,最终需以签约时尚不确定的保险价值来评价,不利于合同的稳定性。笔者认为,保险金额并未超出投保时车辆的实际价值,投保人不存在恶意,不应认定为超额。实务中以"超额保险"抗辩的情形也不多见,应尊重双方合意。此时,部分损失,仍应赔偿实际修理费。但全损时是否仅赔偿保险价值呢?由此引出下一问题。

3. 保险条款的解释

前述(1)(2)系理论上的计算方式,但保险人需将计算方式通过条款这一载体向投保人描述,因此,实践中还需考虑保险条款的解释因素。实践中,保险金额 > 保险价值普遍存在,全损时,投保人系以较高保险金额为标准缴纳保费,却可能以较低的保险价值获得赔偿,有违对价平衡原则③。对此,司法审判应当从格式条款解释的角度进行规制。全损时"实际损失为保险价值"系保险领域的专门含义,普通投保人对此并无了解,如果保险公司提供的格式条款对此既未予明确约定,又未对投保人进行提示和说明,仍应当以保险金额理赔。

【典型意义】

涉及车辆自燃险索赔案件近来逐渐增加,车辆起火事故涉及车辆损失保险和自燃险两个险种。本案判决明确:索赔人未能提供车辆起火原因认定,致起火原因无法查明,不应轻易认定为车损险免责事由中的"不明原因火灾"而拒赔;车损险和自燃险的选择适用,应根据具体情形、相关证据和举证责任分配加以认定;自燃险作为附加险,计算赔偿事项不存在未尽之处,不应适用车损险基本险

---

① 在司法实践中,针对车辆损失险,有判决认为按照"新车购置价"确定保险金额超出事故发生时的实际价值即保险价值,属于超额保险,应当按照保险价值赔偿,超出部分退还相应保费。参考姜成峰:《保险金额与保险价值的博弈》,载《中国保险报》2012 年 9 月 20 日,第 8 版。

② 参考上海市第一中级人民法院(2010)沪一中民六(商)终字第 107 号判决。

③ 对此,有观点认为,超额保险情形下,对价平衡原则应当让步于损失补偿原则。参考韩长印:《不足额保险比例赔付的逻辑误区及其校正》,载《法学》2008 年第 11 期。

条款的计算赔偿条款;自燃险赔偿计算方式取决于“实际损失”和“保险金额的确定方式”,实践中还需考量保险条款的解释因素。本案的价值在于厘清该两个险种之间的关系,重点关注保险责任范围、理赔计算方式,保护保险消费者权益。

【案例索引】

案号:上海市浦东新区人民法院(2015)浦民六(商)初字第 19408 号(2016 年 3 月 7 日)

审判组织:周士钧

编写人:周士钧、徐秋子

21

如实告知制度对投保人和保险人信息搜集义务分配的司法裁量

——陆某某与泰康保险上海分公司人身保险合同纠纷案

裁判要旨

《保险法》规定投保人的如实告知义务不在于将搜集风险评估有关的信息完全施加于投保人,而是让其协助保险人搜集相关重要信息,以弥补信息的不对称。保险人仍应当承担信息搜集和审查义务,该义务并不因投保人承担如实告知义务而免除。

基本案情

原告:陆某某

被告:泰康人寿保险股份有限公司上海分公司(以下简称泰康保险上海分公司)

2014 年 6 月,原告陆某某向被告投保泰康全能保 B 款两全保险,附加险泰康附加全能保 B 款重大疾病保险。后者的基本保险金额为 20 万元,保费为 1580 元,交费年限为 20 年。原告填写个人寿险投保单,投保单“询问事项”第 4 项询问原告“是否在过去 2 年内做过以下一项或几项检查(若是,在备注栏告知检查项目、时间、原因、地点及结果)……”,原告勾选“是”;第 7 项 G 栏询问原告“是否患有、被怀疑患有或接受治疗过以下一种或几种疾病,如甲状腺或甲状旁腺疾病等”,原告勾选“否”。“备注及特别约定栏”载明“被保人备注:单位每年年检,指标正常。2013 年 10 月 26 日体检医院:瑞慈张江”。被保险人为原告本人。2014 年 6 月 27 日,被告签发涉案保险单,合同生效日为同年 6 月 28 日。2015 年

1 月 26 日，第二军医大学第二附属医院出具的出院记录，载明原告出院诊断为右侧甲状腺癌。2015 年 2 月 9 日，原告向被告申请理赔。2015 年 3 月 10 日，被告发出理赔通知书，认为原告投保前已经患有右侧甲状腺结节，而在投保时未告知，严重影响被告承保决定，故终止保险合同并退还原告缴纳的保费 5060 元。投保单中备注的体检情况为，2013 年 10 月 26 日，上海瑞宁门诊部对原告出具的体检报告关于甲状腺外科检查中表述为“未见异常”，而在超声波诊断中载明“超声提示：甲状腺右叶结节。建议定期复查，外科随诊”。

原告认为，其在保险期间内被确诊为甲状腺癌，属保险责任范围内的重大疾病，被告拒赔没有事实及法律依据，投保当时被告就清楚存在 2013 年 10 月 26 日的体检单，作为专业机构，被告应当查看体检报告，并核实体检报告的真实性，故请求判令被告支付保险金 20 万元。

被告辩称，第一，原告在投保时未如实告知重要事项，且这些事项直接导致了原告患甲状腺癌，属于足以影响被告决定是否同意承保或者提高保险费率的重要事项，因此被告有权根据保险合同约定，作出解除合同、全额退还保费的决定，并且已经退还原告全额保费。第二，无证据证明被告在投保时就收到涉案体检报告，原告认为在如实告知有体检报告的情况下，被告就必须查看体检报告，仅是一种推论。如果在投保单疾病询问中，原告填“是”，则被告一定会查看体检报告，但原告均填写“否”的情况下，被告不可能查看体检报告，且备注栏中称“指标正常”，所以被告并未调取来看。原告的这种行为并非明确、如实告知。

【法院裁判】

法院经审理后认为，《保险法》规定投保人的如实告知义务不在于将搜集风险评估有关的信息完全施加于投保人，而是让其协助保险人搜集相关重要信息，以弥补信息的不对称。保险人仍应当承担信息搜集和审查义务，该义务并不因投保人承担如实告知义务而免除。根据个人寿险投保单的备注栏，可知被告在与原告签订保险合同时，应当知道存在 2013 年 10 月 26 日的体检报告，被告作为谨慎的保险人，应当尽到一定的审查义务。被告在保单中设置对检查事项的询问，主要目的就是进一步核实投保人所作陈述。备注栏的内容即是被告保险代理人与原告对询问事项中体检事宜的进一步明确，被告保险代理人在操作过程中，只需审查体检报告，也没有不合理增加被告的负担。另外，体检报告外科检查与超声波检查两部分对“甲状腺”的结论表述不明确，原告在询问事项上的判断上可能难以把握,若以外科检查为准,亦无法认定原告存在未如实告知的情况。同时原告已经主动告知被告体检事宜,可见原告并无隐瞒之意,而被告疏于作出适当的核实,就作出承保决定,使原告产生合理期待。因此,被告不得解除合同,现在原告发生保险事故,被告应当承担给付保险金的责任。被告已经退还的保费5060元,应当予以扣除。综上,法院依法判决被告泰康保险上海分公司赔付原告陆某某保险金194,940元。

一审判决后,被告泰康保险上海分公司提起上诉,二审法院判决驳回上诉,维持原判。

【案例评析】

本案的争议焦点在于原告作为投保人在向被告甲保险公司投保重大疾病保险时是否存在未履行如实告知义务的情形①。保险告知义务指投保人在订立保险合同时,有将保险标的的重大情况如实向保险人披露的义务。本案主要立足于保险告知义务制度的功能,在充分尊重保险商事活动的经济规律和实践要求的基础上进行司法裁量,对投保人与保险人在风险评估信息的搜集方面的责任进行合理分配,以平衡双方利益。

一、保险告知义务制度的功能在于合理分配信息搜集义务

保险交易是一种以风险承担为内容的交易,保险人是否愿意承保投保人转嫁的风险以及如何合理收取保费,取决于其对风险的正确评价。投保人掌握和拥有保险标的的风险的"私人信息",保险人难以调查或调查成本昂贵而在经济上不现实和不合算。② 在保险运营方面,双方信息不对称的客观状况、实践的操作性、调查成本的耗费,使得保险人评价风险这一环节依赖于投保人的告知;在法律方面,保险合同系最大诚信合同,以相互信赖为基础,投保人掌握与风险相关的信息,基于诚信原则,对投保人课以告知义务亦是合理。

保险发展初期,保险人缺乏专门技术,处于弱势地位,告知义务旨在弥补其

① 本案保险人以投保人未如实告知为由解除保险合同。根据《保险法》第16条第2款的规定,投保人未如实告知导致保险人取得解除权,除客观存在未如实告知的情形外,还需满足两个要件:第一,投保人具有主观过错,未如实告知出于其故意的心理或重大过失导致;第二,未如实告知事项的重要程度,需达到足以影响保险人决定是否同意承保或者提高保险费率。投保人如不存在未如实告知的客观情形,则无须进一步审查主观要件和程度要件。

② 易宪容:《现代合约经济学导论》,中国社会科学出版社1997年版,第96页。

信息劣势，保护保险人，促进保险业的发展。随着专业技术的进步，保险人搜集信息、控制风险的能力大大提高，逐渐形成完善的投保制度，反而常常运用专业优势变相加重投保人的交易注意义务以减轻自己的保险经营责任，以投保人未如实告知为由拒赔。此时，法律开始对投保人告知义务进行减负并对保险人因此享有的解除权利进行限制，立法目的转变为防止保险人强加给投保人过重的告知义务。[①]

可见，告知义务制度是通过权利义务关系的配置在保险人和投保人之间合理地分配信息搜集义务，其实质是法律对当事人在订立保险合同阶段权利义务关系进行介入，以平衡双方的利益，[②]同时尽可能使之符合经济成本要求。告知义务制度发展到现代，其功能并不在于将搜集风险评估的有关信息的任务完全施加于投保人，而是让其协助保险人搜集相关重要信息，以弥补信息不对称。[③]

二、投保人如实告知义务范围存在一定界限

（一）以保险人“询问”为限

《保险法》第16条第1款规定：“订立保险合同，保险人就保险标的或者被保险人的有关情况提出询问的，投保人应当如实告知”，从文义解释，明确了对告知义务范围采用“询问告知主义”，[④]投保人承担告知义务以保险人询问为前提，以保险人询问的事项为限，这一立法模式在《最高人民法院关于适用〈中华人民共和国保险法〉若干问题的解释（二）》［以下简称《司法解释（二）》］第6条中进一步予以明确，即“投保人的告知义务限于保险人询问的范围和内容”。询问告知主义模式下，保险人对于评估风险具有专门技术，应当最清楚哪些因素可能会影响承保的风险，即保险人相较于投保人更有能力判断何为重要因素（重要事项），所以由保险人承担这种判断义务、选择重要相关事项、作出询问是合理的。即使某种因素对保险标的的危险状况确有重大影响，只要保险人未进行询问，投保人没有告知也不构成对如实告知义务的违反，保险人应当对其在设计询问事项上

---

① 杜万华主编：《最高人民法院关于保险法司法解释（三）理解与适用》，人民法院出版社2015年版，第112页。

② 最高人民法院民事审判第二庭编：《最高人民法院关于保险法司法解释（二）理解与适用》，人民法院出版社2013年版，第140页。

③ 最高人民法院民事审判第二庭编：《最高人民法院关于保险法司法解释（二）理解与适用》，人民法院出版社2013年版，第191页。

④ 鉴于海上保险的特殊性，我国《海商法》对告知义务范围采用“自动申告主义”立法例，不以保险人询问为前提，除非保险人已知或应知，投保人均应将与保险标的有关的重要事实主动告知保险人。

的疏漏承担不利后果。实务中保险人多以提供风险询问表的形式进行询问。

（二）以投保人“明知”为限

告知是否仅以知悉为限，《保险法》没有明确规定，《海商法》则规定以“知悉或者应当知悉”为限，虽然有观点认为应当参考此规定，[①]但是《司法解释（二）》明确将其限定在“明知”的范围内。[②] 立法的此种选择，也与前述现代保险告知义务设立的目的相适应，并非要求投保人承担无限告知义务，而是在保险人和投保人之间合理地分配信息搜集责任，保险人评估风险能力和专业经营水平日益精进的情况下，减少投保人的负担更符合保护普通投保人的立法精神。

投保人“明知”应同时具备客观和主观两个方面要件，司法审查也应从这两个方面进行。以人身保险为例，客观上，应审查是否存在应当告知的重要事项，即结合具体询问的问题，审查被保险人是否患有列明的疾病或存在列明的症状；主观上，应审查投保人对该重要事项是否实际知晓，通常结合被保险人的病历、住院记录等材料综合判断投保人对被保险人的疾病或症状是否知晓。值得注意的是，症状系一种状态，只需要有相符的描述即可判定为知晓，但罹患疾病并不都能从上述材料中得以证明，如病历记载所患疾病可能仅仅是推测，或者相关记载内容相互矛盾，普通投保人无法从中判断被保险人患病，均不能认定为“明知”。

（三）本案的适用

本案中，保险人在投保单中设置“询问事项”，要求投保人在填写时通过勾选“是”或“否”一一作答，列明询问的问题为“是否患有、被怀疑患有或接受治疗过甲状腺或甲状旁腺疾病等”，原告勾选了“否”，被告提供原告的体检报告以证明原告未尽告知义务。首先，该报告针对甲状腺检查作出的结论，同时存在“外科检查：未见异常”和“超声提示：甲状腺右叶结节”，对于普通投保人而言，存在矛盾的表述；报告并未提示需进行治疗，而只是“建议复诊”，均不足以使原告能够明确判断其患有甲状腺疾病，不应认定为“明知”，主观标准不符。其次，关于是否确实患病的客观标准，笔者认为，已无须再行审查，即使保险公司能够举证此种确属患病，但当该证据不为原告投保时所掌握时，也不能认定投保人的“明知”。最后，被告也未将“存在结节”的情形明确列入询问范围，原告未予告知并

---

① 曹志海、梅雪芳：《投保人告知义务之适用问题研究——以保险人和投保人的利益衡平为视角》，载《法律适用》2007 年第 3 期。

② 《司法解释（二）》第 5 条。

无过错。

三、保险人对投保人告知内容具有一定的核实义务

(一)对保险人施以核实义务的合理性和必要性

传统保险法学说认为保险人通常不负调查或核实保险标的的危险状况的一般义务,但现代保险法学说和判例对此进行了修正。投保人当然必须适当履行揭示保险标的危险状况的告知义务,但是如果其陈述或告知的情况存在明显的矛盾和疑点,一位合理和谨慎的保险人很自然地应当对此作进一步询问和核实,如果不施以保险人在此种情况下的核实义务,将放纵保险人疏于合理的注意,产生不公平。[①] 实务中,存在保险人在收到投保单时就发现存在回答不完全或是有可怀疑情况,但不作核实直接签发保险单,事故发生后再以投保人未如实告知为由解除合同、拒绝赔偿,这样将导致趋利的理性保险人一边收取保费,一边在保险事故发生时有理由拒赔,引发道德风险。

(二)对保险人施以核实义务的依据

1. 从现代保险告知义务制度的功能角度

如前所述,现代保险告知义务的功能将投保人定位于协助保险人搜集相关重要信息,也就是说,保险人应自行承担搜集信息的义务并不因投保人承担如实告知义务而免除。[②] 即使保险人出于成本考虑,不主动搜集信息,当投保人的告知存在不完全或提供明确信息线索时,作为谨慎保险人,亦不能免除其被动核实的义务。

2. 从法律和司法解释规定的角度

相关法律并未直接对保险人的进一步核实义务作出正面规定,但是通过保险人禁反言和弃权制度的规定,从反面提出要求。根据《保险法》第 16 条第 3 款、第 6 款以及《司法解释(二)》第 7 条的规定,保险人不得以未如实告知为由解除合同的情形包括:(1)合同订立时,保险人已经知道投保人未如实告知的情况;(2)合同成立后,保险人知道或应当知道投保人未履行如实告知义务,仍然收取保费;(3)保险人知道有解除事由之日起超过 30 日不行使;(4)保险合同成立之日起超过 2 年。这些保险人明知或应知的未如实告知的情况,显然并不完全依

---

① 樊启荣:《保险契约告知义务制度论》,中国政法大学出版社 2004 年版,第 270 页。

② 最高人民法院民事审判第二庭编:《最高人民法院关于保险法司法解释(二)理解与适用》,人民法院出版社 2013 年版,第 191 页。

赖于投保人直接告知而得来,保险人作为专门经营保险的机构,在核保时本就应当尽到一定的审查义务,而非无限施加于投保人。若面对某种情形,一个合理而谨慎的保险人将会核实,并且通过调查能够揭示不实陈述的真相,而保险人却不进行核实,则保险人违反了相应的审慎核查义务,应当视为其放弃了要求投保人对该项特别事实负告知义务的权利,其不能再以未如实告知进行抗辩。

(三)保险人核实义务的范围

如果要求保险人对投保人告知的每一项内容都进行核实,无异于免除了投保人的告知义务,将搜集信息的责任又转嫁至保险人,增加运营成本,既不现实也不经济,而且最终可能导致保险人将增加的成本以保费的形式转嫁于投保人,使所有投保人承担不利后果。因此保险人核实义务的范围也应当限于合理的范围。实务中,一般存在以下情形:

1. 投保人对于询问表的问题未作完全回答。投保人的告知义务以“询问”为限,保险人的询问内容为保险人确认的与风险相关的重要事项,如果投保人对此回避而保险人不作进一步询问和核实,这种无所谓的态度可以认为该项询问并非如此重要,类似于将该项询问从询问表中予以排除,①在效果上相当于未作询问,则投保人不负告知义务。

2. 投保人在自行回答中同时提供了足够明确的关于相关问题更加专业的材料线索。保险涉及各项专业领域,专业材料的准确度显然高于投保人的自我认知,当投保人提供足够明确的线索,保险人可以据此并不费力地得到相关专业材料时,应当认为合理和理性的做法是对此材料进行进一步核实,而非仅仅依赖于投保人的回答。投保人也可以合理地认为,保险人对其提供材料进行了核实并同意了承保,则保险事故发生时获赔系投保人的合理期待。

3. 投保人回答存在矛盾或其他足以使谨慎保险人产生合理疑惑的情形。如保险公司业务员(营销人员等)为推销重大疾病保险,前往医院甚至医院病房针对特定群体进行营销,笔者认为,审理中若能查明处于医院这一特定环境,投保单询问列表中又提出“过去5年内是否因任何疾病、症状或身体不适去医院就诊,或打算接受相关医学检查或治疗?”类似问题的,即使投保人予以否认,保险人仍应进行一定的调查,至少对投保人(被保险人)在该家医院的就诊情况进行

① 杜万华主编:《最高人民法院关于保险法司法解释(三)理解与适用》,人民法院出版社2015年版,第134页。

进一步了解，始为“谨慎保险人”。

（四）本案的适用

本案中，投保人特别在投保单的备注栏明确向保险人告知其体检的具体时间地点，显然并无隐瞒之意，而且体检报告是对其针对询问所作回答更为专业的补充，已完全完成了协助保险人了解、获取关于被保险人身体风险评估信息的义务。保险人作为谨慎而专业的经营机构，在投保人提供了明确的核实线索，且具备调取体检报告手段的情况下，并未不合理增加其额外负担，应当予以核实，若未予核实，也视为其“应知”的范围，不得以该份体检报告已载明的事项作为投保人未如实告知的抗辩。

【典型意义】

保险告知义务指投保人在订立保险合同时，有将保险标的的重大情况如实向保险人披露的义务。《保险法》及相关司法解释对该制度进行了规定，但囿于保险实践的纷繁复杂，加之成文法不可避免的局限，不可能对所有细节问题给出详细规定，司法审判中需要在充分理解保险商事活动的经济规律和实践要求的基础上进行司法裁量，合理平衡保险合同当事人的利益。本案的价值在于，对保险人和投保人之间信息搜集责任进行合理的分配，在兼顾保险人经营成本、效率的同时，有效保护保险消费者权益，有利于保险行业的健康发展。

【案例索引】

案号：

一审：上海市浦东新区人民法院（2015）浦民六（商）初字第6979号（2015年8月13日）

二审：上海市第一中级人民法院（2015）沪一中民六（商）终字第605号（2016年1月28日）

审判组织：

一审：周士钧

二审：金成、盛宏观、张文婷

编写人：周士钧、徐秋子

22

保险人尽到提示义务情况下“临牌过期”保险免责条款的适用

——朱某与天安保险上海分公司财产保险合同纠纷案

裁判要旨

车辆“临牌过期”后上路行驶属未经行政机关赋权，擅自从事需经行政许可的活动，系一项违法行为。“临牌过期”后重新申领临牌属于新的行政许可行为，并不属于对过期临时牌照的补正，应当自行政机关签发后生效。将“临牌过期”纳为免赔范围，并未排除投保人的主要权利，在保险人依法尽到提示义务的情况下，该免责条款合法有效。“临牌过期”与保险事故发生是否具有因果关系并不影响“临牌过期”免责条款是否有效的认定。

基本案情

原告：朱某

被告：天安财产保险股份有限公司上海分公司

原告为自己名下一辆玛莎拉蒂小汽车向被告购买了机动车交通事故责任强制保险及机动车商业险。2014年8月13日4点左右，原告驾驶该小汽车经过上海市重庆中路、长乐路时不慎与路边护栏发生碰撞，造成该小汽车及护栏受损。事故发生后，原告随途经事故现场的警车一起到交警队报案，事故车辆则拖至4S店，同时向被告进行了报案。但2014年10月30日，被告向原告发出机动车保险不受理索赔案件通知书，被告认为原告持有的桂AUM×××(临)号牌为出险后签发，依据保险条款中的免责条款对原告的损失不予赔偿。事实上，原告持有的桂 AUM×××(临)号牌的有效期是 2014 年 8 月 13 日至 2014 年 9 月 12 日,事故发生当日原告持有有效的临时号牌。并且被告所引用的免责条款为免除自身义务的格式条款,而原告购买保险时、保单生效时,被告均明知原告的汽车没有号牌,但被告作为专业机构也并没有就该免责条款向原告进行提示、说明,该条款本身亦属无效条款。故诉至法院请求判令被告赔偿原告因车辆事故所造成的全部损失(暂计 1,031,800 元)。

临时牌照不仅要出具,且要实际领取后,车辆方能上路行驶;原告的临时牌照发放日期为 2014 年 8 月 13 日下午 2 点,出具地点为广西南宁,在原告取得之前,原告车辆都不能上路行驶,事故发生时原告的临时牌照尚未生成,亦无效力,后补的临时牌照不具有溯及力,原告行为属违反法律禁止性规定的行为。被告已经对免责条款尽到了明确说明义务,原告驾驶该车辆时无临时号牌,根据合同约定,属于被告免责范围。

原告为其购买的玛莎 GT 跑车向被告投保了机动车交通事故责任强制保险及机动车商业险,保单中被保险机动车号码号牌显示为暂未上牌,交强险保险责任的财产损失赔偿限额为 2000 元,商业险保险责任为车辆损失险 2,388,034 元。2014 年 8 月 13 日 4 时 11 分左右,原告驾驶车辆路过上海市黄浦区重庆中路出金陵西路北约 5 米处不慎与路边护栏发生碰撞,造成车辆及护栏受损。事故发生时,原告涉案车辆持有的沪 HT××××的临时牌照,该临时牌照有效期至 2014 年 8 月 2 日。事故发生后,上海市公安局黄浦公安分局交通警察支队于 2014 年 8 月 13 日出具道路交通事故认定书,记载:“设施撞坏,需维修,事故联系事故科处理,车辆拖至中山东一路停车场暂放。”该份认定书的“车牌牌号”部分填写为“无牌照”。2014 年 8 月 15 日,上海市公安局黄浦公安分局交通警察支队再次出具道路交通事故认定书,对涉案事故认定原告负全部责任,同时记载了“车牌牌号”为“桂 AUM×××(临)”。后原告向被告报案,被告出具物损损失确认书和机动车保险车辆损失情况确认书,认定路政损失为 4800 元、车辆损失为 1,027,000 元。被告定损后,经向广西壮族自治区南宁市公安局交通警察支队车辆管理所调查,涉案的桂 AUM×××临时牌照由广西壮族自治区南宁市公安局交通警察支队于 2014 年 8 月 13 日 14 时 14 分签发,有效期至 2014 年 9 月 12 日。原告事故发生之时未携带也未悬挂桂 AUM×××的临时牌照。被告认为涉案车辆出险时间为 2014 年 8 月 13 日 4 点,故桂 AUM×××临时牌照为出险后签发,根据免责条款,被告不予赔付。双方因理赔未果而涉诉。

涉案《家庭自用汽车损失保险条款》第6条、《机动车第三者责任保险条款》第6条均约定，除另有约定外，发生保险事故时被保险机动车无公安机关交通管理部门核发的号牌的，保险人均不负责赔偿，该部分条款在保险条款中以加黑、加粗或者下划线形式进行了标示。

【法院裁判】

法院经审理后认为，对于路政损失，被告应在交强险范围内赔付原告2000元保险金。原告的剩余损失能否得到理赔应主要考虑事故发生时原告是否持有合法的临时牌照以及被告对系争免责条款是否尽到了明确说明义务。

首先，临时牌照是否合法取得应当根据国家相关法律法规予以认定，只有交通管理部门合法发放并实际领取后才能认定为已经实际取得，临时牌照到期之后，车辆即不具有临时上路资格，倘若车辆仍未通过登记取得正式车牌，仍需临时上路的，也应按规定重新申请新的临时牌照，故临时牌照过期即等于临时牌照失效，车辆即丧失上路行驶资格。原告事故发生于2014年8月13日4时左右，而原告持有的桂AUM×××的临时牌照系2014年8月13日14时14分签发的，因此可以认定，原告事故发生时，涉案临时牌照尚未由相关交通管理部门签发，原告不持有合法的临时牌照，且已经签发的临时牌照并不具有溯及力。

其次，涉案保单中多处提示投保人详细阅读保险条款特别是免责条款，且涉案免责条款也以加粗、加黑、下划线形式进行了突出标示，本案系争的免责事由属于法律、行政法规的禁止性规定，根据《保险法》及相关司法解释的规定，被告已经通过书面方式尽到明确说明义务。此外，无临时牌照上路和事故发生之间的因果关系并不是理赔的必要考虑因素，保险合同系双方自愿订立，投保人订立合同以后，可以通过阅读相关的合同条款和免责条款，进一步知晓自己的权利和义务。临牌过期不能上路行驶是合格驾驶人所应知道的法律常识，原告疏于阅读条款的后果应由自己承担。

综上，保险人对依约属于免责范围的保险事故可不予理赔。据此，法院依法判决被告赔付原告交强险保险金2000元，驳回原告其余诉讼请求。

一审判决后，原告朱某提起上诉，二审法院判决驳回上诉，维持原判。

【案例评析】

本案是一起因车辆“临牌过期”而引发的财产保险合同纠纷，争议焦点在于对“临牌过期”行为的认定以及对“临牌过期”免责条款效力的判断。

一、“临牌过期”应认定为车辆不具备法定行驶资格

“行政许可是指行政主体依据行政相对人的申请，以颁发特定证照等方式，依法赋予行政相对人从事某种活动的法律资格或实施某种行为的法律权利的具体行政行为。”①《道路交通安全法》规定，机动车经公安机关交通管理部门登记后，方可上道路行驶；尚未登记的机动车，需要临时上道路行驶的，应当取得临时通行牌证。实践中，无论是机动车登记，还是临时通行牌证的取得，都需要经过申请人申请、公安机关审查、证书或号牌颁发等流程。因此，机动车上路行驶须取得公安机关的行政许可，而“临牌过期”将会导致原有的临时号牌失去法律效力。如此时车辆未取得正式号牌却继续上路行驶，则属于从事未经行政机关赋权的违法行为。

公安机关依当事人申请，经审查后颁发临时通行牌证，属于行政许可行为，其生效时间始于行政机关作出准予行政许可决定之时。实践中，临时通行牌证的申请通常为实时受理，符合要求的，实时发证。从这个意义上说，对于符合临时通行牌证发放要求的申请，行政机关作出准予行政许可决定的行为，与行政相对人受领该行政许可的行为具有同步性。临时通行牌证的生效时间应当从公安机关签发临时通行牌证时起算。

本案中，原告主张，其持有的桂 AUM×××的临时牌照签发当日也即事故发生日，并据此认为事故发生时持有合法临时牌照，对此，应当考虑行政许可行为发生的具体时间。行政许可原则上并不具备溯及力，当日签发的临牌效力并不能涵盖签发当日全天。“行政许可是通过对公民权利和自由进行一定的限制和约束，以确保行政机关对于社会、经济等领域的干预，本质上属于政府进行有效控制的管理手段。”②因此，行政许可行为的效力具有法定性，应当自行政机关作出准予行政许可决定之时起发生效力，对其生效时间进行追溯将破坏行政行为的公示效力，也与维护社会经济秩序稳定的价值导向相悖。本案中，原告桂 AUM×××临时号牌的签发时间为 2014 年 8 月 13 日 14 时 14 分，而保险事故发生于 2014 年 8 月 13 日 4 时 11 分左右，故事故发生时原告并未取得合法的临时号牌，如果认可原告事后签发的临时号牌具有溯及力，则实质上认可投保人可

① 沈福俊、邹荣主编：《行政法与行政诉讼法学》，北京大学出版社 2007 年版，第 154 页。

② 沈福俊、邹荣主编：《行政法与行政诉讼法学》，北京大学出版社 2007 年版，第 155 页。

在事故发生后补领车牌，无异于鼓励无牌驾驶，对此，不仅会诱发投保人的道德风险，还会对道路交通秩序形成严重的负面影响。

二、"临牌过期"保险免责条款的效力认定

原告在案件中主张，"临牌过期"免责条款排除原告的主要权利，应为无效。《民法典》和《保险法》均对排除原告主要权利的格式条款的效力进行了否定性评价。就保险合同而言，无论是《民法典》中的主要权利还是《保险法》上的法定权利，都应当是"被保险人基于保险合同的性质而应享有的法定或约定权利"①。同时，"权利是法律所保障或允许的能够作出一定行为的尺度"②，"权利的直接界限是制约，权利的实现界限是代表公共意志的国家权力，权利的生存界限是全社会共同依存的物质生活条件"③，任何权利的边界都不能无限扩大，权利的行使总与义务的承担相伴而行，当某种权利的行使影响到他人的合法权利或者整个社会秩序时，这种权利就应当受到限制。《道路交通安全法》对"上路行驶的车辆应当进行依法登记或取得临时通行牌证"的规定是明确而具体的，"临牌过期"行为具有毫无争议的违法性，违反了国家对机动车的管理及登记制度，系对社会秩序的破坏。如果在这种情形下，仍然将给付保险金作为保险人的责任或者义务，看似起到了弥补损失的作用，但从长远角度看，实纵容了违法行为的发生，传递了错误的价值取向，使得国家对机动车的登记管理制度形同虚设。因此，在"临牌过期"的情形下，被保险人享有要求保险人支付保险金的权利已然不具有权利行使的正当性，因此保险合同将其列为免责条款，并未排除投保人、被保险人或受益人的主要权利或法定权利。

三、"临牌过期"作为免责事项符合公平原则

有种观点认为，"临时牌照过期并没有使保险车辆的危险程度增加，更没有加重保险人的承保风险。临时牌号过期并不等同于无行驶证或车辆性能不合格，也是事故发生的直接原因，保险公司依据免责条款拒赔，有违公平原则"。④本案的原告也主张，道路交通安全法对持有效牌照上路行驶的规定系管理性规定，而非效力性规定，行为人"临牌过期"的行为是对管理性禁止性规定的违反，

① 刘慧：《按事故责任比例赔付的隐形免责条款无效》，载《人民司法》2015 年第 16 期。

② 北岳：《法律权利的定义》，载《法学研究》1995 年第 3 期。

③ 徐显明主编：《公民权利义务通论》，群众出版社 1991 年版，第 28 ~ 36 页。

④ 胡小芳、杨旭：《临时车牌过期时发生交通事故的保险责任承担》，载《人民司法 · 案例》2014 年第 4 期。

其与保险事故发生不存在客观上的因果关系,该行为不同于无证驾驶或酒后驾驶,其本身不会增加保险标的出险概率,故从保险人和被保险人间权利义务分配的角度看,保险条款将“临牌过期”列为免责事由的设置并不公允。

但是,保险合同中免责条款的设置不仅考虑特定行为对保险标的出险概率的影响,还从保险的本质出发考量免责条款的合理性与公平性。“保险作为人类的一种风险控制手段,其实质是由共同团体的全体成员分担个别成员的意外损失。”①保险共同团体得以维系,关键在于损失的合理分摊,通过对保险费率的科学合理设定,使每个保险团体成员的负担相对公平。由此,就每一个具体的保险理赔而言,其赔偿金也是来源于其他投保人所支付的保费。如果对“临牌过期”这一违法行为给予保险理赔,虽然被保险人的损失在个案中得到了弥补,但保险公司考虑到成本支出的平衡以及经营风险的核算,必然会对保险费率的设置进行相应调整,从而将该风险实质转嫁给所有投保人,并最终由所有投保人共同为“临牌过期”违法行为买单,不仅对其他投保人不公平,也不符合保险立法的初衷。因此,从保险行为的本质来看,保险条款将“临牌过期”行为设置成免责情形具有其内在的合理性与公平性。

四、免责条款说明义务履行的认定标准

虽然“临牌过期”免责条款不因排除投保人的主要权利而无效,但是《保险法》规定免责条款生效以保险公司尽到明确说明义务为前提。诚实信用原则是保险契约关系中说明义务的本质所在。“诚信原则以调整社会上有接触关系之人的同种类利益为目的。其基础为衡平理念,并且可以用来判断是否对两方当事人利益进行了正当考虑。”②故基于最大诚信原则的要求,《保险法》明确规定,保险人对含有免除其责任的格式条款应尽明确说明义务,即不仅要在保单上作出足以引起投保人注意的提示,还需对该条款的内容以书面或口头形式向投保人作出明确说明,以“构成保险人和投保人合意的基础”③,并“确保保险合同因双方意思表示一致而成立”④。此系《保险法》对保险公司科以免责条款明确说

① 温世扬:《保险法》(第2版),法律出版社2007年版,第9页。

② [日]松坂佐一:《民法提要债权总论》(第4版),有斐阁昭和五十七年版,第28页,转引自[日]諏訪雅顕著,李德建译,牟宪魁校:《关于说明义务的一般原理》,载梁慧星主编:《民商法论丛(第48卷)》,法律出版社2011年版,第314页。

③ 尹田主编:《中国保险市场的法律条款》,社会科学文献出版社2000年版,第119页。

④ 温世扬:《保险人订约说明义务之我见》,载《法学杂志》2001年第2期。

明义务的一般原则。

对于已被法律、行政法规中列为禁止性规定的情形，公众一般均能较易理解，如无临时牌照不得上路行驶就是每一个驾驶人所应当知道的法律法规。因此，《最高人民法院关于适用〈中华人民共和国保险法〉若干问题的解释（二）》第10条规定，对于将法律、行政法规中的禁止性规定作为免责事由的条款，保险人只需对该条款作出必要的提示，使投保人知晓被保险人违反禁止性规定将导致保险人免责的法律后果，即应当视为已尽到最大诚信原则的要求，投保人及保险人间合意的基础即已形成。[①] 本案中，虽然原告认为，对于系争免责条款，被告没有向原告作出足以引起其注意的提示，但是，被告在保单上多处提示投保人详细阅读保险条款特别是免责条款，且对涉案免责条款采取了加粗、加黑、下划线等方式进行了突出标识，已充分提示投保人“临牌过期”情形下发生的保险事故将无法获得保险理赔，应当认定被告对“临牌过期”属于免责情形已经尽到了明确说明义务。

保险法律关系的特殊性，决定了保险合同双方当事人客观上处于互有强弱的地位，并呈现出恒强恒弱的状态，难以依靠缔约双方的自力平衡，需通过法律的强制性干预进行调整，[②]而赋予保险人相应的说明义务就是法律对合同缔约过程的合理干预。但法律的干预是对当事人缔约能力的校正，而非对当事人真实合意的取代，商事合同意思自治的原则仍需得到保险法律关系当事人的恪守和遵循，在考虑当事双方缔约能力失衡的同时，也不能将意思自治束之高阁。本案中，被告向原告出具并交付了保单，同时也已履行了对“临牌过期”行为法律后果的提示义务，应当认定该条款系双方自愿达成，合法有效。原告理应通过阅读保险条款进一步明确其权利义务，不得以未阅读含义明确的条款加以抗辩，其疏于阅读条款的后果应自行承担。

【典型意义】

本案在审理因车辆“临牌过期”而引发的保险理赔案件中确立了如下裁判思路：(1)车辆“临牌过期”后上路行驶属未经行政机关赋权，擅自从事需经行政许

---

① 参见最高人民法院民事审判第二庭编：《最高人民法院关于保险法司法解释（二）理解与适用》，人民法院出版社2013年版，第249页。

② 参见方乐华：《保险法论》，立信会计出版社2006年版，第45页。

可的活动，系一项违法行为。（2）"临牌过期"后重新申领临牌属于新的行政许可行为，并不属于对原有过期临时牌照的补正，应当自行政机关签发后生效。（3）将"临牌过期"纳为免赔范围，并未排除投保人的主要权利，在保险人依法尽到提示义务的情况下，该免责条款合法有效。（4）"临牌过期"与保险事故发生是否具有因果关系并不影响"临牌过期"免责条款是否有效的认定。本案对于"临牌过期"及其补正行为的认定和对于涉及违法行为的免责事项如何认定保险公司的明确说明义务具有示范意义。本案入选《中国法院 2017 年年度案例》。

【案例索引】

案号：

一审：上海市浦东新区人民法院（2015）浦民六（商）初字第 741 号（2015 年 5 月 15 日）

二审：上海市第一中级人民法院（2015）沪一中民六（商）终字第 359 号（2015 年 8 月 17 日）

审判组织：

一审：孔燕萍

二审：金成、盛宏观、张文婷

编写人：孔燕萍、顾天翔

23

网络拼车过程中出现保险事故的保险责任认定

——杨某某与长安保险上海分公司财产保险合同纠纷案

裁判要旨

以家庭自用名义投保的车辆进行网络拼车本质上属于私人小客车合乘，应与网约车运营相区别。一方面，网络拼车不属于营运行为，网络拼车具有偶发性，且收取的费用明显低于出租车等营利性收费标准，目的在于分摊出行成本，故其收费属于补偿性质，驾驶人具有正当职业，主观上不具有营利目的。另一方面，网络拼车未显著增加车辆危险程度。从行车需求看，网络拼车因驾驶人正常行车需求而产生，网约车则是因乘车人的行车需求而产生；从行车路线看，合乘者的路线处于驾驶人上下班路线的合理区间内。故因网络拼车导致的保险事故，保险公司应当理赔。

基本案情

原告：杨某某

被告：长安责任保险股份有限公司上海市分公司（以下简称长安保险上海分公司）

2016年3月28日，原告杨某某为其所有轿车向被告长安保险上海分公司投了交强险和商业险，被保险人为原告，保单上载明使用性质为“非营业个人”，保险期限均为自2016年4月1日0时起至2017年3月31日24时止，交强险下财产损失赔偿限额2000元，无责任财产损失赔偿限额100元，商业险下机动车损失险保险金额为114,843元,同时投保了不计免赔特约险,其中商业险基本条款类别为机动车辆保险家用车车险条款。2016年5月8日12时43分许,原告之子杨小某驾驶上述车辆行驶至华夏高架唐黄路出口处不慎与案外人周某驾驶的车牌号为闽D89Y××的车辆发生碰撞,上海市公安局浦东分局交通警察支队出具道路交通事故认定书,认定杨小某负全责,周某不负责任。原告为此次事故承担牵引费用300元。后原告向被告报案,被告查勘后一直未出具定损意见。2016年9月18日,上海道路交通事故物损评估中心接受委托对原告车损进行了评估,结论为涉案车辆物损的维修费用为42,300元,并产生评估费用1460元。原告车辆经上海乐铭汽车修理有限公司修复,原告向上海乐铭汽车修理有限公司支付修理费42,300元。

事故发生时正值杨小某上班途中,杨小某家住上海市嘉定区吴杨东路3××弄,上班地点在浦东迪士尼乐园。当时其正使用"嘀嗒拼车"平台"1+1拼车模式"接受拼车订单,其搭载了两名拼车乘客,一名乘客"hong"搭乘起始点为从上海市普陀区金汤路3×弄小区到浦东国际机场,另一名乘客"郑先生"搭乘起始点从上海市普陀区光新大楼到浦东国际机场,驾驶人杨小某因搭载两名拼车乘客实际通过"嘀嗒拼车"平台取得拼车收入94元。被告提供的《调查报告》附件显示,与杨小某的谈话笔录中,调查员在向杨小某询问事故经过时,杨小某陈述:"2016年5月8日我上中班(14时上班),我10时45分左右从家里出发……";与乘客"郑先生"的谈话笔录中,调查员在向"郑先生"询问事故经过时,"郑先生"陈述:"2016年5月8日11时15分左右我在光新路中山北路上了杨的车,是通过'嘀嗒拼车'发布的信息,是5月7日22时左右发布的……";附件中"我的订单"中显示有一单5月8日"阿东"乘客的订单,出发时间为"23:40",路线为从"浦东机场"至"国家会展中心(上海)",订单状态显示为"已取消";另有一单5月7日"无名"乘客的订单,出发时间为"23:55",路线为从"上海浦东国际机场"至"嘉福汇商务广场",订单状态显示为"已评价"。

原告认为,网络拼车的性质是合乘行为,驾驶人只是在上下班途中进行拼车,不以营利为目的,被告应当依约予以理赔,故请求判令被告赔偿原告车辆修理费42,300元,牵引费300元及评估费1460元。

被告辩称,首先,原告投保的是家庭自用汽车商业险,但事故发生的时候车辆用于"嘀嗒拼车"软件运营,且涉案车辆在此之前也有过同样的运营行为,故被告对本次事故不予理赔。其次,保险风险增加,被保险人需要通知保险人,但是原告没有通知被告,违反了法律禁止性规定,被告不承担赔偿责任。

【法院裁判】

法院经审理后认为,首先,从合乘时间来看,涉案合乘时间发生于驾驶人上下班途中。其次,从合乘收费的性质来看,涉案合乘是一种有偿合乘形式,驾驶人本人具有正当职业,其仅在上下班途中拼车降低出行成本,主观上不具有营利目的。最后,从行车路线上来看,涉案两位合乘者的路线处于原告上下班路线的合理区间内,拼车行为并未显著增加保险标的的危险程度。综上,法院认为原告车辆从事网络拼车活动不属于运营行为,被告也无证据证明原告车辆从事网络拼车活动导致涉案车辆危险程度显著增加,被告拒赔理由不成立,应按约予以理赔。

对于理赔金额的认定,被告虽然称已将定损结果通知原告,但未提供相应证据予以证明。原告向被告报案,被告在查勘定损后未出具相应的定损意见,原告委托上海道路交通事故物损评估中心对原告受损车辆损失进行评定的行为,系因被告违反了法定义务所造成,故本院认定上海道路交通事故物损评估中心出具的评估报告具有证明力,而原告车损亦按此金额予以了修复,故原告的车损应当以上海道路交通事故物损评估中心出具的评估报告上载明的金额 42,300 元进行赔付。评估费系为确定本案的车损金额产生的必要的、合理的费用,被告应予赔付。牵引费系本次事故发生的直接费用,属于防止损失扩大的费用,亦应由被告承担。综上,法院判决被告长安保险上海分公司应赔付原告杨某某车辆修理费、评估费、牵引费合计 44,060 元。

一审判决后,被告长安保险上海分公司提起上诉,二审法院判决驳回上诉,维持原判。

【案例评析】

本案系网络拼车引发的保险理赔案件。网络拼车实际上是私人小客车合乘的一种形式,私人小客车合乘的产生有其合理性,从公共交通发展的角度来看,私人小客车合乘既可以分摊部分出行成本,又有助于缓解交通拥堵、减少城市污染,符合绿色、共享的发展理念,能更好地满足人民群众的出行需求,也是政府鼓励规范发展的行为。案件主要争点在于:原告车辆从事网络拼车活动是否属于运营行为,有无导致涉案车辆危险程度显著增加。

一、网络拼车不属于营运行为

（一）车辆营运的界定

本案中，投保人为其车辆投保的是家用车车险，即车辆为家庭或个人所有，且用途为非营业性运输的客车。根据涉案《家庭自用汽车损失保险条款》第16条第2款的规定，在保险期间内，被保险机动车改装、加装或从事营业运输等，导致被保险机动车危险程度显著增加的，应当及时书面通知保险人，否则，因被保险机动车危险程度显著增加而发生的保险事故，保险人不承担赔偿责任。根据《道路运输条例》，营业运输须经由交通运输管理部门核发营运证书。根据该规定，未取得道路运输经营许可，擅自从事道路运输经营的行为即为非法营运。涉案《家庭自用汽车损失保险条款》第37条将从事营业运输定义为，未经交通运输管理部门核发营运证书，被保险人或其允许的驾驶人以牟利为目的，利用被保险机动车从事旅客运输、货物运输的，视为营业运输。

（二）营运行为的判断标准：驾驶人是否存在牟利目的

判断网络拼车是否属于营业运输的关键要素在于驾驶人是否存在牟利目的。结合网络拼车具体行为，可以从合乘时间和合乘收费两个方面加以判断。

1. 合乘时间考量因素

网络拼车不同于网络专车，国务院办公厅发布的《关于深化改革推进出租汽车行业健康发展的指导意见》（以下简称《意见》）将网约车和私人小客车合乘进行了区分，《意见》认为私人小客车合乘，也称拼车、顺风车，是由合乘服务提供者事先发布出行信息，出行线路相同的人选择乘坐合乘服务提供者的小客车、分摊部分出行成本或免费互助的共享出行方式。从时间上来看，合乘应当是偶发性的，不具有常态性。

从本案的合乘时间来看，原告主张事故发生在驾驶人上班过程中，被告则认为事故发生日，即2016年5月8日系周日，并非工作日，但是杨小某在浦东迪士尼乐园上班，从该服务行业的实际情况来看，周末上班具有合理性，且被告提供的《调查报告》附件中“我的订单”显示，除了涉案两单拼车订单以外，2016年5月8日“23:40”也有一单拼车订单，订单路线为从“浦东机场”至“国家会展中心（上海）”，但该订单为“已取消”状态。同时，2016年5月7日为周六，被告提供的《调查报告》附件中“我的订单”显示“23:55”有一单拼车订单，订单状态显示为“已评价”，路线为从“上海浦东国际机场”至“嘉福汇商务广场”，从被告提供的证据来看，2016年5月7日杨小某在下班途中也有拼车订单存在，如果本案事故没有发生,2016 年 5 月 8 日晚驾驶人也在下班途中预约了拼车订单,因发生了交通事故而不得不取消,结合上述订单的时间、路线等信息,驾驶人周末上班具有高度盖然性,被告并未提出相关证据证明驾驶人并非上下班途中接单或者驾驶人通过拼车进行非法运营,故认定涉案合乘时间发生于驾驶人上下班途中。

2. 合乘收费系补偿性质

合乘既可以采取收费形式,也可以采取免费形式。"嘀嗒拼车"《拼车规则说明》中载明,其按照合乘所发生的油费、车辆损失、人力成本等进行合理分摊(拼车费用)。从合乘收费的性质来看,涉案合乘是一种有偿合乘形式,但有偿合乘与营利性收费不同,驾驶人上下班路程为 50 多公里,按照营运汽车的收费标准为 200 多元,驾驶人的拼车收入为 94 元,该费用明显低于出租车等营利性收费标准,结合汽油费、车辆折旧费、驾驶员人力成本等综合因素,驾驶人通过收取一定费用分摊部分出行成本存在一定合理性,因此,合理合乘费用的收取应当认定为补偿性质。此外,驾驶人本人具有正当职业,其仅在上下班途中拼车降低出行成本,主观上不具有营利目的。

二、网络拼车未显著增加车辆危险程度

首先,合乘行为发生于驾驶人正常行车过程中,合乘系因驾驶人正常行车需求而产生,网络专车或者网约车则是因乘车人的行车需求而产生,发生在驾驶人正常行车需求过程中的合乘不能认为明显增加了车辆的危险程度。本案中,驾驶人仅在上下班途中搭载合乘者,被告并没有证据证明驾驶人的合乘具有常态性,从而需要突破合乘性质的认定。

其次,从行车路线上来看,涉案两位合乘者的路线处于杨小某上下班路线的合理区间内,虽然驾驶人上班地点距离合乘目的地尚有 10 公里左右的距离,但是拼车合理区间的认定与驾驶人上下班总行程距离具有一定相关性,驾驶人家住嘉定,上班地点则在浦东迪士尼乐园,本身行程相对较长,因搭载两名合乘者行驶的路线是合理路线,被告不能简单地从开车路线的选择上认定拼车行为显著增加了保险标的的危险程度。

三、保险公司违反定损义务的责任承担

根据《保险法》第 23 条的规定,保险人应当及时对被保险人或受益人的赔付请求作出核定,即使情形复杂,核定的期限亦不应超出 30 日。"三十日内作出核定",包含现场勘查及责任核定两个方面含义,保险人行使其定损权利亦应在上述法定期间内完成。定损虽系保险人的法定权利,但权利的行使亦需以合理方式进行,在保险人未合理行使定损权利的情况下,被保险人自行对损失予以评估并无不当。

本案中,被告虽然称已将定损结果通知原告,但未提供相应证据予以证明。原告向被告报案,被告在查勘定损后未出具相应的定损意见,未能证明其已经履行及时定损义务。原告委托上海道路交通事故物损评估中心对其受损车辆损失进行评定的行为,系因被告违反了法定义务所造成,故上海道路交通事故物损评估中心出具的评估报告具有证明力,而原告车损亦按此金额予以了修复,被告也未证明原告自行定损的结果存在瑕疵,故原告的车损应当以上海道路交通事故物损评估中心出具的评估报告上载明的金额 42, 300 元进行赔付。

【典型意义】

网络拼车属于私人小客车合乘的一种形式,其产生有一定合理性,从公共交通发展的角度来看,私人小客车合乘既可以分摊部分出行成本,又有助于缓解交通拥堵、减少城市污染,符合绿色、共享的发展理念,能更好地满足人民群众的出行需求,也是政府鼓励规范发展的行为。网络拼车过程中发生保险事故的,在能够认定网络拼车不属于营运行为且未显著增加车辆危险程度的情况下,保险公司应承担相应的理赔责任。本案的审理对互联网新形势下保险行业的发展起到了良好的规范和引导作用,既能更好地保护投保人作为金融消费者的合法权益,也能积极推动保险行业良好营商环境的构建。

【案例索引】

案号:

一审:上海市浦东新区人民法院(2016)沪 0115 民初 81545 号(2017 年 3 月 20 日)

二审:上海市第一中级人民法院(2017)沪 01 民终 6503 号(2017 年 7 月 18 日)

审判组织:

一审:陆剑平、张巍巍、乐新祥

二审:崔婕、桂佳、周欣

编写人:孔燕萍

24

融资性信用保险合同纠纷的裁判路径

——交银金租公司与中华联合保险内蒙古分公司财产保险合同纠纷案

裁判要旨

《合作协议》及相关补充协议中关于本案保险合同法律关系的约定，不违反法律、行政法规规定的，与本案租赁信用保险单及条款共同构成认定本案保险责任的依据。原、被告双方的合作协议共同制定了资信审查的流程，原告提供材料符合该流程规定，且双方通过该流程所获取债务人的信息相同，被告对该流程中相关审核未曾提出异议，诉讼中却弱化自身审查义务的同时，以原告审核时存在过错为由，要求减免保险责任，应不予采信。

基本案情

原告：交银金融租赁有限责任公司（以下简称交银金租公司）

被告：中华联合财产保险股份有限公司内蒙古分公司（以下简称中华联合保险内蒙古分公司）

原告交银金租公司诉称：交银金租公司（被保险人）、中华联合保险内蒙古分公司（保险人）签署《上牌车辆融资租赁信用保险合作协议》及三份《补充协议》。约定，中华联合保险内蒙古分公司为承租人的租赁履约行为提供以交银金租公司为被保险人的租赁信用保险；保险期间内，承租人违反《租赁合同》项下约定的偿付义务，发生并持续存在60个自然日的，视为发生保险事故；保险赔付范围为《租赁合同》项下所有到期应付未付租金及所有未到期本金。2017年3月29日，交银金租公司与承租人崔某签订《融资租赁合同》及相关附件，中华联合保险内蒙古分公司就该笔业务向原告出具租赁信用保险保险单。后承租人拖欠租金,交银金租公司申请理赔,中华联合保险内蒙古分公司于2018年3月30日出具保险责任核定通知书,确认理赔款项为807,150.81元,应于365日内赔付。后中华联合保险内蒙古分公司委托原交银金租公司向承租人等通过诉讼进行追偿,交银金租公司依约提起诉讼,法院出具相应民事判决书。因中华联合保险内蒙古分公司未予赔付,交银金租公司遂起诉,要求中华联合保险内蒙古分公司依照保险责任核定通知书赔付保险金。

中华联合保险内蒙古分公司辩称:1.其基于最大诚信原则和对交银金租公司的充分信赖,仅对索赔材料进行了书面审查,未对融资租赁业务进行调查,出具保险责任核定通知书,后续发现存在免赔事由,保险责任核定通知书与事实不符,不应赔付。2.交银金租公司作为专业的金融公司和融资方,是控制融资租赁业务风险的责任主体,原告未履行审慎经营义务、保险合同义务,中华联合保险内蒙古分公司有权拒赔。(1)首付款的支付是评估承租人履约能力的最重要依据之一,交银金租公司在承租人未足额支付首付款情形下即放款租车,未履行融资租赁审慎经营义务以及维护保险标的安全义务,造成承租人的还款能力不足,最终导致承租人不能按时足额还款的风险显著增大。(2)承租人逾期后,交银金租公司未及时通知保险人,未履行保险标的危险程度显著增加的通知义务,造成扩大损失。(3)交银金租公司将车辆登记在第三方挂靠公司名下,造成融资租赁丧失融物属性,导致融资租赁风险增加。即使赔付,按照合同约定的保险责任范围,理赔金额应为793,884.41元,而非保险责任核定通知书载明的金额。

法院经审理查明:原告诉称属实。另查明:

(一)合作协议。交银金租公司(乙方)、中华联合保险内蒙古分公司(甲方)、案外人上海汇百资产管理有限公司(以下简称汇百公司)(丙方)先后签署《上牌车辆融资租赁信用保险合作协议》(以下简称《合作协议》)及三份《补充协议》,约定:1.中华联合保险内蒙古分公司为承租人的租赁履约行为提供以交银金租公司为被保险人的租赁信用保险,汇百公司接受甲乙双方的委托就租赁业务提供真实性审核服务。2.丙方向甲乙双方分别提供丙方确认的承租人具有真实性的书面文件;如保险赔付过程发现真实性问题的,甲方仍应完成赔付工作向乙方支付理赔款,理赔完成后有权向丙方追偿;丙方确认的文件、交易若出现真实性问题,甲方不得认定乙方存在重大过失。3.承租人首付款:支付比例原则上不低于租赁物购买款的20%。4.信用险合同中甲乙双方履行依据为租赁信用保险条款、保险单、投保单和本协议有关约定……保险条款、保险单、投保单和本协议约定有冲突的,以本协议为准。

附件融资租赁信用险业务操作流程约定:一、经销商向原告推荐承租人,经销商将审核通过的承租人名单通知原告,原告在征信系统中完成征信审核,将结果反馈管理人。二、管理人初审,管理人审核提供融资租赁合同资料,包括划扣授权协议书原件、租赁物交付验收单原件、首期款到账确认书原件(首期款收取方出具)、融资租赁合同原件、产品买卖合同原件、抵押合同(如有)原件、授权委托书原件(如有)、面签照片或面签视频(管理人出具)、第三方担保合同(如有)。三、管理人初审结束后,将通过的承租人名单及相关资料交由被告再审,被告根据自身的内控要求进行独立审核后,将拟同意承保的承租人名单及资料交由原告复审,并向原告出具保险单。四、原告获得保单信息后,根据内控要求进行审核,通过后对符合要求的承租人进行投放。五、自承租人逾期满60天,原告将索赔申请书等寄送至被告。

《补充协议》约定,乙方有义务在承租人逾期后第10个自然日要求担保经销商履行担保垫付义务,乙方该项义务的履行不影响保险理赔。

(二)融资租赁合同。2017年4月左右,交银金租公司(出租人)与案外人崔某(承租人)签订《融资租赁合同》,出租人根据承租人对租赁物和出卖人的选定,向案外人银巢公司(经销商)购买车辆,再将车辆出租给承租人使用,承租人应向出租人支付首期款(首付租金、保证金);如承租人直接向经销商支付上述款项,该部分款项视为出租人向经销商支付货款的一部分,出租人有权向经销商支付扣除首期款后的剩余价款作为设备价款。后,银巢公司出具经销商确认函,确认全额收到承租人的首期款,并为承租人债务承担连带保证责任。交银金租公司遂向经销商卖方支付剩余价款。承租人在租赁要素表中签字确认收到租赁物,租赁物状况无异议。租赁物系牵引车、挂车,因运营需要,登记于案外人千秋公司(挂靠公司)名下,并办理抵押登记,抵押权人为交银金租公司。承租人支付第1~3期租金,自2017年8月第4期租金起,由经销商代付第4~6期租金及第7期部分租金。

(三)保险合同。2017年1月19日,交银金租公司(投保人、被保险人)为上述融资租赁业务向中华联合保险内蒙古分公司投保租赁信用保险,投保单列明:承租人为崔某(附载地址及联系电话),及融资租赁合同编号等。特别约定栏载明:……7.上牌的机动车车辆登记证上记载的所有权人为承租人,在承租人提供挂靠协议的情形下,车辆登记证上记载的所有权人为挂靠单位,此类记载不影响当事各方确认被保险人为实际的所有权人，且不会对保险人承担保险责任产生影响。保险条款约定：第 4 条第 5 款，被保险人及其代表的故意、纵容、授意或重大过失行为或被保险人雇员的故意行为造成的损失，保险人不负责赔偿。第 13 条第 2 款，被保险人承诺始终以谨慎、负责的态度维护其与《租赁合同》相关的权益，采取所有合理努力维护和维持《租赁合同》的正常执行，不因本保险合同的存在而放弃应有的审慎或怠于行使权利。被保险人未遵守上述约定而导致保险事故的，保险人不承担赔偿责任；被保险人未遵守上述约定而导致损失扩大的，保险人对扩大部分的损失不承担赔偿责任。第 14 条，在保险期间内，如被保险人发现保险标的的危险程度显著增加的情况或者发生足以影响保险人决定是否继续承保或是否增加保险费的保险合同重要事项变更，被保险人应在五个工作日内书面通知保险人，保险人有权要求增加保险费或者解除保险合同。被保险人未履行通知义务，因上述保险合同重要事项变更而导致保险事故发生的，保险人不承担赔偿责任。

（四）保险索赔。交银金租公司向中华联合保险内蒙古分公司申请理赔 919,352.31 元。中华联合保险内蒙古分公司出具保险责任核定通知书确认赔偿金额为 807,150.81 元，将于本通知书出具之日起 365 日内支付。

【法院裁判】

法院经审理后认为，《合作协议》及相关补充协议中关于本案保险合同法律关系的约定，且不违反法律、行政法规规定的，与本案租赁信用保险单及条款共同构成认定本案保险责任的依据。本案主要争议焦点如下：

一、关于保险责任核定通知书的效力

中华联合保险内蒙古分公司称其未就融资租赁业务实际审核即出具核定通知，有违保险人之理性、审慎义务，其以此否定保险责任核定通知书，不予采信。然而，考虑保险之原理和属性，保险人之理赔并不仅关乎风险个体，还关乎危险共同体之利益，故法院仍予以审查，若经审查，保险责任核定通知书结论并不存在不属于保险责任等重大错误的，则中华联合保险内蒙古分公司自行出具的保险责任核定通知书理应对其具有拘束力，应照此履行赔付义务。

二、中华联合保险内蒙古分公司是否可依据保险条款第 4 条第 5 款、第 13 条第 2 项拒赔

被告认为，原告违反审慎经营义务、维护保险标的安全义务，属于条款约定

的"被保险人及其代表的故意、纵容或重大过失行为"和"放弃应有的审慎或怠于行使权利",具体表现在:1. 承租人未足额支付首付,原告将收取首付款这类对于控制融资租赁风险至关重要的权利和义务委托给经销商行使,也未对经销商的收取行为进行监督。2. 原告将车辆登记在挂靠公司名下,造成融资租赁丧失融物属性,导致融资租赁风险增加。

(一)针对首付款问题。法院认为:第一,原、被告双方基于大批量租赁信用保险业务共同制定《合作协议》及业务流程,应当认为各方均持审慎态度。首付款的支付确为评估承租人履约能力的重要依据,但原告取得首期款到账确认书原件(本案中即经销商确认函)符合业务流程的约定,即使将原告未进一步核实首付款是否实际由承租人本人足额支付视为审查上的欠缺,原告同时要求经销商对承租人承担连带保证责任,为承租人履约提供一定的保障的情形下,也不足以认定原告存在重大过失,亦不构成被告减免责任的事由。第二,双方系共同委托管理人汇百公司对租赁业务的真实性予以审核;汇百公司初审时应当提供首期款到账确认书原件、融资租赁合同原件、产品买卖合同原件等材料;之后被告再审,向原告出具保单;原告复审,再对承租人投放。被告在承保之前,即已获取经销商、承租人的联系方式、地址等,经销商确认函也明确系经销商代为收取首付款,被告应已知晓。若被告认为应当进一步审核首付款的实际支付情况以控制风险,则其也有条件、有能力向承租人、经销商核实。被告在订立合同时知道或者应当知道风险的,仍予以承保,后又以该风险拒赔,本院难以支持。第三,被告作为保险人,对保险标的即承租人履约风险负有独立的审查义务。业务流程系双方共同制定,被告对该流程中关于首付款的审核未曾提出异议或进一步审核的意见,现被告在弱化自身审查义务同时,以原告在首付款审核时存在过错为由,要求减免保险责任,法院不予采信。

(二)针对租赁车辆登记问题。法院认为:第一,保单特别约定已明确,车辆登记在承租人或挂靠公司名下,不影响保险人承担保险责任。被告承保时已知晓此类业务登记模式,完全有条件、有能力也应当对其风险进行评估,如果认为有重大影响,可以向原告提出异议、增加保费甚至拒绝承保,现被告同意承保后又以此提出抗辩,本院实难采信。第二,融资租赁业务模式下,此类记载不影响当事人各方确认原告为实际的所有权人,并不影响融物属性。

三、被告可否以原告未履行保险标的危险程度显著增加的通知义务为由拒赔。被告认为,未足额收取首期款项及他人代付租金增加承租人不履约的风险。

根据保险条款第 14 条的规定,原告未履行通知义务,因上述保险合同重要事项变更而导致保险事故发生的,保险人不承担赔偿责任。对此,法院认为:第一,针对未足额收取首期款项。据保险条款第 14 条的规定,危险程度显著增加应当指发生在保险期间的相关情形。如前所述,是否足额收取首期款项发生于被告承保之前,不属于该条款适用范围。第二,针对他人代付租金增加承租人不履约的风险。租赁信用险的保险标的本就是承租人的履约风险,承租人不按期支付租金的风险,不仅是订立保险合同时可预见的风险,其本身就是被告承保范围。根据《最高人民法院关于适用〈中华人民共和国保险法〉若干问题的解释(四)》第 4 条之规定,增加的危险属于保险合同订立时保险人预见或者应当预见的保险合同承保范围的,不构成危险程度显著增加。第三,即使系他人代付,也并非导致承租人不履约的原因,反而是承租人不履约在前,他人代付在后,且他人代付对债权人而言是保障而非风险。故对被告的该项抗辩不予采信。

综上,法院依法判决中华联合保险内蒙古分公司赔偿交银金租公司保险理赔款 807,150.81 元。被告不服,提起上诉,二审法院判决驳回上诉、维持原判。

【案例评析】

信用保险具有“保障、增信及融资”的金融属性,一方面对(准)金融机构是风险缓释和风险分担的重要工具;另一方面助力实体企业获得融资,但其标的特殊、调查困难、风控要求高,在高速发展的过程中,也几经波折。现行《保险法》第 95 条以法律的形式确认了信用保险的独立法律地位,但除“信用保险”四字之外,未有其他更多的解释说明。在信用保险立法缺位的情形下,司法裁判可以为其发展提供示范引导作用。本案判决以期提供裁判思路,即厘清信用保险交易结构中各项法律关系,明确“合作协议”与保险合同的关系,明确信用保险纠纷的审判依据,合理分配资方与保险人的资信审查义务,进而合理认定保险赔付责任。

一、融资性信用保险的交易结构

信用保险,系债权人为债务人的履约信用风险向保险人投保,当债务人未能履行债务致使债权人(被保险人)遭受损失时,由保险人向债权人承担保险赔偿责任。其原理为,债权人以支付保险费为代价,将债务不履行的风险转嫁给保险人。

融资性信用保险,是指保险公司为借贷、融资租赁等融资合同的履约信用风险提供保险保障的信用保险,是信用保险的一种。其交易架构至少包含二层法律关系、三方当事人。一是融资合同关系,即债权人(资方)与债务人签订的借贷合同、融资租赁合同等所产生的权利义务关系;二是保险合同法律关系,即投保人(被保险人)与保险人之间的信用保险法律关系。前者处于基础地位,前者中的债权人即为后者中的投保人、被保险人,前者是后者订立的主要原因或前提条件,二者具有牵连性,但相互独立。

实务中,由于业务的灵活性与多样性,又平添多种法律关系。例如,资方多为金融机构或准金融机构,通常就相当规模的融资业务与保险机构签订“信保业务合作协议”,基于“合作协议”发生合同关系;资方为分散风险,在融资合同项下还要求债务人提供担保、保证,则发生担保法律关系;融资业务本身也可能存在多方主体,如本案车辆融资租赁合同,本就有出租人、承租人、卖方(车辆经销商)三方主体,构成融资和买卖两种法律关系。

由此,形成了以信用保险合同关系为核心,包含融资合同关系、合作协议关系、担保合同关系的法律关系群。根据合同相对性原则和信用保险合同独立性原则,在保险合同纠纷中,应当围绕保险合同法律关系进行。

二、信用保险合同与合作协议的关系

合作协议通常系围绕信保业务的开展与合作订立,订立在前,保险业务合作具有频繁性,签订格式化的合作协议,明确各自的权利义务,使得双方受有效合同的约束具有现实意义;之后出现具体的债务人时,再就每一单具体的融资业务签订保险合同,包括投保单、保险单、保险条款等。二者内容既各有侧重,又有所交叉重叠,就二者之关系观点不一:(1)合作协议系保险合同的组成部分,前者签订在前,类框架协议,只有当后者成立时,双方才成立保险合同法律关系,二者内容发生冲突的,应以后者为准。(2)二者相互独立,系不同的法律关系,在保险纠纷中仅适用后者。

笔者认为,二者既非简单的包含关系,亦非相互粗暴排斥适用,而应遵循如下规则:首先,合作协议系双方真实意思表示,具有法律效力,如对二者关系进行了约定,应当遵从约定。如本案合作协议即约定“信用险合同中甲乙双方履行依据为租赁信用保险条款、保险单、投保单和本协议有关约定……保险条款、保险单、投保单和本协议约定有冲突的,以本协议为准”。其次,合作协议中涉及本案保险合同法律关系的约定,与保险合同共同构成认定保险责任的依据。本案中,就如何计算理赔金额双方发生争议,但保险合同未有明确约定,而合作协议则有较为明确的计算方式，自可作为理赔金额的裁判依据。再次，在保险合同纠纷项下，如当事人依据合作协议中不属于保险合同法律关系的约定主张其权利时，可另行处理。本案中，合作协议还就保险理赔之后就融资租赁合同纠纷发生诉讼费用、律师费用等的承担予以约定，原告在本案中据此主张上述费用，后经法院释明而撤回。最后，需要注意的是，二者存在冲突时，虽原则上可依约定以合作协议为准，但笔者认为，若合作协议对于保险合同的变更严重背离保险法律原则，如通过合作协议实质性排除保险合同中的重要免责事项，则司法审判应予以审慎评价，避免以“意思自治原则”规避保险监管，对保险金融秩序造成影响。2020 年 5 月颁布的《信用保险和保证保险业务监管办法》（以下简称监管新规）即明确禁止“通过保单特别约定或签订补充协议等形式，实质性改变经审批或备案的信保产品；对同一承保主体的同一保险责任，出具与保险合同的法律效力类似且具有担保性质的函件”。

三、资方与保险公司的资信审查义务

本案中，被告保险公司以原告融资租赁公司“违反审慎经营义务”属于免责事项为由，抗辩不应承担保险赔偿责任，该问题实质涉及资方与保险公司对债务人资信审查义务的分配，亦是司法实践的争议焦点。有观点认为，根据意思自治原则，如双方在合作协议或保险合同中对资信审查义务有约定的，则从约定，无约定或约定不明的，应共担。笔者认为，二者的资信审查义务相互独立、不可互相替代，不应简单以意思自治原则单方排除。

对于资方，第一，作为金融机构或准金融机构的资方本身对其融资业务本身即负有资信审查义务，系其法定义务。如银行对借款人的资信审查义务源于商业银行法、贷款通则等法律规定，不应因该融资业务上存在信用保险就使得其资信审查义务削减，投保信用保险转嫁的是债务人的履约风险，而非同时转移资信审查义务。第二，资方基于融资合同关系直接与债务人发生联系，其有更多机会和更加丰富的信息对债务人资信进行审查。第三，其作为投保人，在保险合同项下负有如实告知义务，资信审查系其尽到该项义务的必要途径，否则可能无法尽责履行如实告知义务，导致保险合同被解除，无法获得理赔。

对于保险公司，第一，如实告知义务的前提是保险公司的询问，其只有对融资合同项下债务人存在的风险予以调查，才可能提出有效的询问；第二，保险精算以基本信息的准确、完整为前提，保险人只有以合同相对人的告知为基础，结合自己的调查，才能对保险风险作出尽可能正确的评估，进而合理厘定费率。信用保险的保险标的是履约信用风险，极具主观性，风险主体是保险合同当事人以外的第三方，具有显著的信息不对称性、风险概率分布的厚尾性和不规律性等特征，其风险评估本就极具难度，监管新规亦特别针对此强化保险人风险审核的独立性，明确核心业务不得外包等独立风控要求。

综上，在融资性信用保险业务中，资方与保险公司并非对立，双方依据各自规则履行资信审查义务，相互配合、降低履约风险，减少保险赔付率，进而降低保费，将更多的融资性业务纳入保险范围，资方便可获得更广泛的保障，如此良性循环，可谓双赢，司法审判应对此予以引导。

本案中，原、被告双方的合作协议共同制定了资信审查的流程，原告提供材料符合该流程规定，且双方通过该流程所获取债务人的信息相同，被告对该流程中相关审核未曾提出异议，诉讼中却弱化自身审查义务的同时，以原告审核时存在过错为由，要求减免保险责任，法院未予采信。

【典型意义】

本案系融资租赁信用保险纠纷，涉及融资性信用保险产品。近年来，信用保险业务规模逐年增加，其有利于盘活资本市场、增强市场资金流动性。现行《保险法》第95条以法律的形式确认了信用保险的独立法律地位，但除“信用保险”四字之外，未有其他更多的解释说明。信用保险立法缺位，相关司法审判实践较少。本案判决在司法层面为其提供指引、规范，有利于该项业务健康、有序发展，进而促进债权市场健康发展，并为同类案件提供示范。

【案例索引】

案号：上海市浦东新区人民法院(2020)沪0115民初20329号(2021年3月30日)

审判组织：丁海宁、张文忠、徐秋子

编写人：徐秋子

资产管理类纠纷案件

25

金融机构代销产品的咨询服务义务认定

——陈某某与上海银行委托理财合同纠纷案

裁判要旨

金融消费者相对于金融机构而言,对信息的掌握具有相对弱势性,在交易选择上对金融机构这一推介机构具有相对依赖性,金融机构作为第三方发行理财产品的代销方,在与金融消费者缔约过程中应当负有与该理财产品发行方同等的告知说明义务,以及在金融消费者有疑问时提供咨询服务、解释说明义务。

基本案情

原告:陈某某

被告:上海银行股份有限公司(以下简称上海银行)

2019年7月11日20:19,原告在上海银行手机App上误将某基金产品当作银行理财产品购入,确认金额为1,910,000元。2019年7月15日,原告赴上海银行金汇支行向银行工作人员询问情况,因银行工作人员提出让原告拨打上海银行客服电话了解相关情况,原告向上海银行客服人员确认当日赎回不会产生资金损失,故在客服人员的指引下,原告于2019年7月15日9:21提交添富价值赎回申请,但赎回金额仅为1,873,428.08元,因银行客服人员的误导,原告直接损失金额36,572元。原告认为,上海银行手机App上基金产品及风险提示不够明显,有关手续费的提示在二级菜单;在原告去上海银行金汇支行后,银行工作人员不负责任及上海银行客服人员的欺骗对原告的资金赎回造成资金损失有直接因果关系。现请求:1.判令被告退回人民币36,572元及利息(按照银行同期贷款利率计算);2. 判令被告赔偿原告误工费、精神损失费及交通费等 3000 元;3. 确认“汇添富价值精选 519069”基金合同无效。

被告上海银行辩称:在被告手机银行 App 基金产品详情页充分且清晰地揭示基金产品相关信息,最新净值、基金类型、风险等级、手续费等关键信息,既符合监管对于基金销售的相关要求,也符合业内基金产品及手续费收费展示的通用方式;银行工作人员在原告到金汇路支行时明确告知所购产品的性质、浮亏产生的原因以及客户购买时页面均有提示等信息,不存在不负责任等情况;银行客服人员告知原告并未接到亏损通知,从净值看确实未亏损,故不存在欺诈行为;原告成功认购涉案基金的前提是必须先完成基金风险评估,本案中原告已通过上海银行手机银行 App 自行完成了基金风险评估,并于 7 月 10 日当日 20:10 操作基金预申购,所有操作均由原告自主进行,不存在被告主动推荐行为;购买基金产品需要收取认购、申购、赎回费用属于基金购买基本规则;原告的申购行为属于自主行为,该申购费用应由原告自行承担,赎回费用势必会产生;被告手机银行基金手续费收费标准均按监管要求明确显示,符合监管要求,不存在欺骗客户以此获利的情形。

【法院裁判】

法院经审理认为,本案的争议焦点在于,第一,系争基金合同能否认定无效。本案中系争基金产品系原告自行在上海银行手机客户端操作办理申购,直接相对方系发行与管理系争基金产品的乙公司,被告及其工作人员并未对其挑选或购买具体基金产品的行为进行推荐或提出建议,也不存在误导销售的行为,原告根据自己的真实意思表示购买了系争基金产品,根据《合同法》[①]第 52 条的相关规定,本案并无违反法律禁止性规定的内容。因此,原告要求认定系争基金合同无效,无事实和法律依据,本院不予支持。

第二,原告在本案中主张的投资收益损失是否存在及被告应否对此承担责任。本案中,原告的资金损失系乙公司收取的手续费用扣除系争基金产品收益所构成,即系争基金申购时产生 1.00% 申购手续费 18,910.886 元及系争基金赎回时产生 1.5% 赎回手续费 28,529.362 元,扣除系争基金产品收益 10,868.32 元。银监会(现为银保监会)发布的《关于商业银行开展代理销售基金和保险产

① 该法已失效,后不赘述。

品相关业务风险提示的通知》中对于商业银行在代销过程中的风险评估义务等作出了明确要求。本案中原告相对于被告而言,对信息的掌握具有相对弱势性,以及在交易选择上对被告这一推介机构具有相对依赖性,被告作为第三方发行理财产品的代销方,应当负有与该理财产品发行方同等的风险告知和提示义务,并且被告应当对其履行上述义务承担证明责任。而金融消费者作为具有完全认知能力的民事主体,应对其投资行为风险具有合理注意义务。首先,本案中原告系自行购买系争基金产品,被告及其工作人员并未对其挑选或购买具体基金产品的行为进行推荐或提出建议。其次,原告误将该基金的净值误认为收益率,即原告系根据自身判断决定购买上述基金。最后,原告在实际购买基金的风险等级超过其评测的风险承受等级时,系统会进行风险提示,原告在没有仔细阅读系争基金产品首页项下的“交易规则”的基础上,申购系争基金产品因此产生申购手续费 18,910.886 元,应由其自行承担。但从原告赴被告金汇路支行以及多次拨打客服电话等行为来看,原告对赎回基金持谨慎态度,银行工作人员未与原告进行有效沟通,未提供理财顾问服务,而是通过拨打上海银行客服热线,让原告与客服人员沟通。7 月 15 日 9:30,根据客服热线录音情况来看,客服表明“有关赎回手续费用,指的是投资者卖出基金需要支付的费用比率,并不是按照本金来计算的”,“正常来说应该是按照收益来算的”。原告提出“我现在没有亏损,就赶紧把它清零了”时,客服回答“可以,您可以把它赎回出来”。在原告将系争基金产品赎回之后,银行工作人员才告知原告会产生 1.5% 的赎回手续费用。被告客服人员对系争基金赎回规则不当解释对原告在少于 7 日的情形下赎回系争基金产品从而产生1.5% 的赎回费之间有直接的因果关系。被告无法证明其已尽到合理的解释说明义务,故基于其过错对系争交易的损失应承担相应赔偿责任。鉴于原告与银行工作人员以及客服人员沟通过程中表明原告本意需要购买理财产品,希望“吃点利息”,在《基金风险评估》第 8 题“计划的投资期限”选择“1 年以下”,故按照“7 天≤持有天数 <365 天”费率标准下,会产生 0.5% 的赎回手续费,为 9509.78 元。综合考虑原告关于系争基金产品的具体损失和双方的过错程度、实际情况,酌情判令被告赔偿原告损失 19,020 元。关于原告的利息主张,因原告的投资决策仍然是导致损失的主要原因,故本院不予支持。原告主张 7 月 31 日系争基金产品的净值为 2.5080 元,即使扣除申购费及赎回费也不会产生资金亏损,原告上述主张系按最新净值日期假设赎回,首先系争基金并非保本基金;其次即使系保本基金,也并不等于将资金作为存款存放在银行或存款类金融

机构,在极端情况下仍然存在本金损失的风险。基金产品不同于银行储蓄存款,通常情况下银行作为基金产品的代销机构也无法承诺固定收益率,作为具有长期投资经验的原告对此应当知晓。原告主张不希望造成本金损失的诉求,本院难以支持。

第三,关于原告主张的误工费、交通费及精神损失费。当事人对自己提出的诉讼请求所依据的事实或者反驳对方诉讼请求所依据的事实有责任提供证据加以证明。没有证据证明或证据不足以证明当事人的事实主张的,由负责举证责任的当事人承担不利后果。由于原告关于误工费、交通费的主张未提供相应证据,且无法证明被告在系争基金销售和服务过程中存在侵犯原告权益的行为,故本院对其要求被告赔偿误工费、交通费及精神损失的诉请不予支持。

结合以上三点,本院判决:一、被告上海银行应于本判决生效之日起十日内赔偿原告陈某某资金损失人民币 19,020 元;二、驳回原告陈某某其余的诉讼请求。一审判决后,原、被告均服判息诉,均未提起上诉。

【案例评析】

一、代理销售模式项下,金融产品销售者与金融消费者之间的法律关系

销售是指向投资者宣传推介资产管理产品,办理产品申购、赎回的活动;代理销售是指接受合作机构的委托,在本机构渠道向投资者宣传推介、销售合作机构依法发行的资产管理产品的活动。

代理销售业务是指商业银行接受由国务院银行业监督管理机构、国务院证券监督管理机构、国务院保险监督管理机构依法实施监督管理、持有金融牌照的金融机构委托,在本行渠道(含营业网点和电子渠道),向客户推介、销售由合作机构依法发行的金融产品的代理业务活动。

由此可以得出结论,在金融产品代销模式下,金融产品销售方系接受金融产品发行人的委托,销售方接受发行方委托完成金融消费者适当性管理、协助金融消费者完成产品认购。根据《合同法》第 396 条的规定,金融产品发行人与销售者之间构成委托代理合同法律关系,其中,发行人是委托人,销售者是代理人。《民法总则》第 169 条[①]规定,代理人知道或者应当知道代理事项违法仍然实施代理行为,或者被代理人知道或者应当知道代理人的代理行为违法未作反对表示

① 该法已失效,现对应《民法典》第 169 条。

的,被代理人和代理人应当承担连带责任。

二、互联网理财领域,金融产品销售者告知说明义务的履行

随着越来越多的理财产品通过互联网渠道实现用户触达,越来越多普通投资者接触到更加丰富的投资产品类型,然而金融产品具有高度专业性和复杂性,投资者即便面对全部信息也往往无法真正理解,因此,投资者的投资主要依赖金融机构的推荐和说明。银监会出台监管政策大力推进银行业金融机构自有理财与代销产品销售专区管理及销售过程录音、录像工作,固化理财产品推介过程中投资者适当性管理机制落实方式全过程。但分区销售和“双录”制度,更加适合经营机构通过线下柜台推介和销售的情形。而在互联网等非现场渠道推介理财产品情形下,由于其技术特性,业务流程的各个环节对投资者权利保护带来了新的问题与挑战。本案虽然被告手机银行 App 基金产品详情页充分且清晰地揭示基金产品相关信息,最新净值、基金类型、风险等级、手续费等关键信息,但由于金融消费者认知理解不同,对关键信息掌握程度不同。《合同法》第 60 条规定,当事人应当按照约定履行自己的义务。当事人应当遵循诚实信用的原则,根据合同的性质、目的和交易习惯履行通知、协助、保密等义务。在委托理财合同中,银行作为卖方机构在销售商品或提供服务时,违反诚实守信、勤勉尽责的原则,未以金融消费者能够充分了解的方式向其真实、准确、完整、及时地披露金融商品或者服务的提供者、价款、费用构成及去向、资金使用方式、履行期限、实际收益的计算方法、售后服务以及各方的权利义务与责任等影响金融消费者投资决策的信息,并就合同的主要条款作出说明的,可以认定卖方机构未履行或者未充分履行告知说明义务。卖方机构告知说明义务不仅系其与金融消费者缔约前应履行的适当性义务的前提,在金融产品存续管理期间,当金融消费者对金融产品中影响其投资决策的主要条款有疑问时,应向金融消费者提供及时、全面、可靠的咨询服务是其法定义务。

三、卖方机构未充分履行告知说明义务的赔偿责任

本案中,卖方机构未能抱有审慎态度给予正确的咨询意见,导致金融消费者未在对实际收益的计算方法、售后服务以及各方的权利义务与责任等影响其投资决策的信息充分了解的情况下,作出对自身不利的决策。而金融消费者作为具有完全认知能力的民事主体,亦应对其投资行为风险具有合理注意义务。卖方机构未充分履行告知说明义务的赔偿责任比例,应衡量金融机构过错程度,以及其过错行为内容在导致金融消费者资金损失发生结果中原因力比重,最终确定责任的大小。

【典型意义】

金融消费者相对于金融机构而言对信息掌握的弱势性,以及在交易选择上对金融机构这一推介机构的依赖性等因素,金融机构作为第三方发行理财产品的代销方,在与金融消费者缔约过程中应当负有与该理财产品发行方同等的告知说明义务,以及在金融消费者有疑问时提供咨询服务、解释说明义务。金融机构在违反上述义务后应承担的民事责任,一直是司法实践的争议和难点所在,本案例围绕金融机构作为金融产品代销方在销售阶段、服务管理阶段应尽的告知说明义务,结合《全国法院民商事审判工作会议纪要》的精神,坚持"卖者尽责、买者自负"原则,将金融消费者是否充分了解相关金融产品、投资活动的性质及风险并在此基础上作出自主决定作为应当查明的案件基本事实,依法保护金融消费者的合法权益,规范金融机构的经营行为,对推动形成公开、公平、公正的市场环境和市场秩序具有一定借鉴意义。

【案例索引】

案号:上海市浦东新区人民法院(2019)沪0115民初72830号(2019年11月17日)

审判组织:姜岚

编写人:姜岚

26

私募基金管理人及控股股东违反信义义务的赔偿责任认定

——周某某与钜洲公司等私募基金纠纷案

裁判要旨

私募基金管理人的实控人向投资者推销私募基金,并有证据证明构成实质代销关系的,实控人负有告知说明义务和适当性义务。管理人在投资管理过程中未体现专业独立性,而由实控人实际管理运作基金,因未尽忠诚勤勉义务造成投资者损失的,管理人及其实控人因违反监管规则和信义义务,应当承担连带赔偿责任。

基本案情

原告:周某某

被告:钜洲资产管理(上海)有限公司(以下简称钜洲公司)

被告:上海钜派投资集团有限公司(以下简称钜派公司)

2016年6月,钜洲公司成立“2018私募股权投资基金”并任管理人,由某证券公司任托管人。《私募基金合同》载明,该基金“具有高收益、高风险的风险收益特征”,并约定基金募集资金主要投资于某合伙企业(有限合伙),再通过该合伙企业对某上市公司进行股权投资。当月,周某某签署风险揭示书后,与钜洲公司、某证券公司签订《私募基金合同》,并支付基金认购款300万元。钜洲公司的实控人钜派公司向周某某出具资金到账确认函,载明系周某某是通过钜派公司推介,自愿认购该基金,并承诺钜派公司会配合相关单位做好该产品后续服务工作。

后钜洲公司与案外公司共同签署《合伙协议》,成立广州天河明安万斛投资合伙企业(有限合伙),其中北京国投明安资本管理有限公司、广州汇垠澳丰股权投资基金管理有限公司为双GP,钜洲公司为有限合伙人,由北京国投明安资本管理有限公司任执行事务合伙人并委派钟某为代表,执行合伙事务。但广州天河明安万斛投资合伙企业的工商公示信息显示,广州汇垠澳丰股权投资基金管理有限公司始终未登记为合伙人。钜洲公司于2017年12月才登记为有限合伙人。

2019年10月28日,钜洲公司发布临时信息披露公告称:北京国投明安资本管理有限公司及其实际控制人、法定代表人钟某,恶意挪用基金资产并已失联,钜洲公司已向公安机关报案。次日,案涉私募基金召开投资人电话会议,钜派公司经理在会议中介绍了其工作人员参与案涉基金管理的有关情况,并承诺全力推进后续刑事追偿进程。

周某某追索投资无果,向一审法院起诉请求:赔偿投资款、认购费及资金占用损失;钜派公司就钜洲公司的上述义务承担连带赔偿责任。

【法院裁判】

法院经审理认为,虽然《私募基金合同》仅由钜洲公司与周某某签署,但结合钜派公司出具的资金到账确认函、案涉私募基金销售服务费的支付情况、钜派公司对钜洲公司的实控关系等相关事实,钜派公司与钜洲公司构成实质意义上的代销关系,钜派公司、钜洲公司未根据《私募投资基金监督管理暂行办法》第16条、第17条的规定充分评估投资者的适当性,由此造成投资者损失应当依照《民法总则》第167条[①]的规定承担连带责任。在系争基金的运作、管理过程中,根据《私募基金合同》,案涉基金的权益基础为广州天河明安万斛投资合伙企业对某上市公司的股权收益,现基金资产已被案外人恶意挪用,广州天河明安万斛投资合伙企业未取得某上市公司股权,基金资产已脱离管理人控制,钜派公司、钜洲公司未能切实履行管理人义务,钜洲公司作为管理人未体现专业独立性,而由钜派公司实质管理基金,并由此导致基金财产被案外人侵占转移,应承担相应责任。据此,一审法院判决:一、钜洲公司应于本判决生效之日起十日内赔偿周某

① 该法已失效,现对应《民法典》第167条。

某基金投资款损失 3,000,000 元、认购费损失 30,000 元;二、钜洲公司应于本判决生效之日起十日内赔偿周某某截至 2019 年 8 月 19 日的资金占用损失 450,924.66 元以及自 2019 年 8 月 20 日起至本判决生效之日止的资金占用损失(以 3,000,000 元为基数,按全国银行间同业拆借中心公布的同期贷款市场报价利率计算);三、钜派公司对钜洲公司上述第一项、第二项赔偿义务承担连带责任;四、驳回周某某其余诉讼请求。钜洲公司、钜派公司不服一审判决,提出上诉。上海金融法院经审理认为:同意一审法院裁判意见,判决驳回上诉,维持原判。

【案例评析】

一、私募基金管理人背信行为之司法认定

从组织形式来看,私募基金可以分为公司型、契约型和有限合伙型。私募基金系契约型私募基金,投资者和管理人、托管人签订《私募基金合同》,投资者认购基金份额,成为基金份额持有人,管理人和托管人分别受托履行运营基金财产和保管基金财产的职责。投资者将财产委托给基金管理人通过专业管理获取投资收益,双方之间形成信义关系,基金管理人对投资者负有信义义务。信义义务作为开放的概念,内容丰富、抽象,包括忠实义务和注意意义,前者要求基金管理人在主观上将投资人的利益置于自身利益之上,后者在客观上对基金管理人的技能、经验和敬业程度也有所要求①。信义义务具有抽象性和概括性,这也是判断基金管理人是否违反信义义务的难点所在,本案从私募基金的募集、投资、管理阶段审查了基金管理人信义义务的履行情况。

(一)募集销售阶段违反适当性义务

适当性义务是针对卖方机构的义务规则,其核心要求包括了解客户、了解产品和适当销售,也即将适当的产品销售给适当的投资者。根据《全国法院民商事审判工作会议纪要》,法律、行政法规规定的适当性义务为法定义务,监管部门规章、规范性文件、自律组织规则规定的适当性义务属于先合同义务。卖方机构通过信息披露和风险揭示,完成投资者与金融产品之间的风险等级匹配。当卖方机构履行适当性义务之后,投资者应当承担自主决策导致的损失。私募基金具有高收益、高风险的特征,根据《证券投资基金法》第 87 条、《私募投资基金监督管理暂行办法》第 16 条的规定,钜洲公司作为销售方,应当在识别合格投资者的基础上,采取问卷

① 肖宇、许可:《私募股权基金管理人信义义务研究》,载《现代法学》2015 年第 6 期。

调查等方式,对投资者的风险识别能力和风险承担能力进行评估,向投资者充分揭示风险,但钜洲公司没有提供有关投资者风险测评的证据,仅让周某某在缔约过程中签字确认自担风险,因此,钜洲公司未能妥善履行适当性义务。

(二)投资阶段未尽审慎投资义务

投资是私募基金合同的核心,且依赖于基金管理人的决策和执行。投资阶段的信义义务要求基金管理人应尽审慎投资义务,在《私募基金合同》明确约定了投资策略和投资目标的情况下,基金管理人应确保基金募集款按照合同约定进行投资。本案中,钜洲公司认为其将基金募集款项划付至合伙企业广州天河明安万斛投资合伙企业,已按约完成了投资义务。但审慎投资不能简单从接受资金主体符合约定进行认定,应当审慎审查投资目标企业是否符合合同约定。基金合同明确约定了广州天河明安万斛投资合伙企业的发起人、普通合伙人、管理人包括北京国投明安资本管理有限公司和广州汇垠澳丰股权投资基金管理有限公司,合伙企业具有高度人合性,投资者对《私募基金合同》约定的合伙企业已产生信赖基础。根据合伙企业法,原合伙人退伙、新合伙人入伙,需全体合伙人一致同意,基金募集款划付时,广州汇垠澳丰股权投资基金管理有限公司自始未曾登记为合伙人,且工商登记中出现了登记的其他普通合伙人,但钜洲公司未充分调查普通合伙人变更的原因,仅抗辩合伙人应以合伙协议为准,不以登记为准,却未能说明登记合伙人与协议合伙人不一致的原因,也未将变更情况告知投资者,在此情形下贸然发出划款指令,显然不能证明其投资阶段已尽信义义务。

(三)管理阶段未尽专业管理职责

投资完成后,基金管理人须以高于普通投资者的风险管理意识和专业管理能力,对基金财产的安全尽到合理注意义务,同时将基金财产信息完整披露给投资者。管理阶段信义义务履行的审查重点在于基金管理人是否尽到审慎经营义务与信息披露义务。钜洲公司虽辩称,投资损失发生系北京国投明安资本管理有限公司及案外人明某某刑事犯罪行为所致,管理人对此无法控制。但需要注意的是,正是钜洲公司在投资阶段未尽信义义务,才为北京国投明安资本管理有限公司及案外人明某某实施犯罪行为提供可乘之机。而钜洲公司管理阶段未尽信义义务的表现主要在于:(1)未审慎跟踪基金募集款流向。对于广州天河明安万斛投资合伙企业是否将基金募集款用于受让上市公司股权,钜洲公司仅审查了股权转让协议的复印件以及资金转账截屏,该伪造的转账截屏形式上存在明显瑕疵,且金额与股权转让协议的复印件约定的转让价格也不相符,不能体现其已尽专业审查义务。(2)未向投资者披露股权代持。在基金成立后的两年直至延期一年的期间,卓郎智能机械有限公司作为上市公司公示的股东名单中并不包括广州天河明安万斛投资合伙企业,钜洲公司在有条件向卓郎智能机械有限公司核实的情况下,却轻信北京国投明安资本管理有限公司所谓的上市公司股权代持及合同锁定收益的说辞,对股权代持的法律风险未作披露和核实,可谓严重失职。(3)督促回款管理失职。在基金到期后督促北京国投明安资本管理有限公司回款的过程中,北京国投明安资本管理有限公司仅提供了一份广州天河明安万斛投资合伙企业的账户余额截图,但该份截图未显示交易时间、未记载银行名称,即使从形式审查的角度看,亦无法证明相应的回款事实,而钜洲公司仍予以轻信。

二、私募管理人赔偿责任之司法认定

(一)私募基金未经清算时投资损失如何认定

实践中,管理人常以各种理由推迟清算,并以未经清算不能确定投资者的实际损失为由进行免责抗辩。基金的清算结果是认定投资损失的重要依据而非唯一依据,否则,未经清算将会成为基金管理人违约的免责托词,不利于投资者利益的合法保护。本案中,私募基金虽未经清算,但仍可认定投资者损失已实际发生。根据约定,私募基金通过投资广州天河明安万斛投资合伙企业,由广州天河明安万斛投资合伙企业对上市公司己公司进行股权投资,但因广州天河明安万斛投资合伙企业并未受让卓郎智能机械有限公司股权,合同约定的基金权益已无实现可能。同时,基金财产已无根据约定投资方向进行清算的可能,基金财产因公安机关仍在进行侦查而无法确定能否追回,已经脱离管理人控制,基金清算只能处于停滞状态,无法预计继续清算的可能期限,如果坚持等待清算完成再行确认当事人损失,无异于缘木求鱼。当然,考虑到基金最终可能存在清算程序,法院判决同时明确了投资者如在后续清算过程中获得清偿,应在钜洲公司、钜派公司的赔偿金额中予以扣除,这也符合损失填平原则。

(二)私募基金合同法定解除权行使的认定

《民法典》实施前,1999 年《合同法》第 94 条是法定解除权的重要基础规范。周某某根据 1999 年《合同法》第 94 条第 4 项关于“当事人一方迟延履行债务或者有其他违约行为致使不能实现合同目的”的规定,认为钜洲公司的行为导致基金合同所约定的投资上市公司股权的投资目的未能实现,主张解除涉案《私募基金合同》。对于投资者能否据此单方行使法定解除权,应当注意投资目的和合同目的的区分。合同目的是当事人通过订立和履行合同想要达到的目标和结果。

从投资者角度来看,其签订私募基金合同的目的是通过投资基金份额以期获得相应的投资收益,但该投资收益存在一定的风险。从基金管理人、托管人角度来看,其合同的目的是通过提供专业的管理、托管服务,获取相应的服务报酬。因此,不能简单地将未能实现投资目的归于合同目的不能实现。私募基金已经成立备案,投资者通过投资基金份额成为基金份额持有人,基金募集款项亦按约投向了合伙企业广州天河明安万斛投资合伙企业。从合同相对性角度来看,北京国投明安资本管理有限公司挪用基金募集款的行为并不能直接认定为钜洲公司的违约行为,该行为与钜洲公司投资、管理阶段违反勤勉义务的违约行为性质并不相同。因此,周某某解除涉案基金合同缺乏事实和法律依据。

在合同解除不能的情况下,能否驳回周某某的全部诉讼请求,经法院释明后发现,周某某诉讼的目的在于获得赔偿,而解除合同仅为其所达目的之诉讼策略。法院根据当事人诉辩和举证,在查明案件事实的基础上,结合当事人诉之声明与所查明的案件事实,选择适当的判决基础,并不违背诉讼处分原则,亦避免了重复诉讼,有利于减轻各方当事人讼累。因此,本案虽然未支持周某某解除合同的诉讼请求,但鉴于钜洲公司的背信行为,法院仍判决钜洲公司承担赔偿责任。

(三)管理人赔偿范围及责任比例的认定

基金管理人的信义义务来源既有法定性,又有契约性,应当综合审查管理人的违法、违约行为,确定与其过错相适应的赔偿责任。管理人同时违反适当性义务和勤勉义务构成责任竞合的,应当叠加考量赔偿责任认定。根据《全国法院民商事审判工作会议纪要》,管理人在违反适当性义务的情形下,应当赔偿本金及同期存款利率计算的利息。而管理人违反管理义务的赔偿范围,应优先考虑基金合同约定的赔偿范围,如基金合同对管理人赔偿范围缺乏明确约定的,仅笼统地约定了赔偿投资者的损失,投资者主张本金以及同期贷款利率计算的利息作为损失赔偿范围,只要该主张未超过管理人订立合同时应当预见到的因违约可能造成的损失,可结合基金管理人的过错程度予以认定。

三、私募基金管理人的控股股东违法代理应承担连带赔偿责任

实践中,私募基金管理人的出资人、实际控制人、关联方往往以自己名义参与销售推介,利用其品牌优势对产品进行不当增信,误导投资者理性决策,但在基金发生亏损时,则以其与管理人及产品无法律上的关系为由拒绝赔偿。投资者如从人格混同的角度主张控股股东等承担赔偿责任,往往难度较大。该种情形下,从审查是否构成代理行为以及代理行为是否违法的角度更有利于保护投资者的合法权益。

(一)控股股东实际参与销售、管理的构成代理

钜派公司和钜洲公司的关系可以从两个角度进行考量:第一,是否构成公司法上的人格混同。钜派公司系钜洲公司的控股股东,虽然两公司法定代表人相同、注册及办公地址相近,但在案证据不足以认定公司财产与股东财产混同且无法区分,故不能基于股东滥用权力要求钜派公司承担连带责任。第二,是否构成代理行为。何为代理,史尚宽先生认为,代理者,以他人之名义为他人对于第三人自己为意思表示,或为他人由第三人自己受领意思表示,因之直接使行为效力归属于该他人之行为也①。虽然钜洲公司与钜派公司之间并未签署代理协议,但根据法律及监管规定,基金的销售机构、管理人只能是钜洲公司,而在案证据表明,钜派公司不仅作为实际推介机构,且参与了基金的投资、管理事宜。因此,钜派公司实际上在销售、投资、管理阶段构成了钜洲公司的代理人。

(二)控股股东违法代理应承担连带赔偿责任

代理行为应当合法,违法代理应承担相应的法律责任。本案判决时适用了当时有效的2017年《民法总则》第167条的规定。违法代理的两种情形的共性都是代理人与被代理人都知道或应当知道代理事项违法,仍实施违法的法律行为,因此要向相对人承担连带责任②。"违法代理"中的"违法"应理解为违反法律强制性规定的行为或者事项,这里的法律可以作适当广义理解,包括行政法规,至于违反的是效力性强制性规定还是管理性强制性规定则在所不问③。

钜派公司作为控股股东实际参与基金销售、投管,造成投资人损失,符合违法代理的情形,主要表现在:首先,违反了基金销售应有专业资质的规定。根据《证券投资基金法》第55条、《证券投资基金销售管理办法》第8条的规定,除合法备案的基金管理人以外,基金销售须经监管机构审批,以此控制相应的风险。中国证券投资基金业协会2016年发布的《私募投资基金募集行为管理办法》第24条明确规定了私募基金募集推介过程中禁止"允许非本机构雇佣的人员进行私募基金推介"。钜派公司利用集团公司品牌影响,在不具备基金销售资质的情况下参与推介,违反了法律和监管规定。其次,投资和管理阶段违反了不转移管

① 史尚宽:《民法总论》,中国政法大学出版社2000年版,第510页。

② 耿林:《〈民法总则〉关于"代理"规定的阐释》,载《法律适用》2017年第9期。

③ 最高人民法院民法典贯彻实施工作领导小组主编:《中华人民共和国民法典总则编理解与适用(下)》,人民法院出版社2020年版,第836页。

理义务。不转移管理义务要求基金管理人基于信义义务,不得随意转移自己的管理职责。《证券投资基金法》第2条明确了由基金管理人履行管理职责,涉案《私募基金合同》约定的管理人为钜派公司,并未约定管理人可委托其他主体进行投资或管理,而在案证据显示,钜派公司实际参与基金投资、管理工作,也未审慎履行基金管理人应尽的信义义务,而钜洲公司明知应当自行履行审慎管理职责,对于钜派公司代理行为予以放任,二者在主观上具有一定的意思联络,因此钜派公司应对其违法代理行为造成的损失承担连带责任。

【典型意义】

从组织形式来看,私募基金可以分为公司型、契约型和有限合伙型。私募基金系契约型私募基金,投资者和管理人、托管人签订《私募基金合同》,投资者认购基金份额,成为基金份额持有人,管理人和托管人分别受托履行运营基金财产和保管基金财产的职责。投资者将财产委托给基金管理人通过专业管理获取投资收益,双方之间形成信义关系,基金管理人对投资者负有信义义务。信义义务作为开放的概念,内容丰富、抽象,包括忠实义务和注意义务,前者要求基金管理人在主观上将投资人的利益置于自身利益之上,后者在客观上对基金管理人的技能、经验和敬业程度也有所要求。信义义务具有抽象性和概括性,这也是判断基金管理人是否违反信义义务的难点所在,本案从私募基金管理者是否尽到审慎投资义务出发审查了基金管理人信义义务的履行情况。明确了基金管理人的审慎投资义务应当如何认定。

【案例索引】

案号:

一审:上海市浦东新区人民法院(2020)沪0115民初2780(2020年12月3日)

二审:上海金融法院(2021)沪74民终375号(2021年6月23日)

审判组织:

一审:陆剑平、张巍巍、孔燕萍

二审:任静远、葛翔、余甬帆

编写人:孔燕萍

27

资管产品管理人自主决策范围的司法认定

——张某某与财通公司金融委托理财合同纠纷案

裁判要旨

私募资管产品管理人应根据资管产品合同约定，恪尽职守，履行诚实信用、谨慎勤勉的义务。委托人不能提供证据证明相关信息属于资管产品管理人依双方合同约定或相关监管规定应当披露的信息，则不予支持其要求资管产品管理人披露信息的诉请；委托人不能举证证明未采取的监管措施较资管产品管理人已经实施的监管行为，可以使得全体资管产品委托人获得更大利益，则应尊重资管产品管理人的专业选择。

基本案情

原告：张某某

被告：上海财通资产管理有限公司（以下简称财通公司）

2016 年 8 月 31 日，黄某、张某某与被告财通公司签订《A 资管计划合同》，约定黄某投资于被告管理的 A 资管计划，投资金额为人民币 130 万元，存续期间为自 A 资管计划成立之日起 24 个月；资产委托人有权按照合同约定的时间和方式获得资产管理计划的运作信息资料；风控措施包括通过股权转让退出、普通合伙人流动性无条件差额补足义务、项目公司股权质押等。同日，黄某向指定资金募集账户支付 130 万元。2016 年 9 月 2 日，A 资管计划成立，所募集资金通过案外人上海景时股权投资基金管理公司所控制的上海景时深光投资中心投资于案外人中粮地产（深圳）实业有限公司。A 资管计划于 2018 年 9 月 2 日存续期届满后，被告却多次发布公告，将 A 资管计划分配期限一再延期，不仅未及时按照约定履行分配本金和收益之义务，而且未依法披露其按照《A资管计划合同》执行上述风控措施的相关文件和信息。故请求原审法院判令：1.被告财通公司披露案外人上海景时股权投资基金管理公司向涉案资产管理计划的委托人承诺差额补足的相关文件；2.被告财通公司披露案外人上海景时深光投资中心将其持有的中粮地产（深圳）实业有限公司49%的股权质押给涉案资管计划委托人的有关质押合同、质押登记等证明文件；3.被告代表黄某利益对上海景时股权投资基金管理公司、中粮地产（深圳）实业有限公司行使诉权并采取诉讼保全措施；4.本案的诉讼费用由被告承担。

【法院裁判】

法院经审理认为，张某某与被告财通公司签订的《A资管计划合同》，是双方当事人的真实意思表示，依法成立并生效。被告作为针对特定投资者发行的A资管计划资产的管理人，应为委托人利益履行诚实信用、勤勉尽责义务；黄某作为委托人自担投资风险并获得收益。本案的主要争议焦点在于，被告作为管理人是否已经全面履行了A资管计划的信息披露义务，以及是否为委托人的最大利益有效履行了相关防范和控制风险的谨慎管理义务。

关于第一项争议焦点，生效判决认为，首先，资产管理计划信息披露的内容应由双方资产管理合同约定。但双方并未要求A资管计划管理人披露其所应当采取风控措施的具体内容。其次，被告应当采取的风控措施所涉文件的具体内容，不应属于双方上述约定的"可能影响资产委托人利益的重大事项"。最后，若资管计划合同约定的披露内容未涉及或低于法律法规要求披露的信息内容，应依据相关法律法规的规定予以披露。黄某举证的法律法规亦不存在明确要求资产管理产品管理人披露黄某主张内容的相关规定。因此，黄某要求被告财通公司披露案外人上海景时股权投资基金管理公司向A资管计划委托人承诺差额补足的相关文件，以及案外人上海景时深光投资中心将其持有的中粮地产（深圳）实业有限公司49%的股权质押给A资管计划委托人的有关质押合同、质押登记等证明文件之诉讼请求，本院不予支持。

关于第二项争议焦点，生效判决认为，首先，被告庭审中陈述了作为专业机构，在涉案A资管计划延期，出现违约情形后所实施的相关法律行为，并据此认为，相较于直接对上海景时股权投资基金管理公司等采取诉讼措施，已采取的上述举措对全体委托人更为有利。在黄某没有提供证据证明如对上海景时股权投资基金管理公司等行使诉权并采取诉讼保全措施,可以使得全体资管计划委托人获得更大利益的情形下,被告的上述解释,法院予以尊重。其次,在本案诉讼期间,被告在经与上海景时股权投资基金管理公司协商无果后,已经对上海景时股权投资基金管理公司提起诉讼,黄某要求被告代表黄某利益向上海景时股权投资基金管理公司提起诉讼的诉讼请求已经丧失事实基础;被告在庭审中陈述了目前上海景时股权投资基金管理公司的财产不存在灭失风险,如采取诉讼保全措施将会另行产生保全费、保全担保费等从而增加诉讼成本,故被告没有对上海景时股权投资基金管理公司采取诉讼保全措施。在黄某没有提供相反证据予以证明的情形下,被告的上述解释,本院予以尊重。最后,中粮地产(深圳)实业有限公司既非《A 资管计划合同》的相对方,亦非与 A 资管计划存在利害关系的相关当事人,被告认为 A 资管计划与中粮实业不存在直接的法律关系,黄某要求被告对中粮实业采取诉讼措施缺乏法律依据之辩称,本院亦予以尊重。因此,黄某要求被告代表黄某利益对上海景时股权投资基金管理公司、中粮地产(深圳)实业有限公司行使诉权并采取诉讼保全措施之诉讼请求,本院不予支持。

涉案 A 资管计划投入有限合伙企业的资产没有按时清算,导致涉案 A 资管计划延期,委托人对此非常关注,其迫切希望能够清算完成并及时获得本金及预期收益。被告在涉案 A 资管计划延期后,采取了与相关方进行协商,并要求案外人提供增信措施、提高收益率、设定违约责任等,并进行了相应的信息披露。被告采取了上述措施,并未使涉案 A 资管计划获得清算,委托人迟迟没有获得收益,部分委托人对被告的信任产生动摇,对被告的措施是否有效产生了怀疑,故委托人提出了要求被告对涉案 A 资管计划投入有限合伙的相关案外人采取诉讼措施以及披露风控措施具体内容的主张。但作为普通金融消费者的委托人与作为资管产品管理人的被告相比,无论是在获取信息的能力、完整性上,还是在对产品运作的专业性上,都具有相当大的差距,且涉案《A 资管计划合同》亦约定了委托人不能干涉资管产品管理人对资管产品的运作。在张某某无法举证证明其提出的措施能够使全体委托人获得更大利益的情形下,而被告解释了其对相关案外人采取其他法律措施、不采取诉讼措施,又根据协商的进展对相关案外人采取了诉讼措施对全体委托人更为有利,人民法院应对被告的专业判断与自主选择予以尊重。故驳回张某某的全部诉讼请求。

【案例评析】

本案中，私募资管产品管理人已经披露了风控措施的内容，但私募资管管理人采取该风控措施而与其他相对人之间形成的相关文件、资料是否应为信息披露的内容系本案主要争议焦点之一。通常而言，私募产品管理人披露了风控措施后，投资者即能了解资产管理产品的风险管控方式，是否披露风控措施的具体内容，不会影响投资者对资产管理产品的投资风险、风险等级的认识，不影响投资者选择风险等级与自身风险识别能力和风险承担能力相适应的资产管理产品。在此基础上，司法应尊重私募资管产品管理人对风控措施及其具体内容的解释，尊重其对信息披露的选择。

涉案 A 资管计划投入有限合伙企业的资产没有按时清算，导致涉案 A 资管计划延期。被告虽采取了一定的措施，并未使涉案 A 资管计划获得清算，委托人迟迟没有获得收益，此时，是否应按照黄某的主张，要求私募资管产品管理人采取相应的措施系本案的又一争议焦点。资产管理的实质为受人之托、代人理财，委托人将财产交付给私募资产管理人，私募资产管理人将会以委托人最大利益的角度出发运作受托财产，使得委托人获得最大利益。首先，私募资产管理人作为专业机构，其在获取信息的能力、信息完整性以及对产品运作等方面具有独特优势。私募资产管理人虽通过产品说明书、信息披露等方式向委托人披露其运作产品的相关信息，但对于私募资产管理人与相对方签署的合同细节、权利义务等均不知悉；且私募资产管理人存在专业团队搜集合同相对方信息，能够及时获取投资项目进展。相对于委托人而言，私募资产管理人获取的信息更全面，更能作出合理判断。其次，私募资产管理人具有的专业人才能够根据资管产品投资项目的进展情况、相关当事人的履约情况等事实，自行判断并采取措施以使得全体资管产品委托人获得最大利益。在资产管理产品运作对象出现违约时，私募资产管理人应根据实际情况，自行判断，谨慎选择行使诉讼权利或实施其他法律行为，如与投资项目相对方进行磋商谈判，要求违约方提供增信措施、设立违约金条款、处理交易资产等方式，妥善处理与交易对手的纠纷；或者对投资相对方提起诉讼、仲裁等。

【典型意义】

作为普通金融消费者的委托人，与作为资管产品管理人的受托人相比，无论是在获取信息的能力、完整性上，还是在对产品运作的专业性上，都具有相当大的差距,不能仅以其是否采取诉讼、仲裁措施来评判资管产品管理人是否尽到谨慎管理的义务。在金融消费者无法举证证明其提出的措施能够使全体委托人获得更大利益的情形下,基金管理人解释了其对相关案外人采取其他法律措施、不采取诉讼措施又根据协商的进展对相关案外人采取了诉讼措施对全体委托人更为有利,人民法院应对被告的专业判断与自主选择予以尊重。本案明确了应当如何认定资产管理人的专业性,也明确了应当如何衡平考量基金委托人的知情权与基金管理人的审慎管理义务。

【案例索引】

案号:上海市浦东新区人民法院(2019)沪0115民初68308号(2020年5月20日)

审判组织:王鑫、丁娴静、蔡浩若

编写人:王鑫、王朝辉

28

私募基金管理中实际基金管理人的责任认定

——黄某与钜洲公司等私募基金纠纷案

裁判要旨

实际管理人相对于合同中列明的管理人而言,是指实际参与资管产品募集、投资、管理、退出的主体,通常表现为资管产品中管理人的出资人、实际控制人或关联方。实际管理人往往以自己名义参与销售推介,利用其品牌优势对产品进行增信,误导投资者理性决策,但在基金发生亏损时,则以其与管理人及资管产品无法律上的关系为由拒绝赔偿。实际管理人具体参与资管产品募集、投资、管理的,应认定二者构成代理关系。代理行为应当合法,实际管理人应对其实施的违法代理行为按其过错程度对投资者损失承担相应赔偿责任。

基本案情

原告:黄某

被告:钜洲资产管理(上海)有限公司(以下简称钜洲公司)

被告:上海钜派投资集团有限公司(以下简称钜派公司)

2016年6月,黄某作为基金投资者与被告钜洲公司、招商证券股份有限公司(作为基金托管人)签订《私募基金合同》,投资甲私募股权投资基金,该基金为契约型基金,募集资金主要投资广州天河明安万斛投资合伙企业,该合伙企业的主要目的是对标的企业卓郎智能机械有限公司进行股权投资。案涉基金销售时,销售人员出示给黄某的宣传PPT中载明:"本基金募集资金主要投资于由北京国投明安资本管理有限公司、广州汇垠澳丰股权投资基金管理有限公司发起设立的广州天河明安万斛投资合伙企业。"2016年6月27日,黄某向被告钜洲公司支付基金认购款100万元和认购费1万元。2016年7月6日,被告钜派公司向黄某出具资金到账确认函,确认通过被告钜派公司推介,黄某认购案涉基金。2016年6月23日和7月3日,案涉基金托管专户向广州天河明安万斛投资合伙企业账户分两次划付投资款共计230,006,400元,向上海钜派钰茂基金销售有限公司划付销售服务费2,328,000元。

2019年10月28日,被告钜洲公司发布"甲私募股权投资基金"临时信息披露公告,告知投资者:"在本基金募集及存续期间,广州天河明安万斛投资合伙企业基金管理人北京国投明安资本管理有限公司及其实际控制人和法定代表人周某,通过伪造交易法律文件、投资款划款银行流水、投后管理报告、部分资金已到账的银行网页及视频,恶意挪用基金资产,并已于2019年10月20日失联;对上述涉嫌犯罪行为,钜洲公司已向公安机关报案,北京市公安局朝阳分局经侦支队以涉嫌合同诈骗于2019年10月25日出具了受案回执。"

审理中,钜洲公司、钜派公司向法院提交对公账户对账单复印件,证明北京国投明安资本管理有限公司告知被告钜洲公司,广州天河明安万斛投资合伙企业已于2016年7月25日向合同约定的收款方转账23,100万元。同时提交一份网页截图,证明北京国投明安资本管理有限公司告知被告钜洲公司,广州天河明安万斛投资合伙企业已于2019年8月收回投资款34,001,857.15元。被告钜洲公司确认,前述对账单和网页截图系北京国投明安资本管理有限公司伪造。两被告向法院提交了一份《合伙协议》作为证据,该《合伙协议》载明:北京国投明安资本管理有限公司和广州汇垠澳丰股权投资基金管理有限公司作为普通合伙人、被告钜洲公司作为有限合伙人于2016年5月26日签署协议;基金规模指本基金投资人承诺认缴的出资总额35,002万元。两被告向法院提交了一份《股权转让和投资协议》复印件作为证据,该证据载明:"广州天河明安万斛投资合伙企业同意按照本协议约定向壬公司购买其持有的卓郎智能机械有限公司注册资本4060万元的股东权益,代表卓郎智能机械有限公司3.5%的股权;转让所转让股权的全部价格为3.5亿元;转股双方应确定一个在签署日后15个工作日内的日期(交割日)进行本协议所规定的股权转让的交割。"

后因案涉基金到期未进行清算和分配,故黄某于2020年5月9日向上海市浦东新区人民法院起诉请求:1.被告钜洲公司向黄某返还出资101万元,承担资金占用利息(以101万元为基数,自2016年6月28日至2019年8月19日,按人民银行同期贷款年利率4.75%计算为152,853.68元;以101万元为基数,自

2019年8月20日起至实际全部清偿之日止,按同期全国银行间同业拆借中心公布的贷款市场报价利率计算)。2.被告钜派公司承担连带责任。

【法院裁判】

法院经审理认为,一、被告钜洲公司未适当履行诚实信用、谨慎勤勉的管理义务及其作为卖方机构应尽的了解客户、了解产品、将适当的产品销售给适合的金融消费者的适当性义务。第一,作为基金发行人,未对案涉基金产品进行审慎审核及风险管控。主要表现在:1.被告钜洲公司在发行案涉基金产品前,未对基金募投项目标的公司卓郎智能机械有限公司及相关方开展募投项目尽职调查。2.被告钜洲公司以广州天河明安万斛投资合伙企业作为通道进行投资,却未对合作伙伴广州汇垠澳丰股权投资基金管理有限公司开展尽职调查,签署《合伙协议》时也未与广州汇垠澳丰股权投资基金管理有限公司进行面签,对于合伙企业工商登记的合伙人不是广州汇垠澳丰股权投资基金管理有限公司这一异常情况也从未提出异议并调查原因。第二,作为卖方机构,未适当履行对投资人的风险识别能力和风险承担能力进行评估,向投资者真实、完整、准确地披露基金产品的重要内容,充分揭示投资风险等义务。第三,在投资、管理阶段,未尽到基金管理人的谨慎勤勉管理义务。主要表现在:1.被告钜洲公司作为合伙企业非执行事务合伙人、基金管理人未履行法律赋予的查阅权、监督权,未审核北京国投明安资本管理有限公司提供的历年报告材料来源以及广州天河明安万斛投资合伙企业的财务报告、资金流水;2.就基金资金的流向,被告钜洲公司未主动通过向银行、壬公司等查询渠道予以核实审查,仅被动接受北京国投明安资本管理有限公司单方面提供的材料进行形式审查,且即使从形式审查的角度看,被告钜洲公司也未尽到审慎注意义务。

二、被告钜洲公司应对黄某损失承担赔偿责任,赔偿的范围应为黄某全部损失的本金和利息。首先,黄某作为投资人,取得了基金投资份额,但因广州天河明安万斛投资合伙企业并未受让卓郎智能机械有限公司股权、投资款被挪用而脱离掌控,黄某未取得基金资产分配的损失已经实际发生,黄某客观上存在经济损失的事实应予以认定。其次,被告钜洲公司未能按照法律和行政法规的规定,谨慎严格地履行《私募基金合同》项下的义务,存在重大过错,其违规违约行为和黄某的财产损失之间存在相当因果关系,应就其未履行法定及约定义务向黄某承担赔偿责任。最后,对于赔偿的范围,被告钜洲公司作为管理人,因管理过程中的重大过错及未尽适当性义务导致黄某损失,应对黄某所受的实际损失承担赔偿责任,实际损失应为损失的本金和利息。

三、被告钜派公司应对黄某的损失承担连带赔偿责任。本案中,被告钜派公司出具的资金到账确认函,以及后续被告钜派公司通过旗下"财富 App"对黄某投资款进行确认,证明被告钜派公司事实上是通过自己对消费者的影响力在进行产品推介。此外,销售服务费并未直接划付至被告钜洲公司,而是划付至被告钜派公司的全资子公司上海钜派钰茂基金销售有限公司,亦可佐证被告钜派公司实际参与推介、销售案涉基金的事实。因此,被告钜派公司存在销售行为,是案涉基金的销售主体。被告钜派公司作为案涉基金的销售方对此应当知道,两被告共同违反了前述法定和约定义务,应当承担连带赔偿责任。被告钜洲公司、钜派公司不服一审判决,提起上诉,二审法院驳回上诉,维持原判。

【案例评析】

面对金融司法审判对私募基金管理人法定义务之明晰性和可估性的缺失的现状,可以引入比例原则,借助比例原则的程序性及工具性功能,在厘清基金管理人对于私募基金项目的交易决策和跟进管理中信义义务的具象化规则体系,对私募基金管理人背信行为适用循序渐进的位阶顺序审查,为裁判者提供强大的指引。

一、比例原则提供规制私募基金管理人背信行为归责方式路径

比例原则的思想核心是均衡(禁止过度),具体来说,私募基金管理人的民事责任归责路径从权衡各方利益的角度考虑,既要有利于维护投资人的权益,也要考虑到对资管行业商业风险的考量。比例原则表达了手段与目的之间应适度、均衡的理念和思想,体现为禁止过度思想,其"手段—目的"关联性审查工具在私法行为违法性认定以及检视个案主体利益是否均衡上具有方法论意义。由此,比例原则作为既理性又有效的方法论工具,给予司法者一种法律适用理念的支持,对资管行业情境下管理人的背信行为作出具体分析,将比例原则的分析框架充分运用到私募基金管理人民事责任的认定过程中,以凝练出判断标准。

二、私募基金管理人民事责任认定考量

基于体系上的适用考量,在方法论本位上将比例原则适用于私募基金管理人民事责任的认定,应进行私募基金管理人民事责任构成的考察。在司法审判实践中,对于私募基金管理人民事责任构成,即信义义务具象化规则主要内容为：第一，缔约前是否进行尽职调查。尽职调查的内容根据产品类型的不同，管理人尽职调查的内容应有所不同，主要应对所发行的产品涉及的发行人状况以及底层资产进行尽职调查。第二，是否穿透式审查投资通道。投资通道是基金项目能否有效运转的关键。其中适用频率最高的有限合伙，存在对基金财产流向上监管的盲区，尤其需要审查有限合伙制的合伙人选择、合伙协议，明确合作双方的目的、合作期限、合伙人登记证明、普通合伙人和有限合伙人的权利义务及限制、出资比例、收益分配、责任承担、普通合伙人对于管理的排他性权利等。第三，是否按照法律规定及约定履行管理职责。在个案审判中，判断管理人是否履行信义义务，可以依据相关资管合同等文件对管理人管理职责的具体约定、资管产品所涉行业协会对受托人履职的具体要求，同时结合法律赋予基金管理人的法律权利等情况进行综合判断。

【典型意义】

面对金融司法审判对私募基金管理人法定义务之明晰性和可估性的缺失的现状，本案明确了私募基金案件应当适用穿透式司法审查原则，实质审查发行人状况、募投项目、卖方机构、资金投向等要素，明确基金发行人对底层资产的审慎审核及风险管控义务、卖方机构的信义义务、基金管理人的谨慎勤勉义务。明确了应当适用循序渐进的位阶顺序审查基金管理人的背信行为，并基于前述义务之履行状况确立基金管理人及销售主体均应就其过错程度对消费者损失承担相应的赔偿责任。

【案例索引】

案号：

一审：上海市浦东新区人民法院(2020)沪0115民初30508号(2020年12月30日)

二审：上海金融法院(2021)沪74民终452号(2021年6月17日)

审判组织：

一审：闵纯、周虹艳、贾丹

二审：王承晔、周菁、虞憬

编写人：贾丹、张峥

29

信托公司审慎管理义务认定原则

——吴某与华澳信托公司财产损害赔偿纠纷案

裁判要旨

被动事务管理型信托业务中，委托人和受托人之间的权利义务关系应当依据信托文件的约定加以确定。信托公司虽仅负责事务性管理，但仍应秉持审慎原则开展经营，并履行必要的注意义务。若信托公司存在明知委托人借用其金融机构背景进行资金募集未采取必要警示防控措施、对信托项目情况出具内容虚假的调查文件等行为造成外部投资者损失的，应当根据其过错程度，承担相应的侵权损害赔偿责任。

基本案情

原告：吴某

被告：华澳国际信托有限公司（以下简称华澳信托公司）

2013 年 6 月，上海寅浔投资管理中心（作为委托人）与被告华澳信托公司签订《信托合同》，约定该信托为指定管理单一资金信托，委托人上海寅浔投资管理中心指定将信托资金由受托人即被告华澳信托公司管理，用于向浙江联众建设有限公司发放贷款，信托资金金额为2.8亿元。《信托合同》还约定，受托人依据委托人的指令履行后续管理义务，不对借款人和信托资金运用的项目做实质性尽职调查和审核，只提供事务管理服务；借款人逾期不能偿还贷款本息，受托人有权提前终止该信托并以信托财产原状形式向受益人进行分配，其损失均由委托人/受益人自行承担。同时，被告华澳信托公司与浙江联众建设有限公司签订了贷款金额为 2.8 亿元的《贷款合同》。

2013年6月至8月,王某使用上海寅浔投资管理中心等有限合伙企业的名义,以年化利率9.5%~12.5%的高额利息为诱,向社会不特定公众销售"某单一资金信托贷款有限合伙基金"。原告吴某于2013年8月以上海寅浔投资管理中心"新有限合伙人"的身份向该有限合伙基金投资100万元,自2013年8月2日起息,项目期限为24个月。嗣后,王某将非法集资的2.8亿元划付至被告华澳信托公司。被告华澳信托公司再发放信托贷款2.8亿元给浙江联众建设有限公司。浙江联众建设有限公司收到后,划款2.53亿余元至辽阳红美置业有限公司,划款558万余元至陈某某银行账户,上述钱款主要用于归还辽阳红美置业有限公司股东的对外债务。基金到期后,上海寅浔投资管理中心未向吴某返还本金。2018年6月,陈某某等人被上海市第一中级人民法院判决犯集资诈骗罪等。

原告吴某诉称:原告因信赖被告的信誉才投资涉案基金项目,但被告对借款人浙江联众建设有限公司的资金流向及划付过程未能尽到注意义务,同时放任陈某某等人的犯罪行为,直接造成原告投资无法收回的损失,故要求被告赔偿原告人民币100万元,并支付2013年8月3日至款项实际付清之日止以100万元为本金,按人民银行同期贷款利率计收的利息。

【法院裁判】

本案主要争议焦点在于被告应否对原告承担侵权损害赔偿责任。

首先,从损害后果来看,根据刑事判决书认定,因陈某某等人的犯罪行为已经造成了原告等投资者2.3亿余元的实际损失,其中原告投入的100万元尚未追回,因此,原告存在经济损失的事实应予认定。

其次,从被告的过错来看,被告作为信托受托人,出具与事实不符的《项目风险排查报告》,存在"对机构委托人未做充分调查,对其委托资金来源的调查流于形式,对该信托计划的委托资金来源未尽到合规审查义务,违反审慎经营规则"等具体违规行为;即使本案的信托履行属于被动事务管理型信托,被告也应当审慎尽职地履行受托业务的法定责任,因此法院认定被告在进行涉案信托业务过程中存在一定过错。

再次,从被告行为的违法性来看,被告作为"某单一资金信托"的受托人应当忠实、勤勉地履行自己的信托义务;从前述被告的过错行为来看,其并没有履行《信托法》所要求的法定义务,因此存在违法行为。

最后,从被告违法行为和原告损害后果之间的因果关系来看,虽然陈某某等人的犯罪行为是原告等投资者损失的根本和主要原因,但是被告的过错行为无疑也为前述犯罪活动创造了条件和可能,具有“源头性作用”,故被告的侵权行为和原告的财产损失之间存在因果关系。

关于被告侵权责任的承担问题,第一,陈某某等人的犯罪行为是造成原告财产损失的直接原因,被告并不是原告损失的直接侵权人。第二,涉案信托为被动事务管理型信托,信托文件中约定的内容并不违反合同签订时的信托业务相关规定,由此产生的投资风险亦应根据约定由委托人自行承担。第三,原告在进行投资时未能甄别投资标的,过于轻信他人推荐,自身亦存在一定过错,应自行承担相应的法律后果。鉴于被告在管理涉案信托业务的过程中亦存在一定过错,故综合前述意见,法院认定被告应对原告涉案损失承担 20% 的补充赔偿责任。原、被告均不服一审判决,提起上诉,二审法院驳回上诉,维持原判。

【案例评析】

一、本案法律关系及业务模式概述

(一)本案系侵权损害赔偿纠纷

原告吴某受案外人陈某某等人诈骗向上海寅浔投资管理中心进行投资,上海寅浔投资管理中心作为委托人与被告华澳信托公司签订《信托合同》,通过被告华澳信托公司向浙江联众建设有限公司发放信托贷款,后信托资金被陈某某等人从浙江联众建设有限公司转移至辽阳红美置业有限公司而无法收回。原告吴某与被告华澳信托公司之间不存在直接的投资或信托等合同法律关系,因此,原告吴某起诉要求被告华澳信托公司承担侵权损害赔偿责任。

(二)涉案信托业务为被动管理型信托业务

涉案《信托合同》约定,受托人依据委托人的指令履行后续管理义务,不对借款人和信托资金运用的项目做实质性尽职调查和审核,只提供事务管理服务;委托人指定受托人将信托资金向浙江联众建设有限公司发放信托贷款,借款人逾期不能偿还贷款本息,其损失均由委托人/受益人自行承担。该等约定免除了受托人主动管理信托财产的义务,属于被动管理型信托。被动管理型信托是指信托公司不具有信托财产的运用裁量权,而是根据委托人或是由委托人委托的具有指令权限的人的指令,对信托财产进行管理和处分的信托。

回溯信托法律制度的起源,信托之本质在于实现特定财产的管理,突出受托管理人的财产管理能力。因此,被动管理型信托并不是随信托制度的产生自始出现的，而是在市场经济愈加发达，金融产品和业务发展到一定阶段的新型信托业务类型。其最典型的业务模式即通道类信托业务，最早是以“银信合作”的形式出现，即信托公司设立信托计划作为通道，银行负责资金端的募集和资产端的投资指定，借助信托计划实现银行资金出表、规避监管指标约束等目的，受托人收取的信托报酬通常也被称作“通道费”。随后，基于融资需求和金融机构业务发展的需要，“银证合作”“银基合作”等各类通道业务迅速崛起，总规模不断扩大。

二、被动管理型信托的法律地位

（一）被动管理型信托的主要特征

被动管理型信托的主要特征包括：第一，信托设立之前的尽职调查由委托人或其指定第三方自行负责，委托人相应承担上述尽职调查风险。受托人有权利对信托项目进行独立的尽职调查，确认信托项目合法合规。第二，信托的设立、信托财产的运用对象、信托财产的管理、运用和处分方式等事项，均由委托人自主决定或信托文件事先明确约定。第三，受托人仅依法履行必须由受托人或必须以受托人名义履行的管理职责，包括账户管理、清算分配及提供或出具必要文件以配合委托人管理信托财产等事务。受托人主要承担一般信托事务的执行职责，不承担主动管理职责。第四，信托终止时，以信托财产实际存续状态转移给信托财产权利归属人，或信托公司根据委托人的指令对信托财产进行处置。

有观点认为，被动管理型信托实际上是受托人将信托事务转委托给委托人，因此，受托人应当根据《信托法》第 30 条的规定对委托人处理信托事务的行为承担责任。我们认为，《信托法》第 30 条主要是处理信托公司对外聘请投资顾问等“他人”履行部分受托职责的问题，而委托人自主决定信托财产的运用和处分的，不应视为受托人将信托事务处理权限委托给“他人”行使，而应当视为委托人与受托人通过信托合同的约定，自行保留了部分信托财产管理、运用和处分的权利而免除受托人积极管理的职责。

（二）被动管理型信托的效力争议

传统信托所具有的功能和价值完全依赖于受托人的设计而实现，受托人在信托法律关系中居于中心地位，而在被动管理型信托业务中，作为受托人的信托公司在产品创设过程中角色被严重弱化，沦为单纯的“通道”，背离了信托“受人之托，代人理财”的本质。因此，有观点认为，该类业务并非信托法意义上的信托形式，且绝大多数是为了规避监管政策的规定，应当以目的违法为由认定信托合同无效。相反观点则认为，被动管理型信托有其存在的空间，对其效力不能一概予以否定,应当立足我国金融市场发展实际审慎处理。

对此,2018 年 4 月施行的《中国人民银行、中国银行保险监督管理委员会、中国证券监督管理委员会、国家外汇管理局关于规范金融机构资产管理业务的指导意见》在第 22 条规定“金融机构不得为其他金融机构的资产管理产品提供规避投资范围、杠杆约束等监管要求的通道服务”的同时,也在第 29 条明确按照“新老划断”原则设置过渡期至 2020 年年底,确保平稳过渡。2019 年 11 月施行的《全国法院民商事审判工作会议纪要》第 93 条进一步明确,在过渡期内,对通道业务中存在的利用信托通道掩盖风险实质,规避资金投向、资产分类、拨备计提和资本占用等监管规定,或者通过信托通道将表内资产虚假出表等信托业务,如果不存在其他违反法律、行政法规强制性规定的情形,对一方当事人主张信托目的违法违规,应确认无效的诉讼理由,法院不予支持。在过渡期之后,对违反监管政策所开展的通道业务,依法应当以违反公共秩序为由认定无效。

本案信托业务开展于 2013 年,故涉案《信托合同》中约定的关于被动管理信托的内容不违反当时的信托业务相关规定,对委托人和受托人之间的责任划分,应当依据信托文件的约定加以处理。

三、被动管理型信托业务中信托公司的责任认定

(一)信托公司依信托文件的约定履行义务

被动管理型信托的属性仍然是信托,其本质仍包含受托人为委托人利益处理信托事务之内涵,因而处理信托事务是受托人最基本的义务,而信托文件是受托人处理信托事务的直接依据。

本案中,从金融司法立足我国金融市场发展实际,尊重交易主体间合意,平等保护各方权益的裁判理念出发,法院确认信托公司仅负有根据指令发放贷款、以信托财产原状形式进行分配的义务,不承担主动管理职责,也不承担贷款风险,原告投资者未能收回贷款的根本原因系犯罪行为人的集资诈骗行为及原告自身存在未能甄别投资产品的过错,由此产生的法律后果亦应根据《信托合同》的约定由委托人自行承担。

(二)信托公司应始终遵循审慎经营原则——法定义务之不可免除性

尽管在被动管理型信托业务中,受托人可以通过约定免除其主要管理职责,但受托人至少应保留最低限度的管理职责和义务。这种最低限度的管理职责和义务即基于信托关系产生的信义义务。学理上,所谓“受托人信义义务”主要是指投资者作为委托人,赋予受托的资产管理人足够广泛的权利进行交易,而管理人必须受受托人信义义务的约束，受托人如违反信义义务将承担相应的损害赔偿责任。在资管业务中，投资者与受托人之间在专业技能、信息获取等方面存在先天差距。明确信义义务的法定性对规范资管行业秩序和保护投资者权益具有特殊价值。信义义务的内容主要包括信托公司对委托人的忠实义务和勤勉义务，其中勤勉义务又称善良管理人义务、注意义务或谨慎管理义务。即使是被动管理型信托，受托人也应当尽到一定的谨慎管理义务，在管理信托事务时遵循审慎经营的原则。受托人可以通过合同约定减轻其主要谨慎管理义务，但不可通过合同约定免除其全部谨慎管理义务。若信托公司存在放任纵容违规募集、无视监管风控程序、随意出具虚假证明文件等行为的，亦对投资者的损失负有一定责任。

本案中，被告华澳信托公司在开展单一资金信托业务中明知信托资金来源于社会募集，未对犯罪行为人借用其金融机构背景进行资金募集的行为采取必要防控措施，也未对社会投资者作相应警示。根据原告陈述，其在投资涉案有限合伙基金产品时，因案外人宣传是与被告信托产品有关，所以原告有理由充分信赖被告作为专业信托机构而作出的投资决策。原告还陈述其专门与被告客户服务人员进行了电话求证，可见若没有被告的信托产品作为信赖依撑，原告等众多投资者可能不会轻易陷入犯罪行为人的骗局。因而，可以认定被告华澳信托公司在信托业务开展时对委托资金来源的审核未尽必要注意义务，对吴某等投资者投资被骗受损负有一定责任。同时，信托存续期间内，被告华澳信托公司在未经调查的情况下，出具内容明显虚假、足以误导案外人的《项目风险排查报告》，上述行为客观上促成了犯罪行为人的集资诈骗行为，亦对吴某等投资被骗受损负有一定责任。因此，法院认定被告华澳信托公司在管理涉案信托业务过程中存在一定过错。

四、侵权损害赔偿的责任分配问题

（一）原告自身对损害发生存在过错

根据《民法典》第1173条（原《侵权责任法》第26条）的规定，被侵权人对同一损害的发生或者扩大有过错的，可以减轻侵权人的责任。本案原告作为投资者，应当充分了解自身所投资产品的交易对手和交易风险，并不能片面追求收益（无论是稳定或者激进）而漠视投资风险。原告并非本案所涉信托合同关系的直接委托人，也不是涉案信托产品的投资人，没有直接投资被告发行的涉案信托产品，其在进行投资时没有甄别清楚其投资标的，过于轻信他人的推荐，自身亦存在一定过错，故不能将由此产生的损失均要求由被告承担，原告应当对自己的投资行为承担相应的法律后果。

(二)信托公司承担的侵权责任为补充赔偿责任

需明确的是,陈某某等人的犯罪行为是造成原告财产损失的直接原因,且陈某等人并非被告工作人员,其行为亦非执行被告工作任务的职务行为,因此,被告并不是原告损失的直接侵权人。原告对于被告而言系外部投资者,其应自行根据生效刑事判决通过追赃程序向陈某某等犯罪行为人追索全部损失,在原告追索不成的情况下,再由被告向原告承担补充赔偿责任。至于补充赔偿的责任比例,根据被告在管理涉案信托业务的过程中的过错程度,法院认定被告应对原告涉案损失承担20%的补充赔偿责任。

【典型意义】

本案为全国首例在通道类业务中判决信托公司承担相应赔偿责任的案件,它积极回应了业界极为关注的信托公司在通道类业务中是否应当免责的问题,在裁判思路上将通道类业务归入事务管理类信托的类型,认定信托公司的义务仅为提供必要的事务协助或者服务,不承担主动管理职责。这一认定充分体现了当前司法审判立足我国金融市场发展实际,秉持客观务实的态度,正视金融交易当事人之合意,平等保护各方权益的裁判理念。同时,本案充分反映了当前司法实践顺应宏观金融监管政策变化之大势,理性应对前期信托实践中的乱象和痛点,对通道业务中信托公司放任纵容违规募集、无视监管风控程序、随意出具虚假证明文件等行为严格追责,恰到好处地厘清了信托公司合法审慎经营的权责边界,同时积极回应了投资者诉求,给予了受损投资者合理的经济赔偿。

【案例索引】

案号:

一审:上海市浦东新区人民法院(2018)沪0115民初80151号(2019年10月31日)

二审:上海金融法院(2020)沪74民终29号(2020年6月5日)

审判组织:

一审:顾权、黄婧、孔燕萍

二审:单素华、朱颖琦、张聪

编写人:顾权、丁祎

30

资管产品清算与管理人过错赔偿关系的厘定

——邓某某与联储证券等委托理财合同案

裁判要旨

资管产品到期后管理人长时期未履行清算义务成为引发资管纠纷的主要原因之一。如何合理把握资管产品清算与管理人过错赔付责任之间的关系在审判实践中存在较大分歧。通常而言,资管计划到期后投资者损失的确定一般应以清算为前提,但管理人长期未履行清算义务且无证据证明尚存在可清算资产的,可合理认定投资者损失已客观产生。管理人因过错承担赔偿责任后,若资管计划清算完成后仍有可分配资金的,管理人按赔付比例扣除相应款项后将剩余资金依约向投资者分配。本案裁判思路对同类资管案件的审理具有较强的借鉴意义,对金融市场培育合格尽职的投资管理人及成熟理性的投资主体均具有一定的指导意义。

基本案情

原告:邓某某

被告:联储证券有限责任公司(以下简称联储证券)

第三人:昆仑信托有限责任公司

2016年12月,被告联储证券设立资产管理计划,投资标的是昆仑信托有限责任公司作为受托人设立的信托计划,该信托计划以信托资金受让东方金钰股份有限公司持有的子公司深圳市东方金钰珠宝有限公司100%股权的股权收益权。同时东方金钰股份有限公司与昆仑信托有限责任公司签订《回购合同》,约定东方金钰股份有限公司向昆仑信托有限责任公司转让并回购前述股权收益权,并约定该特定股权收益权不会发生抵押、质押、查封、扣押、冻结等任何形式的权利限制,并由保证人为东方金钰股份有限公司支付回购价款提供连带保证责任。2017 年 1 月 4 日,联储证券作为委托人与昆仑信托有限责任公司作为受托人签订《信托合同》。后原告邓某某以合格投资者身份与联储证券签订《资管合同》,认购涉案资管计划,并支付认购款人民币(以下币种同)100 万元,获得两期收益共计 68,754.93 元。

2017 年 4 月至 2018 年 5 月,东方金钰股份有限公司将其持有的深圳市东方金钰股份有限公司 15% 的股权进行质押融资;其持有的深圳东方金钰股份有限公司 24% 的股权被司法冻结;其 2017 年累计新增借款占 2016 年年末净资产的 97.02%;其持续为案外人提供担保;且东方金钰股份有限公司涉及众多诉讼及司法查封,同时《回购合同》项下保证人担保能力下降。2018 年 6 月 20 日,东方金钰股份有限公司未能按约支付第三期行权费,导致信托计划、资管计划于 2018 年 7 月 20 日提前终止。后联储证券对东方金钰股份有限公司及保证人提起诉讼,但胜诉后未执行到位。

深圳证监局对联储证券及其相关工作人员出具过三份《行政监管措施决定书》,认为联储证券对涉案资管产品存在尽职调查不充分,资管业务内部控制不到位等问题。

邓某某诉称:资管计划提前终止后,联储证券未予清算,未支付投资本金和收益,已造成原告损失,该损失系联储证券在销售时未履行适当性义务、在管理过程中未履行诚实信用和谨慎勤勉的管理职责所导致,故要求联储证券赔偿其投资款 100 万元以及相应的投资收益、律师费 3 万元、差旅费 2390 元。

联储证券辩称:邓某某的诉讼请求缺乏事实依据。投资款项根据约定已经转化投资份额,现正在变现过程中,邓某某没有产生《资管合同》约定的损失。联储证券对邓某某进行风险测评并充分提示投资风险,已经履行了适当性义务。邓某某没有证据证明联储证券存在违约行为及违约行为和损失之间存在因果关系。

综上所述,原告的投资损失完全是被告未能适当履行管理人职责造成的,被告对原告的损失负有不可推卸的责任。据此,原告提出诉讼请求:1. 判令被告立即赔偿原告投资款人民币 100 万元;2. 判令被告立即赔偿原告邓某某截至 2018 年 11 月 30 日的投资收益 79,008.23 元以及自 2018 年 12 月 1 日起计算至全部投资款结清之日止的投资收益(以 100 万元为基数,按照年利率 8.2% 计算);3. 本案诉讼费、律师费 3 万元、差旅费 2390 元均由被告承担。

【法院裁判】

法院经审理认为,本案的争议焦点在于资管案件中投资者损失如何认定、管理人是否违反信义义务、适当性义务以及如何认定管理人的赔偿责任。

一、关于投资者损失能否确定的问题。资管计划到期后投资者损失的确定一般应以清算为前提,邓某某起诉时,涉案资管计划并未清算,由此引发邓某某在资管计划项下的损失确定是否应以清算为前提的争议。对此,若一概以未经清算为由认定损失无法确定,一方面会助长管理人怠于清算的不当行为,另一方面不利于投资者合法权益保护。因此,资管计划未经清算的,应当结合资管计划的具体情况、管理人的过错程度等因素综合认定投资者损失是否客观发生。虽然涉案资管计划未经清算,但邓某某在资管计划提前终止后长时间未获清偿的事实客观存在。联储证券对东方金钰股份有限公司及保证人提起诉讼后,相关执行款项并未到位,执行程序反映出资管计划可实际取得财产的分配时间及金额均不确定,且管理人无证据证明资管计划尚存在可清算资产,故本案中可合理认定邓某某在资管计划项下的损失已客观产生。

二、对于管理人是否尽到谨慎勤勉管理义务的问题。资管机构在管理阶段应当切实履行包括忠实义务和勤勉义务在内的信义义务。信义义务中的勤勉义务要求管理人应当为投资者最大利益处理受托事务,恪尽职守,履行诚实、信用、谨慎、有效管理的义务。联储证券在资管计划管理阶段未能谨慎履行勤勉义务主要表现在:第一,联储证券作为管理人的职责不仅包括披露信息、提示风险,还包括进行风险控制在内的独立运作职能,《资管合同》中管理人不保证最低收益的约定,并未排除《资管合同》中约定的因管理人违反管理职责所应承担的相应赔偿责任,联储证券不能仅以其完成了信息披露、分配收益、代为行使权利等义务而主张已妥善完成了《资管合同》项下的全部管理人义务。第二,联储证券明知或应知融资人东方金钰股份有限公司及其保证人在信托计划项下多次违约,却未及时披露并控制相关风险,亦未采取积极有效的应对措施,进而导致其在维护《资管合同》项下投资者的合法利益方面存在一定的违约行为。第三,深圳证监局出具的监管意见亦能印证联储证券在涉案资管计划中存在资管业务内部控制不到位、尽职调查不充分的问题。综上考量,联储证券作为管理人,未能严格遵守法定义务并履行合同义务,在管理资管计划过程中存在一定过错。

三、对于管理人是否违反适当性义务的问题。适当性义务要求资管计划销售者履行了解客户、了解产品、将适当的产品销售给适合的投资者的义务，以此确保投资者能够在充分了解资管计划及相关风险的基础上作出自主投资决定，并承受由此产生的收益和风险。在推介、销售高风险等级金融产品和提供高风险等级金融服务领域，适当性义务的履行是“卖者尽责”的主要内容，也是“买者自负”的前提和基础。邓某某虽然主张联储证券在销售过程中违反了适当性义务，但是投资理财是主动型民事行为，邓某某作为具有完全民事行为的投资者，应当充分了解自身所投资产品的交易内容和交易风险，理应对投资理财风险有所预见，不能片面追求收益而漠视投资风险。邓某某亲自签署了涉案《资管合同》，并在资管计划说明书、风险揭示书、风险调查问卷等文件处署名确认。联储证券在《资管合同》中特别加黑提示了涉案资管计划的中高风险及面临的各种风险，本金损失的可能及投资者自担风险与损失，也在官网对相关文件和风险进行了披露与公示，且通过风险揭示书详细向原告提示了投资风险，不存在投资者与资管产品风险错配的问题。因此，可以认定联储证券在销售阶段已妥善履行了法定的适当性义务。

四、关于赔偿范围认定的问题。资管案件中投资者的损失原因多元复杂，往往包括市场风险等客观原因，管理人的赔偿范围应根据其信义义务及适当性义务违反程度对损失结果原因力的大小按比例承担赔偿责任。本案中，邓某某损失的直接原因系东方金钰股份有限公司的违约行为，但联储证券的违规违约行为对邓某某的损失亦存在影响，应根据其过错承担相应的赔偿责任。虽然联储证券在资管计划管理阶段存在一定过错，但其在深圳市东方金钰股份有限公司24%的股权被司法冻结后，以致函、现场考察、洽谈等不同方式督促东方金钰股份有限公司履约，在东方金钰股份有限公司承诺不能兑现后即指令昆仑信托有限责任公司按照《回购合同》的约定要求东方金钰股份有限公司提前回购，并在限期还款日后向法院提起诉讼，合理履行了相应的管理职责。综上，联储证券应对邓某某的损失承担与其过错相应的赔偿责任，鉴于《资管合同》对于联储证券如何承担违约赔偿责任并未约定具体的损失赔偿计算方式，而违约损害赔偿的目的在于填补受害人所遭受的损害，故损害赔偿的计算应依据损害的性质加以认定，结合联储证券的过错程度，法院综合酌定联储证券对邓某某的赔偿范围为投资本金的30%。

同时为避免投资者获得双重清偿的可能，法院明确了资管计划清算完成后仍有可分配资金的，管理人可按赔付比例扣除相应款项后再将剩余资金依约向投资者进行分配，即如本判决生效后，对于资管计划清算后收回的款项，其中收回款项30%的部分应当在联储证券的赔偿金额中予以扣除。在资管计划未经清算的赔偿纠纷中采用管理人先赔付后清算再结算的方式处理，既能让过错的管理人承担相应的赔偿责任，又能引导管理人继续有效履行清算职责，同时合理平衡各方当事人的利益。

【案例评析】

在清算阶段对信义义务的审查主要涉及产品到期时是否及时进行清算和分配以及若无法正常退出是否积极采取相应措施。随着资管产品多样化的发展，退出途径存在多种选择，在不涉及交易对手的情形下，如对公司进行解散、清算等，受托人应负有合法履职的义务。在涉及交易对手的情形下，如进行股权转让，则负有公平交易的义务。[①] 在资管产品发生违约后，管理人应基于投资者的最佳利益，采取包括谈判、和解、诉讼执行等多种方式避免或降低损失。实践中，涉及清算义务的争议主要在于投资者要求管理人履行清算义务以及未尽清算义务的情况下投资者损失的认定。

一、产品清算是损失认定的充分条件

投资者购买资管产品的目的在于到期获得收益，故管理人负有到期及时清算及分配资管财产的义务。《证券投资基金法》第81条第1款规定“基金合同终止时，基金管理人应当组织清算组对基金财产进行清算”，除了法律规定的清算义务，中国证券投资基金业协会《私募投资基金合同指引1号》第57条、第58条将清算小组的组成、剩余资产分配等清算有关事项作为合同参考文本，资管合同中亦会对清算义务进行约定。因此清算义务既是法定义务，也是合同义务，广义上也是信义义务范围，要求管理人在清算过程中秉持忠实义务和注意义务，以投资者利益最大化为原则，为投资者实现获取收益的目标。因此，一般情况下，资管产品到期后，只有经过清算程序，投资者是否产生损失才得以确定。

二、未经清算推定损失发生的合理判定

在实践中，由于要涉及投资项目退出、非现金资产变现、对融资人提起诉讼等原因，资管产品的清算可能会耗时较长，而在清算未完成之前，投资者往往以

---

① 竺常赟、范黎红、王珊：《违约潮背景下资管产品受托人违反信义义务的责任界定》，载《上海金融》2021年第6期。

管理人违约或侵权为由提起诉讼。而管理人通常以未经清算不能认定损失已经实际发生为由进行抗辩。如果将未经清算认定为损失发生的必要条件，则明显不利于投资者利益的合理保护，且将助长管理人怠于清算。笔者认为，在基金管理人未启动清算程序或清算持续期间过长的情况下，经查实管理人确有过错，应先推定投资者损失产生，由管理人就其过错承担相应责任，待清算结束后，该部分赔偿数额从投资者应获分配中予以扣减。

【典型意义】

资产管理是连接金融和实体经济的重要桥梁，近年来，我国资产管理业务快速发展，积极发挥服务实体经济发展、服务财富保值增值的作用。与此同时，涉资产管理类案件数量也呈逐年上升趋势，其中以投资者起诉管理人违反信义义务要求承担赔偿责任为主，但实践中对信义义务的审查标准及赔偿范围等问题争议较大，裁判规则亦不统一。本案系资管计划管理人履职不当引发的赔偿纠纷，本案的裁判对实践中投资者损失如何认定、管理人是否违反信义义务以及如何认定管理人的赔偿责任进行一定的探索。对如何合理把握资管产品清算与管理人过错赔付责任之间的关系具有较强的借鉴意义，对金融市场培育合格尽职的投资管理人及成熟理性的投资主体均具有一定的指导意义。

【案例索引】

案号：

一审：上海市浦东新区人民法院（2019）沪 0115 民初 13879 号（2020 年 12 月 18 日）

二审：上海金融法院（2021）沪 74 民终 422 号（2021 年 11 月 30 日）

审判组织：

一审：孔燕萍、伍兴生、张丕建

二审：贾沁鸥、孙倩、吴剑峰

编写人：孔燕萍、钱雨伶

31

资管计划项下投资者的损失确定是否以资管产品清算为前提

——王某与财通公司委托理财合同纠纷案

裁判要旨

资管计划项下投资者的损失能否确定原则上应以资管产品清算为前提。在投资者明知资管计划存在延期风险的情况下，资管计划延期导致清算未成，且管理人对受托财产仍在进行积极追偿，且具有一定预见性，应认定投资者在资管计划项下财产权益是否受到损害以及损害的多少尚无法确认。

基本案情

原告：王某

被告：上海财通资产管理有限公司（以下简称财通公司）

2016年11月22日，王某以合格投资者的身份与财通公司签订了《资管合同》，约定资产管理计划的投资范围为以委托财产通过委托贷款的方式向上海广兆供应链管理股份有限公司（以下简称广兆公司）投入资金，广兆公司用该资金向上游企业采购货物，投资期限为18个月，偿还来源为广兆公司采购货物的销售收入及项目公司其他经营收入，担保措施为广兆公司股东及实际控制人为项目公司偿还贷款本息提供不可撤销的连带责任保证担保。《资管合同》约定不保本保收益，且资产管理计划投资可能面临下列各项风险，包括但不限于法律政策风险、市场及经济周期风险、管理风险、经营风险、操作风险、资产管理计划提前终止或延期风险、信用风险、流动性风险。其中"资产管理计划提前终止或延期风险”部分约定,资产管理计划存在按照本合同约定提前终止或延期的可能,资管计划预计存续期限届满但委托财产并未全部变现,资管计划将自动进入延长期,从而给委托人的利益实现造成不利影响。

涉案资管计划于2016年11月24日在中国证券投资基金业协会进行备案,成立日期为2016年11月24日,到期日为2018年5月23日,投资类型为非标类产品。2016年11月25日,王某出资100万元,认购1,000,000份A类资管份额。

2016年11月21日,广兆公司(借款人)与财通公司(委托人)、上海华瑞银行(贷款人)签订了委托贷款合同,约定委托人以其拥有的合法资金委托贷款人向借款人发放贷款4000万元,贷款用途为用于广兆公司向上游核心厂商采购货品,并由李某、程某、陆某为借款提供连带保证担保,并由公证处赋予前述委托贷款合同、保证合同强制执行效力。

2017年6月、10月,王某共计收到投资收益85,738.63元。

因广兆公司逾期还款,2018年6月7日,财通公司公告投资者,决定延长资管计划的投资期限至2018年7月2日,后又决定延长资管计划的投资期限至2018年10月2日。2018年9月27日,财通公司公告投资者,已对广兆公司及保证人启动司法程序进行追偿。自2018年6月以来,财通公司一直通过司法程序向广兆公司及担保人积极追偿,2018年11月上旬,财通公司收到部分执行回款,并于2018年11月19日向王某支付31,900元。目前,财通公司仍在对广兆公司及担保人相关动产及不动产进行司法拍卖。

【法院裁判】

法院经审理认为,本案的争议焦点在于涉案资管计划项下王某的损失能否确定。涉案资管计划目前处于延期存续状态,在此情形下,王某的损失能否确定,可从以下方面进行考量:

首先,财通公司已将涉案资管计划可能存在的延期风险告知了王某,向王某充分揭示了涉案资管计划的风险包括经营风险、提前终止或延期风险等,其中“资产管理计划延期风险”明确了资产管理计划存在按照本合同约定延期的可能,资管计划预计存续期限届满但委托财产并未全部变现,资管计划将自动进入延长期,从而给委托人的利益实现造成不利影响。因此,王某对涉案资管计划的延期风险应当知晓。

其次,资管计划延期并不等同于损失已经发生。根据《资管合同》约定,涉案资管计划因项目公司未按期足额偿付本息、保证人未及时履行保证责任等原因,目前处于延期存续状态。财通公司作为管理人,将委托财产按照《资管合同》约定进行投资,在项目公司违约之后,及时对资管计划投资的项目公司及担保人启动追偿,并采取了相应的财产处置措施,截至目前,财通公司正在通过司法拍卖程序对委托财产进行追偿,委托财产正在执行变现过程中。根据约定,涉案资管计划尚未达到清算条件,根据现有证据不能确定涉案资管计划的委托财产是否受到损失。

最后,财通公司作为管理人对委托财产已进行积极追偿。《资管合同》约定的投资项目违约之后,财通公司作为管理人积极履行相应的义务,及时就委托财产向项目公司及相关担保人进行追偿,向公证机关申请执行证书,并向本院申请强制执行,对保证人程某的不当赠予行为进行起诉并获本院支持,同时,对已经执行到的部分款项及时分配给包括王某在内的投资人。

综上,涉案资管计划委托财产所涉项目公司的相关财产仍在执行过程中,结合本案的实际情况,因涉案资管计划未经清算,王某财产权益是否受到损害以及损害的多少尚无法确认。王某在涉案资管计划未经清算之前径行要求财通公司赔偿损失缺乏依据,可在投资损失确定之后,寻求相应的救济,因此驳回王某的诉讼请求。黄某、王某不服一审判决,提起上诉,二审法院驳回上诉,维持原判。

【案例评析】

资管产品未经清算情形下投资者的损失能否认定是目前金融资管案件中常见的争议问题。资管产品到期后,管理人应当按约进行清算,但在实践中,受投资项目退出、非现金资产变现、底层资产诉讼程序等各种因素影响,造成资管产品的退出和清算耗时较长,管理人未能及时清算,投资者认为管理人未尽清算义务,应当推定投资损失已经发生,径行要求管理人承担赔偿责任,而管理人抗辩,未经清算不能认定投资者的具体损失,由此导致损失产生是否以清算为前提的争议。资管计划项下投资者的损失能否确定原则上应以涉案资管产品清算为前提,但对于诉讼中未经清算的资管产品,若一概以未经清算为由认定损失无法确定,一方面会助长管理人怠于清算的不当行为,另一方面不利于投资者合法权益的保护。因此,资管产品未经清算的,应当结合涉案资管产品的具体情况、管理人的过错程度等因素综合认定投资者损失是否客观发生。同时为避免投资者获得双重清偿的可能,应当明确资管计划清算完成后仍有可分配资金的,管理人可按赔付比例扣除相应款项后再将剩余资金依约向投资者进行分配,即采用管理人先赔付后清算再结算的方式处理,以合理衡平各方当事人的利益。

私募资管产品主要通过合格投资者制度、非公开募集和适当性管理制度将具有相当风险识别能力和风险承受能力的投资者与普通投资者进行识别,私募资管产品的管理人在不存在违规行为的情况下,资管计划项下投资者的损失能否确定原则上应以资管产品清算为前提。本案的裁判思路本案符合《资管新规》背景下私募资管产品的监管原则,有助于加强金融投资者教育,去除对投资者过度保护,引导投资者树立"卖者尽责、买者自负"的成熟理性的投资理念。

【典型意义】

资管产品到期后管理人长时期未履行清算义务是引发资管纠纷的主要原因之一,如何认定在资管产品未经清算的情况下投资者的损失也经常是此类案件的争议焦点之一。资管产品到期后,管理人理应按约进行清算,但在实践中,受投资项目退出、非现金资产变现、底层资产诉讼程序等各种因素影响,造成资管产品的退出和清算耗时较长,管理人未能及时清算,投资者据此认为管理人未尽清算义务,认为投资损失已经发生。本案明确了资管产品未经清算的,应当结合涉案资管产品的具体情况、管理人的过错程度等因素综合认定投资者损失是否客观发生,对在资管产品未经清算的情况下如何判定投资者损失提供了指引。

【案例索引】

案号:

一审:上海市浦东新区人民法院(2020)沪 0115 民初 53483(2021 年 9 月 18 日)

二审:上海金融法院(2022)沪 74 民终 2042(2022 年 3 月 28 日)

审判组织:

一审:陆剑平、孔燕萍、姜岚

二审:张文婷、童蕾、张娜娜

编写人:孔燕萍、于建尧

32

资管计划管理人适格原告的认定标准

——兴业财富公司与中安公司债券交易纠纷案

裁判要旨

在资产管理计划作为债券持有人时,认定资产管理计划的管理人为涉案纠纷的适格原告,可以更好地保护资产管理计划中投资者的利益,维护债券市场和资管市场的稳定发展。本案从合同具有相关约定、债券持有人会议授权公司债券管理人起诉但未排除持券人的诉权、资产管理计划管理人作为持券人在公司债券管理人未履行职责时可以提起诉讼不能反推出持券人在公司债券管理人履行职责时即丧失诉权三个方面,明确了在债券持有人会议决议授权公司债券管理人提起诉讼的情形下,资管产品管理人作为持券人仍享有对债券发行人的诉权。

基本案情

原告:兴业财富资产管理有限公司(以下简称兴业财富公司)

被告:中安科股份有限公司(以下简称中安公司)

兴业财富公司诉称:2016 年 11 月 1 日,被告中安公司签署《2016 年公开发行公司债券募集说明书》(以下简称《募集说明书》),并在上海证券交易平台发布,约定 A 债券的发行首日、起息日、债券付息日、本金兑付日、回售部分债券的兑付日等;若被告中安公司因其过失、恶意、故意不当行为或违反《债券受托管理协议》《募集说明书》或者任何适用法律的任何行为(包括不作为)导致债券持有人及其股东、董事、监事、管理人员、员工或关联方产生任何诉讼、权利要求、损害、债务、判决、损失、成本、支出和费用(包括合理的律师费用和执行费用),被告中安公司应负责赔偿并使其免受损失。2018 年 5 月 7 日，被告中安公司出具《关于 A 债券债券违约的公告》，截至 2018 年 4 月 30 日，被告中安公司发行的 A 债券已逾期未付本金及利息。原告兴业财富公司持有 A 债券券面金额 2850 万元，被告中安公司在 2017 年 12 月 31 日应付未付款已逾 2 亿元，被告中安公司需在发生上述违约事项的 3 个月内完成本期债券本息的提前偿付，但被告中安公司始终未支付债券本息，故原告主张以 2018 年 3 月 31 日为涉案债券的提前到期日，并据此提起本案诉讼。

被告辩称：原告主体不适格，A 债券债券纠纷的原告适格主体应为债券受托管理人中安公司，故本案中应裁定驳回原告的起诉。理由在于：首先，A 债券《募集说明书》规定，债券发生违约情形后，债券受托管理人为第一顺位的追索权人，代表债券持有人向被告中安公司进行追索；其次，在 A 债券违约情形发生前后，受托管理人中安公司积极履行了其于《债券受托管理协议》项下的职责，积极代表债券持有人向被告中安公司进行了追索，要求追加担保或其他可行的救济措施，不存在怠于行使职责的情形；最后，经 A 债券 2018 年第二次债券持有人会议通过决议，中安公司被授权有权代表 A 债券债券持有人向法院提起财产保全申请、提起民事诉讼等法律程序。综上，在原告未有任何理由和证据证明债券受托管理人怠于履行其职责的前提下，原告作为债券持有人无权直接向被告中安公司进行追索。同时，A 债券是公募债，实行同债同权，若其中任何一个债券持有人先行实现债权，则将损害其他债权人的利益，故应由中安公司统一起诉后，按比例分配实现债权。

【法院裁判】

法院经审理认为，涉案《募集说明书》及《关于变更 A 债券募集说明书的补充公告》系被告中安公司作为发行人对涉案 A 债券的募集所作的承诺及说明，原告作为债券持有人购买涉案债券并支付对价，均系双方当事人的真实意思表示，依法成立有效，故双方当事人理应恪守。本案的争议焦点之一在于，资管产品管理人作为本案原告主体是否适格。

被告中安公司认为因债券持有人会议已授权中安公司提起诉讼，原告作为债券持有人之一已丧失单独起诉的权利，故本案中应驳回原告的起诉。对此本院认为，首先，涉案《募集说明书》明确约定在发行人（被告中安公司）未按时支付债券本息或发生其他违约情形时，债券持有人（原告）有权直接依法向发行人进行追索,因此债券持有人具有在发行人违约时进行直接追索的权利;其次,涉案债券的债券持有人会议虽通过由中安公司代表债券持有人向法院提起民事诉讼的议案,但该议案并未排除债券持有人单独起诉的权利;最后,虽然《募集说明书》约定“被告中安公司未按时支付本次债券的本金和/或利息,或发生其他违约情况时,债券受托管理人将依据《债券受托管理协议》代表债券持有人向被告中安公司进行追索……如果债券受托管理人未按《债券受托管理协议》履行其职责,债券持有人有权直接依法向被告中安公司进行追索”,但该条款仅系赋予中安公司作为受托管理人在发行人违约时直接追索的权利,同时明确在受托管理人不履行职责时,债券持有人亦可进行追索,而从该条款并不能反推出,在受托管理人履行其职责的同时,债券持有人直接追索的权利即被排除,因此,且不论中安公司作为受托管理人是否履行了其职责,原告作为债券持有人进行单独起诉的权利始终存在。综上,被告中安公司关于原告主体不适格的辩称缺乏事实与法律依据,本院不予采信。宣判后,被告中安公司提出上诉。二审法院驳回上诉,维持原判。

【案例评析】

资产管理业务是指银行、信托、证券、基金、期货、保险资产管理机构、金融资产投资公司等金融机构接受投资者委托,对受托的投资者财产进行投资和管理的金融服务。金融机构为委托人利益履行诚实信用、勤勉尽责义务并收取相应的管理费用,委托人自担投资风险并获得收益。资产管理产品包括但不限于人民币或外币形式的银行非保本理财产品,资金信托,证券公司、证券公司子公司、基金管理公司、基金管理子公司、期货公司、期货公司子公司、保险资产管理机构、金融资产投资公司发行的资产管理产品等。而上述资产管理产品大多系以资产管理计划的形式存在。

根据《民法典》《信托法》《民事诉讼法》相关规定,资产管理计划不是具有民事权利能力的自然人、法人和非法人组织,也不能作为民事诉讼的当事人。在资产管理相关合同中,一般均会约定,以管理人名义,代表投资者利益行使诉讼权利或者实施其他法律行为。因此,在司法实践中,一般均由资产管理计划的管理人作为当事人提起诉讼。承认管理人以自己的名义,代表资产管理计划起诉,可以促进我国资产管理业务的发展。

在涉案公司债券出现违约或被宣布提前到期时,资产管理计划作为公司债券持有人,可以对发行公司提起诉讼。资产管计划不具有民事诉讼的主体资格,因此,作为资产管理计划管理人的原告,可以以管理人身份提起本次诉讼。但本次诉讼最终产生的实体权利和义务,应归属于资产管理计划,不得归入受托人、管理人的固有财产。

【典型意义】

近年来,我国金融机构资产管理业务快速发展,形成了商业银行、证券公司、保险公司、信托公司、基金管理公司、私募基金管理人等共同参与的"大资管"市场格局。资产管理在满足居民财富管理需求、优化社会融资结构、支持实体经济融资需求等方面发挥了积极作用。但是由于立法、监管、市场、宣传等各方面的原因,资产管理市场在快速发展的同时亦引发了较多的纠纷,不仅包括投资人与资管计划管理人之间的纠纷,也包括因资管计划投资项目出现问题所导致的资管计划管理人与被投资公司之间的纠纷。资管产品管理人如何履行、以何种方式履行管理职责,妥善维护投资人的合法权益常常是主要争议点。同时,仍有一些机构和政府部门缺乏对资管产品主体和资金的独立性认识。本案不仅明确了资产管理计划管理人适格原告的认定标准,也加大了社会对于基金财产独立性的关注和认识,并且为资管产品管理人应当如何履行管理职责,维护投资者的合法权益提供了指引。

【案例索引】

案号:

一审:上海市浦东新区人民法院(2018)沪0115民初38946号(2018年12月29日)

二审:上海金融法院(2019)沪74民终298号(2019年6月27日)

审判组织:

一审:顾权、黄婧、华文东

二审:竺常赟、孙雪梅、王承晔

编写人:顾权、王朝辉

证券、票据、准金融机构及其他类纠纷案件

33

汇率掉期交易中违约责任范围的司法认定

——花旗银行与樱达公司等金融衍生品种交易纠纷案

裁判要旨

公司汇率掉期交易属于场外金融衍生品交易的一种，在合同一方违约导致交易提前终止的情形下，支付提前终止款项系交易违约方在合同解除后对非违约方应承担的违约责任。违约责任范围的认定应以《民法典》合同编（原《合同法》）为基本依据，同时充分遵循金融衍生品交易的国际惯例及金融衍生品交易的自身特性，并以诚实信用原则和商业合理性原则为基础，计算提前终止款项的相应市场公允价值。

基本案情

原告：花旗银行（中国）有限公司（以下简称花旗银行）

被告：樱达生活电器（中山）有限公司（以下简称樱达公司）

被告：广东樱达电气有限公司

被告：李某

2012 年 6 月 20 日，花旗银行与樱达公司签订《衍生交易主协议》及其附件，约定双方按照《衍生交易主协议》的规定进行场外衍生品交易。2014 年 2 月 10 日，花旗银行与樱达公司确认分别在 2014 年 10 月 27 日、2014 年 11 月 25 日、2014 年 12 月 23 日、2015 年 1 月 26 日及 2015 年 2 月 12 日 5 个结算日进行人民币兑换美元远期外汇交易。

自 2014 年 3 月 14 日起，樱达公司负责人去向不明、厂区停产，案外人花旗银行广州分行于 2014 年 3 月 18 日向樱达公司宣布其与樱达公司签订的融资协议项下的全部贷款立即到期。同日,花旗银行根据《衍生交易主协议》的约定向樱达公司发出保证金通知,要求樱达公司立即交付所需保证金并签订账户质押协议,但樱达公司未予交付。

2014 年 3 月 19 日,花旗银行向樱达公司发出提前终止通知,指定 2014 年 3 月 20 日为提前终止所有未完成交易的提前终止日并进行反向交易处理。花旗银行根据《衍生交易主协议》的相关规定计算出提前终止款项,并于 2014 年 3 月 24 日通知樱达公司在 2014 年 3 月 27 日前向其支付,但樱达公司未予履行。花旗银行遂诉诸法院,请求判令樱达公司偿还提前终止款项人民币 4,184,550 元以及至实际清偿之日止的利息(暂算至 2014 年 8 月 31 日的利息为人民币 125,815.47 元,利率按合同约定计)。

被告樱达公司未应诉答辩。

【法院裁判】

法院经审理认为,花旗银行与樱达公司签订的《衍生交易主协议》及其附件系双方当事人真实意思表示,内容不违反法律、行政法规的强制性规定,合法有效,当事人理应恪守。现花旗银行已按约履行义务,而樱达公司的行为构成了《衍生交易主协议》下的终止事件,花旗银行根据《衍生交易主协议》的约定确定提前终止日并要求偿还提前终止款项及相应利息,具有事实和法律依据。对于樱达公司应当承担的提前终止款项数额,法院认为应根据本案系争被终止掉期交易所体现的公允市场价值为准则来进行计算。同时,根据金融衍生品交易惯例,在系争五笔汇率掉期终止款项进行计算的过程中,花旗银行在为系争被终止交易而安排的相关对冲风险交易中所产生的合理损失也应当作为计算依据,花旗银行计算的提前终止款项金额准确,应予支持。

上海市浦东新区人民法院依法判决:一、樱达公司应于本判决生效之日起十日内偿还花旗银行提前终止款项人民币 4,184,550 元;二、樱达公司应于本判决生效之日起十日内支付花旗银行自 2014 年 3 月 20 日起至实际清偿之日止的利息(以提前终止款项人民币 4,184,550 元为基数,利率按照中国人民银行公布的同期同档贷款基准利率计算)。

【案例评析】

本案是一起由汇率掉期交易引发的金融衍生品纠纷案,案件焦点在于汇率掉期交易提前终止的情形下，对违约责任范围的认定及提前终止款项公允市场价值的计算问题。

一、汇率掉期交易的基本结构及交易规则

（一）汇率掉期交易的基本结构

掉期属于场外金融衍生品交易的一种，其既是一种金融交易行为，也可被视作交易方就金融交易行为所达成的合约。从金融交易行为出发，掉期即指现金流支付义务的互换；[①]从合约角度看，掉期指两个或两个以上的当事人按照商定的条件在约定的时间内交换一系列现金流的合约。[②] 在掉期业务中，一般由交易商（通常为金融机构）充当中介或第三方将掉期交易建立起来，或者为掉期交易组建一个场外二级市场，[③]交易商根据整体交易策略分别与两方或者多方客户进行数个独立的掉期交易。

本案所涉的汇率掉期为掉期交易的一种常见形式，即将不同货币所代表的现金流进行互换。具体而言，樱达公司与花旗银行达成了结算日分别为2014年10月27日、2014年11月25日、2014年12月23日、2015年1月26日及2015年2月12日的人民币兑换美元远期外汇交易，樱达公司将分别于每个结算日向花旗银行出售4,500,000美元，并以6.0630的固定远期汇率从花旗银行买入人民币27,283,500元。通过上述交易安排，交易双方互换了人民币与美金所对应的现金流，若结算日美元兑换人民币即期汇率高于6.063，则在该交易中花旗银行受益；反之，则樱达公司受益。

（二）汇率掉期交易的交易规则溯源

国际掉期与衍生工具协会（ISDA）推出的ISDA主协议及其相关附件被视为国际衍生品交易的通用文本，其所确立的单一协议制度、履约保障制度、净额结算制度等相关规则作为国际惯例，在维护国际金融衍生品市场稳定运行方面发挥了重要作用。随着我国金融衍生品市场的不断开放，衍生品交易规则亦逐步与国际规则相融合。中国银行间市场交易商协会于2007年10月发布了《中国银行间市场金融衍生产品交易主协议》（NAFMII 2007版），在经历了2008年国

---

① ［英］格伦·阿诺德：《金融市场和机构——实践视角》，江春译，武汉大学出版社2014年版，第524页。

② 陈善昂主编：《金融市场学》（第2版），东北财经大学出版社2012年版，第168页。

③ ［美］安东尼·桑德斯、玛西娅·米伦·科尼特：《金融风险管理》，王中华、陆军译，人民邮电出版社2012年版，第347页。

际金融危机后,该协会进一步借鉴了ISDA主协议的相关规则,并于2009年推出了NAFMII主协议2009版,其内容与ISDA主协议高度融合。作为我国银行间衍生品交易的通行文本,NAFMII主协议也为非银行间市场参与者在从事金融衍生品交易时所广泛使用,可以说NAFMII主协议已成为我国金融衍生品交易的行业通行规则。

二、汇率掉期交易中违约责任范围的界定

(一)提前终止款项的法律性质

汇率掉期交易属于双方在确定的交易时段内进行的货币互换交易,其债务的给付总量依赖于时间因素,因此从合同类型上看,汇率掉期交易合同属于继续性合同,其效力不溯及既往,仅作用于未来。[①] 同时,我国《民法典》合同编(原《合同法》)并未将继续性合同终止与一时性合同解除相区分,而是把继续性合同终止作为解除的一种类型,把这种意义的终止直接称为解除。[②] 因此,汇率掉期交易中交易双方对具体违约责任触发交易提前终止的合约安排实质上属于我国《民法典》合同编(原《合同法》)下继续性合同的约定解除,而提前终止款项即为交易违约方在合同解除后对非违约方应承担的违约责任,也就是交易非违约方因交易的提前解除而遭受之损失。根据ISDA及NAFMII主协议的相关规定,违约事件下提前终止应付额包括终止款项和未付款项两部分,[③]其中未付款项的清偿属于对已发生并确定之债务的履行,实践中并无太大争议,关键在于如何认定终止款项的范围,特别是该部分款项是否应包括对未到结算期之交易的盈亏净额存在较大争议。

(二)计算提前终止款项范围的考量依据

根据ISDA及NAFMII主协议的规定,终止款项包括所有被终止交易的公允市场价值总和的终止货币等值额,[④]可见,站在衍生品交易国际规则及行业惯例的角度,交易提前终止后依然要兑现未来的全部盈亏。但在我国台湾地区宝来证券案中,法官从传统民商法理念出发恰恰得出了相反的观点,认为"若主张仍可请求未届至之各期净额,将使契约形式上虽终止,但无退场机制,仍要求系争商品之投资人之被上诉人赔偿未到期部分之各期净额,将使解约或终止契约之

---

① 高富平主编:《民法学》,法律出版社2006年版,第502页。

② 崔建远:《合同法总论》(中卷),中国人民大学出版社2012年版,第565页。

③ ISDA 2002 MASTER AGREEMENT 6e(i);NAFMII主协议(2009版)第9条第2款第2项。

④ ISDA 2002 MASTER AGREEMENT 6e(i);NAFMII主协议(2009版)第9条第2款第2项。

约定形同具文而无意义……"[①]有学者将上述争议的根源归结为"传统民商法理论尚不适应金融衍生交易市场的发展"。[②]

笔者认为,对提前终止款项范围的司法审查应以本土化规则为基础,同时需兼具国际化视野并遵循金融交易的自身特性。我国《民法典》合同编(原《合同法》)下对损失认定范围包括实际损失与可得利益损失两部分,同时通过可预见性规则对可得利益的范围加以限定。具体而言,若交易未被提前终止,所有经过双方交易确认书确认的交易都会在结算日进行净额结算,因此在交易提前终止的情况下,未到结算期的交易净额属于我国《民法典》合同编(原《合同法》)下的可得利益应无异议,问题的关键在于这部分可得利益是否受到可预见性规则的阻却。笔者认为,基于对金融衍生品交易国际惯例的尊重以及该类交易自身特性的遵循,应当在一定程度上弱化可预见性规则在金融衍生品交易中的适用,但同时应注重投资者与金融机构间的利益平衡。

1. 对金融衍生品交易国际惯例的尊重

虽然场外衍生品交易非标准化交易,交易参与方可以进行一对一的个性化交易设计,[③]但衍生品交易结构精巧、关系复杂,普通交易参与者并不具备制定交易条款的能力,而 ISDA 与 NAFMII 主协议的出台为场外衍生品交易提供了适用于国际市场的标准化合约,并作为国际惯例和国内行业规则在衍生品交易实践中被广泛采用并为交易参与方所熟知。因此,若交易协议中实际采用了 ISDA 与 NAFMII 主协议的相关规定,则应当认为交易各参与方对合约中所列违约责任的承担具有预期。

2. 对金融衍生品交易自身特性的遵循

金融衍生品交易本身具有虚拟性、杠杆性、高风险性等特征,"当前订约、未来履行"是该类交易的基本形态,[④]虽然交易双方在缔约时无法确定合约下的盈亏,但缔约的内容恰恰体现了缔约方对标的物未来走向的预期,因此无论这种预期是否与最终标的物的走向一致,至少在缔约时每一笔预期交易都是金融衍生品交易整体合约目的的组成部分,所有经确认的预期交易也都在交易参与方的

① 我国台湾地区"最高法院"民事"判决"97 年度台上字第 2543 号。

② 刘燕、楼建波:《金融衍生交易法律问题的五个层次——以衍生品合约为中心的分析框架》,载《涉外资银行审判实务与前沿》,法律出版社 2011 年版,第 91 页。

③ 陶修明:《场外交易法律风险的规避与防范》,载《中国期货》2013 年第 3 期。

④ 刘燕、楼建波:《金融衍生交易的法律解释——以合同为中心》,载《法学研究》2012 第 1 期。

考量范围之内。

3. 投资者与金融机构间的利益平衡

虽然对金融衍生品国际惯例和自身特性的遵循会在一定程度上淡化可预见性规则的适用，但由于实践中衍生品交易合同版本基本作为交易一方的金融机构提供，加之信息不对称等因素，金融机构在合同缔约过程中处于优势地位，因此，从平衡保护投资者与金融机构利益的角度出发，金融机构应当履行信息披露及风险提示义务①，使投资者充分了解金融衍生品交易的特性及风险。若金融机构未履行信息披露或风险提示义务，则会导致缺乏经验的投资者无法合理预见到金融衍生品交易的相关风险及违约后所需承担的法律后果。

三、提前终止款项具体金额计算应以诚实信用原则及商业合理性原则为基础

（一）提前终止款项计算方法的模式借鉴

在金融衍生品交易实践中，对被终止交易公允市场价值的量化一直以来都是交易参与者重点关注的内容，提前终止款项的公允市场价值的计算方法将直接影响到交易各方的最终盈亏。ISDA 主协议作为全球场外衍生交易领域使用最为广泛的标准协议文本，一直以来都在不断完善和改进提前终止款项金额计算的相关条款，在其各时期的文本中，先后出现了损失法、市场报价法和终止结算法等计算方式。

1. 损失法

损失法即根据诚信原则计算出因交易提前终止而使非违约方遭受的全部损失，包括本应从交易中获得但却因交易提前终止而无法获得的收益、计算方因筹集交易资金所额外付出的成本、在相关对冲交易中的额外损失等。② 损失法理论上能最真实地反映提前终止款项的公允价值，但 1992 年 ISDA 主协议只是对损失范围作出了原则界定，对具体计算过程中所参照的数据模型等缺乏规定，计算过程人为主观因素较强，在实践中缺乏可操作性。

2. 市场报价法

市场报价法指计算方从市场上的参考造市商获取对被终止交易的报价（参

---

① 在司法实践中，金融机构应当提供材料证明客户是否已经完全理解该笔衍生产品交易的条款、相关风险、该笔交易具有真实的交易目的或目标，以及对最差可能情况具有足够的承受能力。参见符望、范黎红：《场外金融衍生品交易中金融机构的信息披露和风险揭示义务》，载《法律适用》2014 年第 9 期。

② 赵勤智：《场外衍生交易主协议提前终止金融计算问题研究》，载《金融理论与实践》2010 年第 3 期。

考造市商拟与计算方进行一个与被终止交易类似的替代交易时所愿意付出或要求取得的金额,参考造市商要提出报价通常会先对交易进行估值)。[①] 市场报价法摒弃了损失法繁杂的公式估值,通过市场估值的方式迅速便捷地确定提前终止款项,但市场报价法受惠于市场的同时也受限于市场,其仅能适用于相对简单且流动性较强的衍生交易,同时市场交易条件的波动也会影响市场报价的真实和公允。

3. 终止款项法/替代交易法

2002 年版 ISDA 主协议在对市场报价法和损失法进行吸收和改进的基础上,提出了终止款项法(NAFMII 各版本主协议中均采用了替代交易法的表述),终止款项法即通过替换或取得与被终止交易主要交易条款相同的经济效果,得出被终止交易的公允市场价值。[②] 终止款项法兼顾损失法与市场报价法的优势,借助市场获取各种计算数据和模型,克服损失法由于规定简单而易使计算流于随意的缺点,补充了有关计算的指导原则和要求,使计算过程更加规范。[③] 我国银行间市场交易商协会发布的 NAFIMII 主协议(2009 版)结合 2008 年国际金融危机的经验教训和中国市场的实际需求对 NAFIMII 主协议(2007 版)中的相关制度进行了进一步的完善,其中重要的一项内容即是改进被终止交易公允价值计算机制,摒弃了常用但存在明显缺陷的亏损法,完善了替代交易法和市场报价法有关安排,在给予交易双方灵活选择的同时,更加兼顾了计算的公平性和商业合理性。[④] 值得注意的是,终止款项法/替代交易法实质上也只是指出了一种较为具体的计算思路,ISDA 主协议和 NAFIMII 主协议并未也无法提供一个放之四海而皆准的“计算工具”,针对具体交易下的终止款项计算是否公允仍需要根据

---

① 赵勤智:《场外衍生交易主协议提前终止金融计算问题研究》,载《金融理论与实践》2010 年第 3 期。

② 赵勤智:《场外衍生交易主协议提前终止金融计算问题研究》,载《金融理论与实践》2010 年第 3 期。

③ 终止款项法要求终止净额计算方依据一个或多个第三方提供的有关替代交易的报价;一个或多个第三方提供的相关市场数据的资料,包括但不限于相关利率、价格、收益率、收益率曲线、波动性、利差、相关性以及相关市场的其他市场数据;源于内部的(包括源于计算方的任何关联公司)的以上第(i)和第(ii)款所述类型的资料,但该资料应是计算方在评估同类交易的日常商务过程中使用的同类资料。ISDA 2002 MASTER AGREEMENT 14“close-out amount”(i)(ii)(iii)。

④ 中国银行间市场交易商协会秘书处:《中国银行间市场金融衍生产品交易主协议(2009 年版)》文本答记者问,载 http://www.nafmii.org.cn/ztbd/nafmiizxyfb/201204/t20120401_10765.html,最后访问日期:2015 年 2 月 6 日。

具体情况以诚实信用原则和商业合理性原则为基础进行个案判断。

（二）本案提前终止款项具体金额的计算方法

本案花旗银行根据终止款项法/替代交易法，通过将各未到期之所有原始交易提前至提前终止结算日（2014 年 3 月 24 日）进行交割，同时在提起终止日（2014 年 3 月 20 日）安排反向对冲交易进行平盘轧差，通过樱达公司在平盘交易中应付的人民币款项减去提前交割交易中应收的人民币款项，以此计算出樱达公司应当支付的提前终止款项。本案的焦点问题即在于上述提前交割交易行为及平盘损失应如何认定？所得的提前终止款项是否符合市场公允价值？

1. 提前交割行为及反向平盘损失的认定

花旗银行通过安排反向交易进行提前交割，实质上是采取了 ISDA 主协议终结款项法/替代交易法的计算思路，将所有未完成交易提前至终止结算日进行，通过对掉期点的计算拟制出所有未完成交易在提前终止结算日所适用的远期汇率，旨在取得与原始交易相同的经济效果。同时，通过反向交易，花旗银行将提前终止款项从原始交易下的可得利益转化为反向交易下的现实损失，基于樱达公司本身属于具备一定交易经验的成熟客户且《衍生品交易主协议》对违约情形下的交易提前终止事项有明确约定，花旗银行亦尽到了信息披露和风险告知义务，故樱达公司理应预见到交易提前终止会引发上述反向平盘损失。

2. 提前终止结算日的确定

根据《衍生交易主协议》的规定，花旗银行应在提前终止日之后合理可行的最短时间内决定提前终止款项，本案中花旗银行于 2014 年 3 月 19 日发出提前终止通知，并指定 2014 年 3 月 20 日为提前终止日。在 3 月 20 日后的第二个工作日 2014 年 3 月 24 日（3 月 21 日、3 月 22 日为周末）即确定为提前终止交易的结算日并计算得出了提前终止款项，该提前终止结算日的确定符合双方协议中“提前终止日之后合理可行的最短时间”的约定，亦符合商业合理性原则。

3. 提前交割交易适用汇率的选择

本案花旗银行通过由原来约定的远期汇率减去剩余期限的掉期点得出了提前掉期交易所适用的汇率，而依照花旗银行计算模型得出的掉期点恰好落在两个独立第三方机构同时期公布的掉期点数据之间，说明花旗银行对掉期点的计算及提前交割交易适用汇率的选择过程符合终止款项法/替代交易法中关于“依据一个或多个第三方提供的相关市场数据资料”的要求，同时印证了花旗银行依照自身数据模型并综合考虑交易金额所计算出的掉期点符合商业合理性原则，其计算结果属于市场公允价值,故法院予以支持。

【典型意义】

本案是一起由汇率掉期交易引发的金融衍生品种纠纷案,案件焦点在于汇率掉期交易提前终止的情形下,对违约责任的认定及提前终止款项公允市场价值的计算问题。本案的判决指出,违约责任的认定应以我国《民法典》合同编(原《合同法》)为基本依据,同时充分遵循金融衍生品交易的国际惯例,并以诚实信用原则和商业合理性原则为基础,计算提前终止款项的相应市场公允价值。该案系法院首例以判决形式审结的涉汇率掉期衍生品交易纠纷案,该案的判决为该类案件的后续处理提供了借鉴和思路。

【案例索引】

案号:上海市浦东新区人民法院(2014)浦民六(商)初字第S3800号(2014年12月15日)

审判组织:顾权、尹伟、华文东

编写人:顾权、顾天翔

34

未到期债券发行人默示拒绝履行的司法认定

——宝钢公司与天威公司证券纠纷案

裁判要旨

公司发行多项债券的，每一项债券的发行和兑付均具有独立性。对于未到期债券，发行人在其他债券项下的违约事实不能轻易认定为"以自己的行为表明不履行合同义务"的情形，即不构成对未到期债券之兑付义务的默示拒绝履行行为。此种情况下，未到期债券的持有人不能以发行人默示拒绝履行为由要求其提前兑付债券。

基本案情

原告：宝钢集团财务有限责任公司（以下简称宝钢公司）

被告：保定天威集团有限公司（以下简称天威公司）

2011年2月23日，天威公司发行面值总计10亿元的2011年度第一期中期票据，简称11乙MTN1，期限五年，票面利率5.85%，利息兑付日为2012年至2016年每年的2月24日，本金兑付日为2016年2月24日。2012年4月5日，宝钢公司通过全国银行间同业拆借中心购入面值5000万元的11乙MTN1债券。天威公司另于2011年4月20日发行2011年度第二期中期票据，简称11乙MTN2。2015年4月21日，天威公司发布公告称11乙MTN2债券"应于2015年4月21日兑付利息，由于本公司发生巨额亏损，未能按期兑付本年利息"。2015年6月25日，11乙MTN1票据持有人会议决议要求对该债券提前加速到期，并将采取民事诉讼。宝钢公司认为，天威公司已经丧失兑付能力，显然不能于到期日履行兑付义务，故根据《民法典》第578条（原《合同法》第108条）的相关规定请求判令天威公司立即按面值兑付宝钢公司持有的5000万元11乙MTN1票据债券的本金及利息。后因天威公司进入破产重整程序，故宝钢公司将诉讼请求调整为判令确认宝钢公司对天威公司享有债权本金5000万元以及截至进入重整程序前的利息。

【法院裁判】

法院经审理认为，天威公司依法发行企业债券11乙MTN1，宝钢公司通过合法方式购买并持有该债券，双方依法形成有效的合同法律关系。企业债券虽系有价证券，由发行人于证券交易市场公开发行并流通，但其实质仍系发行人与债券持有人之间就该债券在一定期限内进行还本付息的约定，故应当受到合同法律规范的约束。

本案的争议焦点在于，天威公司是否存在《民法典》第578条（原《合同法》第108条）规定的预期违约行为。宝钢公司认为，天威公司就11乙MTN2未能按期兑付利息，同时又涉及多起诉讼，由此足以表明其届时将无法兑付涉案债券11乙MTN1，属于《民法典》第578条（原《合同法》第108条）规定的“以自己的行为表明不履行合同义务”的情形，已构成预期违约，故应当承担违约责任。天威公司辩称，其一直按期履行涉案债券11乙MTN1的兑付义务，也从未表示过到期将不履行相应义务，因此其不存在任何已经发生的或预期的违约行为。对此法院认为，首先，从双方合同的约定来看，尽管天威公司发生了募集说明书约定下的“违约事件”，但合同并未赋予宝钢公司就此主张天威公司提前兑付的权利。《募集说明书》第十一章第2条约定，宝钢公司只有在涉案债券到期未予兑付的情况下，才能依约主张违约责任，故宝钢公司的主张缺乏相应的合同依据。其次，从《民法典》合同编（原《合同法》）的规定来看，宝钢公司主张的天威公司经营状况恶化、涉及多起诉讼从而可能丧失兑付能力的情形，是我国《民法典》合同编（原《合同法》）上关于不安抗辩权行使的前提。既然宝钢公司主张天威公司预期违约，则应根据预期违约的构成条件进行判断。天威公司虽对其他债券存在违约行为，但每一项债券的发行和兑付均系天威公司的独立履约行为，对其中任何一项债券丧失兑付能力并不必然延及其他债券的兑付结果，且天威公司对涉案债券一直按期兑付利息，无论是从主观上还是行为的外化表现上，均未“表明”其将不履行涉案债券的兑付义务，因此，在案证据不足以证明天威公司出现了《民法典》第578条（原《合同法》第108条）规定的预期违约的情形，天威公司关于其不构成预期违约的辩称成立。宝钢公司的该项主张缺乏法律和合同依据,法院不予采纳。

宝钢公司起诉时涉案债券虽未到期,但因天威公司的重整申请已于2016年1月8日被法院裁定受理,根据《企业破产法》的规定,“未到期的债权,在破产申请受理时视为到期”,故宝钢公司对天威公司就涉案债券形成的债权于2016年1月8日视为到期,宝钢公司要求确认对天威公司享有债权本金5000万元及相应利息的主张,法院予以支持。对于利息的计算,宝钢公司主张5.85%的年利率具有相应的合同依据,法院依法予以确认。对于利息的计算期间,因《企业破产法》规定“附利息的债权自破产申请受理时起停止计息”,故涉案债券利息计算的截止日应为2016年1月7日。

上海市浦东新区人民法院作出判决,确认宝钢公司对天威公司享有债权本金5000万元以及截至2016年1月7日的利息(以本金5000万元为基数,按年利率5.85%,以实际欠息天数计)。

【案例评析】

本案系债券持有人在债券尚未到期时起诉发行人要求其承担违约责任的证券纠纷。虽然本案最终因天威公司进入破产程序而转化为确认宝钢公司享有的破产债权,实际并未以天威公司是否构成默示拒绝履行为前提进行裁判,但其中折射的相关法律问题仍然值得探讨。

一、本案基础法律关系的认定

本案宝钢公司要求天威公司就其预期违约行为承担合同违约责任,而天威公司则认为本案属于有价证券纠纷,不应简单按照《民法典》合同编(原《合同法》)的规定以合同纠纷处理,且宝钢公司通过公开交易购买系争债券,意味着其应遵守发行公告和募集说明书中关于本息兑付日的规定。对此笔者认为,企业债券虽系有价证券,由发行人于证券交易市场公开发行并流通,但债券交易的实质仍系发行人与债券持有人之间就该债券在一定期限内进行还本付息的约定,符合《民法典》下“合同是民事主体之间设立、变更、终止民事法律关系的协议”之规定①,自应受到合同法律规范的约束。美国证券法上将证券交易行为描述为“最高诚信合同”,表明该等交易行为固然应受证券法律规范之特别法的约束,旨

① 原《合同法》第2条第1款规定:“本法所称合同是平等主体的自然人、法人、其他组织之间设立、变更、终止民事权利义务关系的协议。”

在维持证券交易市场的正常秩序，但涉及交易双方基本权利、义务的保护问题仍有赖于依照合同法理及精神进行考量。鉴此，法院对天威公司关于本案系有价证券纠纷而不适用《民法典》合同编（原《合同法》）的辩称不予采纳。

二、基于交易合同约定条款的考察

从双方约定的角度分析，债券发行的过程实系交易双方订立合同的过程，而债券发行文件的内容则构成最终成立之交易合同的约定条款。判断一方当事人是否构成违约，进而是否应承担相应违约责任，首先需考察合同条款对于系争事项是否有明确的约定。从《募集说明书》的约定来看，虽然其中“违约事件”列明的情形包括“拖欠付款”和“破产”两项，但合同并未赋予宝钢公司就此主张天威公司提前兑付的救济权利，而是约定该等“违约事件”发生后，投资者可向发行人或主承销商发出书面通知，表明即刻启动投资者保护机制的意思，具体措施包括公开披露有关事项和召开持有人会议。发行文件不轻易赋予投资者宣告提前到期的权利，主要是为了维护债券市场的稳定，避免因个别债券持有人提前主张兑付本息而引发市场上其他持有人效仿的连锁效应。根据《募集说明书》第十一章第2条的约定，宝钢公司只有在本案系争债券到期未予兑付的情况下，才能依约主张违约责任并依法提起诉讼。现本案系争债券尚未到期，故宝钢公司因天威公司在其他债券兑付能力上的丧失而要求其承担本案合同项下的违约责任，缺乏相应的合同依据。

三、基于合同法律规定的考察

从《民法典》合同编（原《合同法》）规定的角度分析，宝钢公司认为天威公司就11乙MTN2未能按期兑付利息，同时又涉及多起诉讼，由此足以表明其届时将无法兑付涉案债券11乙MTN1，属于《民法典》第578条（原《合同法》第108条）规定的“以自己的行为表明不履行合同义务”的情形，已构成预期违约，故应当承担违约责任。天威公司则认为，其一直按期履行涉案债券11乙MTN1的兑付义务，也从未表示过到期将不履行相应义务，因此其不存在任何已经发生的或预期的违约行为。笔者认为，判断天威公司的行为是否属于《民法典》第578条（原《合同法》第108条）所规定的情形，首先应理解该条文的具体含义。“当事人一方明确表示或者以自己的行为表明不履行合同义务的，对方可以在履行期限届满之前要求其承担违约责任”，属于《民法典》合同编（原《合同法》）上拒绝履行的情形，包括明示的拒绝履行与默示的拒绝履行。本案宝钢公司所主张的“预期违约”其实应系当事人拒绝履行的概念。学理上所谓预期违约虽与拒绝履行之含义相近,但两者仍有区别。预期违约(anticipatory breach)是起源于英国普通法的一项制度,指在履行期限届至前,合同一方当事人表示他将不履行,或者自己无能力履行合同的情形。前一种情形与我国《民法典》合同编(原《合同法》)上的拒绝履行相类似,而后一种情形则相当于履行不能。无论是预期违约还是拒绝履行,其法理特征均在于承认该等行为使受害人有权在约定的履行期届至前立即请求损害赔偿,但受害人获得此项权利的前提是行为人必须有不履行的意思表示。"这种拒绝必须是'清楚的'和'绝对的'"。如果债务人仅向债权人表示其将来可能不履行合同,这种意思表示并不能被判定为绝对的和清楚的拒绝履行,亦难认定其已使合同履行成为不可期待,不能径以之构成此处的拒绝履行。反观本案天威公司所处之情境,其虽发布公告称债券 11 乙 MTN2 未能按期付息,但每一项债券的发行和兑付均系天威公司的独立履约行为,对其中任何一项债券丧失兑付能力并不必然延及其他债券的兑付结果,天威公司对于系争债券 11 乙 MTN1 的履约,截至宝钢公司起诉前仍系正常。天威公司既没有明确表示其将不履行系争债券的兑付义务,也没有通过与系争债券有任何直接关联的行为来默示其将拒绝履行,仅凭天威公司在其他债券兑付过程中的行为不足以构成其对系争债券之"绝对的和清楚的"拒绝履行。因此,宝钢公司的该项主张亦缺乏相应的法律依据,法院不予支持。

【典型意义】

本案判决一方面警示债券当事人应尊重契约精神,依照合同约定、法律规定主张、行使自身权利,另一方面通过保障债券发行人及持有人的合法权益,为债券市场的稳定和良性健康发展提供司法保障。

【案例索引】

案号:上海市浦东新区人民法院(2015)浦民六(商)初字第 4310 号(2016 年 3 月 29 日)

审判组织:林晓君、陆燕、华文东

编写人:丁祎

35

到期前提示付款情形下持票人的追索权认定

——清河公司与感先公司票据追索权纠纷案

裁判要旨

本案基于电票系统的业务结构模式，采信被授权机构上海票据交易所出具的公文书证，查明本案关键事实拒付时间信息。在法律适用方面，立足于民法意思表示的基础理论，以票据法的基本价值理念为指引，准确适用《票据法》第61条拒付追索条款，限缩解释《票据法》第53条第2款，填补了《票据法》中的法律漏洞，确立了持票人期前提示付款、到期后被拒付时有权向其前手行使追索权的裁判规则。

基本案情

原告：清河县忆言自行车销售有限公司（以下简称清河公司）

被告：上海感先汽车传感器有限公司（以下简称感先公司）

清河公司诉称，清河公司持有某汽车公司开具的商业承兑汇票一张，承兑人某汽车公司，收款人某配件公司，票据号码230965301111520180320172773073，票据到期日2018年9月20日，出票金额370,000元。清河公司于到期日前通过电子汇票系统对上述票据进行提示付款，到期后电子汇票系统显示票据状态：提示付款已拒付。因承兑人某汽车公司未履行付款义务，清河公司依法向感先公司行使票据追索权，故诉至法院，要求判令感先公司支付清河公司票据款370,000元并支付清河公司自2018年9月20日起至本次票款结清之日止、以370,000元为计算基数、按照每日万分之五计算的利息。

感先公司辩称，清河公司没有证据证明感先公司系背书人，感先公司主体不合格;承兑汇票到期后清河公司没有提示付款,不符合追索权要件;清河公司行使票据权利超过了6个月;诉请利息过高。

【法院裁判】

上海市浦东新区人民法院经审理认为,案涉电子商业承兑汇票,形式完备,要素齐全、真实,为有效票据。上述电子商业承兑汇票在中国人民银行电子商业汇票系统内流转,相关基本信息、承兑信息、提示付款信息、拒付信息等均记录在电子商业汇票系统中。上海票据交易所股份有限公司作为中国人民银行指定的电子商业汇票系统运营者,向本院出具了案涉汇票的相关提示付款、拒付信息,感先公司虽然对此持有异议,但并未提供确凿证据加以反驳,且案涉汇票在某银行企业银行系统显示的信息与上海票据交易所提供的信息并未冲突,故本院对上海票据交易所提供的案涉汇票相关信息予以确认。清河公司经连续背书取得案涉汇票而成为最后持票人,其在汇票到期日的前一日提示付款,承兑人某汽车公司在汇票到期日后提示付款期间内,以"承兑人账户余额不足"为由拒绝付款。根据《票据法》第61条第1款之规定,清河公司有权对背书人之一即本案感先公司行使追索权。清河公司在被拒绝付款后次日即对感先公司行使追索权,仍在追索权时效内,故清河公司的票据权利并未消灭。根据《票据法》以及司法解释的相关规定,清河公司行使追索权,可以请求感先公司支付被拒绝付款的汇票金额370,000元以及按照中国人民银行规定的企业同期贷款流动资金贷款利率计算的利息。

上海市浦东新区人民法院于2019年9月26日作出(2019)沪0115民初47358号民事判决:一、感先公司应于本判决生效之日起十日内支付清河公司票据款370,000元;二、感先公司应于本判决生效之日起十日内支付清河公司以370,000元为基数、自2018年9月20日起至清偿日止、按照中国人民银行规定的企业同期流动资金贷款利率计算的利息;三、驳回清河公司其余诉讼请求。

一审判决后,感先公司不服,提起上诉,后上海金融法院判决驳回上诉,维持原判。判决已经生效。

【案例评析】

本案争议焦点是电子商业汇票到期前提示付款行为的效力是否延续至汇票到期后。因电子商业汇票票据行为存在一定特殊性,故上述问题的解决,既应从基础性法律民法的视角进行讨论,亦应从特别法《票据法》的角度加以研究,同时应从电子法律方面进行思考。

一、一般民事法律行为——提示付款的意思表示

广义上的票据行为是指以发生、变更或消灭票据关系为目的的法律行为或者准许法律行为,包括发票、背书、改写、涂销、禁止背书、付款、保证、承兑等。上述行为属于票据法中的行为,同时本质上也属于民法上的法律行为,其有效性应当符合民事法律行为的一般构成要件。我国《民法典》(原《民法总则》)规定,民事法律行为有效应当具备三个构成要件:行为人具有相应的民事行为能力、意思表示真实、不违反法律、行政法规的强制性规定,不违背公序良俗。意思表示包括有相对人的意思表示和无相对人的意思表示。前者于相对人知道其内容时生效且一直有效,除非行为人撤回意思表示,并且撤回意思表示的通知应当在意思表示到达相对人前或者与意思表示同时到达相对人。

清河公司在电票系统中汇票到期日之前提示付款,系其向付款人作出的请求付款的意思表示。该意思表示在到达付款人时发生法律效力,因清河公司并未作出撤回的意思表示,故该意思表示应当一直有效,及于到期后,而非在汇票到期日终止。基于此,清河公司无须在出现付款人在到期日之前未应答的情形时,在到期日之后再次作出提示付款的意思表示。付款人在付款期限内作出的行为回复包括签收(同意行为申请)和驳回(拒绝行为申请)两种。本案中,付款人作出拒绝付款的意思表示,系对先前已经生效的提示付款意思表示的拒绝。持票人的付款请求权因此得不到实现,其追索权行使的实质要件继而成立。

二、商事特别法律行为——提示付款期限的“准”要式性

相对于一般的民事法律行为,票据行为又具有其自身的特点,主要表现为要式性、文义性、无因性、独立性。其中,要式性是指票据行为具有法律规定的行为方式与效力,不允许当事人任意选择或者变更。票据为流通证券,票据行为的要式性使得票据款式统一,有利于加快票据的流转。要式性贯穿整部《票据法》,但就提示付款期限而言,要式性似乎具有“准要式”特征。

关于定日付款汇票的提示付款期限,我国《票据法》第 53 条第 1 款第 2 项规定,持票人应当在到期日起 10 日内向承兑人提示付款。同时,该条第 2 款又规定“持票人未按照前款规定期限提示付款的,在作出说明后,承兑人或者付款人仍应当继续对持票人承担付款责任”。从文义解释角度而言,“持票人未按照前款规定期限提示付款”包括持票人在提示付款期 10 日之前(期前提示付款)以及提示付款期 10 日之后提示付款(逾期提示付款)两种情形。本案中,感先公司实质上亦是以此进行抗辩,认为清河公司期前提示付款不符合该条规定的票据行为的要式性,与逾期提示付款的后果相同,作为背书人的感先公司由此免责。但第 53 条第 2 款所规定的"持票人未按照前款规定期限提示付款"应仅限于持票人逾期提示付款,而不包括期前提示付款。理由如下。

首先,从《票据法》立法目的角度而言,《票据法》之所以规定提示付款期限,其意义在于督促持票人在合理、有效的时间内行使票据权利,使出票人或承兑人早日脱卸债务,以加快票据的流通。逾期提示付款会导致票据权利长期处于待定状态,故《票据法》规定背书人等由此免责。但期前提示付款实际上会促进票据的流转,使各方权利、义务相对提前确定。

其次,从票据法律体系角度而言,持票人期前提示付款并未被法律所禁止,且法律明确对承兑人之外的前手的追索权的丧失情形仅限于逾期提示付款,而不包括期前提示付款。比如,我国《票据法》第 58 条中规定:"付款人在到期日前付款的,由付款人自行承担所产生的责任。"中国人民银行制定的《支付结算办法》第 89 条第 1 项中规定:"付款人提前收到由其承兑的商业汇票,应通知银行于汇票到期日付款。"第 36 条第 1 款又规定:"商业汇票的持票人超过规定期限提示付款的,丧失对其前手的追索权,持票人在作出说明后,仍可以向承兑人请求付款。"

最后,从商事惯例角度而言,在电子汇票出现前,票据市场流通的票据为纸票,为了保证及时提示付款,持票人通常在到期日前将票据交给其开户行,再由其开户行通过票据交换系统交付至付款人开户银行。期前提示付款已是一种商业惯例,延续至电子商业汇票业务,并为银行业票据系统所允许。

综上,提示付款期限 10 日不是严格意义上的要件,持票人可以选择在期前提示付款,且并不因此产生逾期提示付款、追索权对象受限的法律后果。

三、电子商业汇票票据法律行为——期前提示付款的效力

票据电子化和电子票据代表了票据业务的发展方向。为了给电子商业汇票系统建设提供法律支撑,规范电子商业汇票系统上线运行后的业务处理,中国人民银行制定了《电子商业汇票业务管理办法》《电子商业汇票系统管理办法》《电子商业汇票业务处理手续》等一系列的规定,并批准设立了全国统一的电子票据交易平台"上海票据交易所股份有限公司"。电子商业汇票系统是依托网络和计算机技术,接收、存储、发送电子商业汇票数据电文,提供与电子商业汇票货币给付、资金清算行为等相关服务的业务处理平台。本案中的电子商业汇票的出票、承兑、背书、提示付款和追索等业务,即通过上述系统办理。

关于期前提示付款,《电子商业汇票业务管理办法》第 59 条规定:“持票人在票据到期日前提示付款的,承兑人可付款或拒绝付款,或于到期日付款。承兑人拒绝付款或未予应答的,持票人可待票据到期后再次提示付款。”第 66 条规定:“持票人在票据到期日前被拒付的,不得拒付追索。持票人在提示付款期内被拒付的,可向所有前手拒付追索。持票人超过提示付款期提示付款被拒付的,若持票人在提示付款期内发出过提示付款,则可向所有前手拒付追索;若未在提示付款期内发出过提示付款,则只可向出票人、承兑人拒付追索。”与前述《票据法》第 53 条、第 58 条相比,《电子商业汇票业务管理办法》明确规定了在电子商业汇票系统中,持票人可以期前提示付款,但在期前提示付款、期后拒付能否行使追索权的问题上,并未明确。第 66 条仅是根据拒付发生时间将追索权分为不可拒付追索权和可拒付追索权,而未明确涉及期前提示、期后拒付的追索权。

另需说明的是,清河公司某银行企业网上银行系统显示的票据信息少于上海票据交易所运营平台所显示的票据信息。本案关键的票据拒付时间信息,在上海票据交易所运营平台有所显示,而在清河公司某银行企业网上银行系统中未显示。因上海票据交易所股份有限公司系中国人民银行指定的电子商业汇票系统运营者,故在没有确凿证据推翻上述证据的情况之下,本院确认了上海票据交易所出具的证据的证明效力。

综上,期前提示付款的意思表示效力及于到期后,等同于期中提示付款,付款人拒付时,持票人有权向其前手行使追索权。

【典型意义】

在事实查明方面,本案基于电票系统的业务结构模式,采信被授权机构上海票据交易所出具的公文书证,查明本案关键事实拒付时间信息。在法律适用方面,本案判决立足于民法意思表示的基础理论,以《票据法》的基本价值理念为指引,准确适用《票据法》第 61 条拒付追索条款,限缩解释《票据法》第 53 条第 2 款,填补了《票据法》中的法律漏洞,确立了持票人期前提示付款、到期后被拒付时有权向其前手行使追索权的裁判规则。

在票据电子化趋势之下,该案具有较强的理论和实践意义,维护了持票人的合法权益。

【案例索引】

案号：

一审：上海市浦东新区人民法院(2019)沪0115民初47358号(2019年9月26日)

二审：上海金融法院(2020)沪74民终107号(2020年3月23日)

审判组织：

一审：李鹏、姜岚、伍兴生

二审：吴峻雪、孙倩、周荃

编写人：李鹏、周亚杰

36

银行卡收单业务外包服务机构未尽审核义务的违约责任认定

——易生支付公司与云资公司等服务合同纠纷案

裁判要旨

银行卡收单业务外包服务机构未尽到对特约商户资质审查义务的，在银行卡收单机构自身亦存在审核不严的情况下，应减轻外包服务机构的违约责任。减轻比例可参考外包业务的合法性、责任主体的替代性、损害发生的可控性、责任减轻的有限性等因素确定。

民事调解书确定的赔偿额可以作为赔偿责任的计算基数，但应具备真实的基础关系、正当的给付原因、适当的给付数额及已完成的给付行为等要件。

基本案情

原告：易生支付有限公司（以下简称易生支付公司）

被告：上海云资信息科技有限公司（以下简称云资公司）

被告：康某

易生支付公司系一家持有中国人民银行颁发的支付业务许可证并从事银行卡收单业务的支付机构，云资公司系一人有限责任公司，康某为云资公司的股东。2016年11月1日，易生支付公司（甲方）与云资公司（乙方）签订了《银联卡收单外包服务合作协议》，约定由云资公司为易生支付公司提供推荐特约商户等服务。该协议主要内容包括：1. 甲方委托乙方为甲方的银联卡收单外包业务提供专业化服务，服务内容包括“特约商户推荐”，即乙方按照甲方的要求，向其推荐有意向受理银联卡业务的商户，提供商户信息并协助甲方完成商户调查，商户资料收集、整理与提交等工作，特约商户协议由甲方负责审批和签约；2. 乙方承诺在甲方授权地区向甲方提供银联卡收单外包专业化服务，保证推荐商户符合甲方特约商户入网标准；3. 对于乙方推荐的商户给甲方造成的风险和损失，乙方应与商户承担连带责任，除非乙方能证明该风险是由商户自身原因造成的，与乙方无关，且乙方已尽了审慎推荐、严格审查的义务……

2016 年 11 月，案外人张某在未获得授权的情况下，私自以“某装潢公司”名义向云资公司申请案涉 POS 机并提交申请材料，其中“商户注册信息登记表”中“工商注册名称”栏填写“某装潢公司”，“实际经营名称”栏填写“某房地产咨询”。其后，云资公司向易生支付公司推荐了名称为“某装潢公司”的特约商户，并向原告转交了上述申请材料。易生支付公司根据云资公司转交的材料核发了案涉 POS 机。

2017 年 12 月 20 日，上海市黄浦区人民法院作出(2017)沪 0101 刑初 1036 号刑事判决，该判决书载明：张某利用担任某房地产咨询公司中介业务员的职务便利，以代缴尾款税费的名义，使用其私自办理的案涉 POS 机，收取下家被害人钱款后占为己有并花用殆尽。被告人张某构成诈骗罪等罪名，被判处有期徒刑并处罚金。其后，某房地产咨询公司与易生支付公司就张某犯罪造成的客户损失承担发生争议，经法院调解并出具调解书，易生支付公司赔偿某房地产咨询公司 959,481.87 元。

本案中，易生支付公司诉称，云资公司未审查商户的资质，推荐的客户并不符合《银联卡收单外包服务合作协议》的要求，已构成违约，应赔偿易生支付公司的损失 959,481.87 元及相应的利息。康某作为云资公司的一人股东，应承担连带责任。云资公司、康某辩称，易生支付公司违法外包资质审查业务，应属无效。云资公司仅负有协助审查的义务，易生支付公司长期未发现商户资质问题，自身存在重大过错，应自行承担损失。

本案审理中，易生支付公司和云资公司均确认，双方在审核案涉 POS 机申请材料时，除与案外人张某联系外，均未通过其他方式核实材料真实性，也未与某房地产咨询公司联系核实商户的注册名称和实际经营名称。

【法院裁判】

法院经审理认为，双方的合同约定，云资公司承诺向易生支付公司提供银联卡收单外包专业化服务，保证推荐商户符合原告特约商户入网标准。对于云资公司推荐的商户给易生支付公司造成的风险和损失，云资公司应与商户承担连带责任。本案中，云资公司未采取其他合理措施审慎核实材料的真实性，即向易生支付公司推荐涉案商户，并最终导致易生支付公司向案外人赔付相应损失的结果。云资公司已经违反合同约定，易生支付公司有权要求云资公司承担违约责任。

关于云资公司应承担的损失赔偿比例问题，《民法典》第 592 条第 2 款规定，当事人一方违约造成对方损失，对方对损失的发生有过错的，可以减少相应的损失赔偿额。《银行卡收单业务管理办法》规定，收单机构应当自主完成特约商户资质审核等业务活动；收单机构应当在收单业务外包前制定收单业务外包管理办法等。易生支付公司作为专业支付机构，相比云资公司，对案涉 POS 机申请材料显然有更强的审核能力，也应承担最终的审核责任。然而，易生支付公司对案涉 POS 机申请材料并未进行必要的核实，对自身损失发生存在明显过错。法院综合考虑双方的专业程度、审核义务以及过错情况，酌定云资公司应承担的损失赔偿金额为易生支付公司损失的 30%。

关于原告的具体损失数额，易生支付公司与某房地产咨询公司在法院的主持下达成调解协议，并实际赔付某房地产咨询公司因案涉 POS 机造成的相关损失 959，481.87 元，赔付金额根据某房地产咨询公司诉请金额 1，540，045 元的约 60%计算得出。由于该数额及相应解释尚属合理，且被告云资公司未举证证明该数额与事实不符，故易生支付公司以此计算其因云资公司违约造成损失数额的意见，法院予以认可，云资公司应赔付的损失为 287，844.56 元。此外，鉴于康某为一人有限责任公司的股东，康某不能证明公司财产独立于自身财产，故康某应对云资公司的上述赔偿义务承担连带责任。

上海市浦东新区人民法院于 2021 年 1 月 8 日作出（2020）沪 0115 民初 74259 号民事判决：1. 云资公司应于本判决生效之日起十日内赔偿原告易生支付公司损失 287，844.56 元；2. 被告康某对云资公司上述第一项付款义务承担连带清偿责任。一审宣判后，云资公司、康某依法提起上诉。

上海金融法院于 2021 年 5 月 18 日作出（2021）沪 74 民终 493 号民事判决：驳回上诉，维持原判。

【案例评析】

在银行卡收单行业中，收单机构利用外包服务机构拓展市场、发展新的特约商户情况较为普遍。本案系外包服务机构向收单机构推荐特约商户时，收单机构和外包服务机构均未认真审查商户资质，导致银行卡收单机构错误核发了POS机，从而引发的违约损害赔偿纠纷。案件主要审理难点在于如何将《民法典》规定的过失相抵规则应用到金融服务合同的违约责任认定中，特别是收单机构和外包服务机构均存在商户资料审核不严的情况下，相关违约责任如何分摊。

一、过失相抵规则可适用于违约责任的判定

过失相抵规则最早来源于罗马法中的“旁氏规则”，意为因自身过错导致的损害不能视为损害，但这种规则采用的是“全有”或“全无”的标准，这与英美法系早期在侵权责任领域的适用标准相似，但在合同责任的研究领域论述较少。在传统理论的研究上，过失相抵规则的核心在于根据受害人的过错来降低侵害方的赔偿责任，讨论的重点也在过错问题上，所以对于过失相抵规则也有了“混合过错”“过错相抵”“与有过失”等论述，但其本意近乎一致。在损害赔偿法上的过失相抵规则不仅可以适用于“损害的发生”，也可应用到“损害的扩大”，如果加害人能够证明受害人对损害的发生或扩大具有过错的，应减轻或免除赔偿义务人的责任。①

对过失相抵规则的理论基础，存在过失分担说、惩罚不当行为说、损害控制说、保护加害人说、危险领域说及公平原则与诚信原则说，最高人民法院则倾向于认为公平原则是过失相抵规则的正当性依据。② 也就是说，当受害人的过错行为与加害人的行为共同导致损害的发生或扩大时，要求加害人就并非自己的行为导致的损失承担责任，不仅有违公平原则，也不符合自己责任的原则。③ 根据这一理论，可以将过失相抵规则理解为损害赔偿法的一项基本规则，无论是侵权之债还是违约之债，都有过失相抵的适用空间。

从我国的立法历程上看，对过失相抵规则的规定多在侵权责任领域。过失相抵最初规定于《民法通则》第131条，其后实施的《侵权责任法》第26条除了对文字表述作了变化外，基本延续了《民法通则》的规定。而《合同法》和《民法总则》对此并无明确规定，在合同法领域涉及过失相抵的只有最高人民法院《关于

---

① 参见程啸：《论侵权行为法上的过失相抵制度》，载许章润主编：《清华法学》，清华大学出版社2005年版，第24页。

② 参见最高人民法院民法典贯彻实施工作领导小组主编：《中华人民共和国民法典合同编理解与适用（二）》，人民法院出版社2021年版，第838页。

③ 参见程啸：《过失相抵与无过错责任》，载《法律科学》（西北政法大学学报）2014年第1期。

审理买卖合同纠纷案件适用法律问题的解释》(以下简称《买卖合同司法解释》)第30条,由此便导致了长期的司法实践中,对过失相抵规则能否适用于合同责任的问题产生了不小的争议。部分观点认为,违约责任应严格遵循无过错原则,对于过失相抵的适用仅限于买卖合同中,其余的违约责任不作比例区分。当然,亦有将买卖合同中的过失相抵规则类推适用于所有合同的倡议,但长期未有立法支持。直至《民法典》第592条出现,才有了立法上的定论。该条在《合同法》第120条原有的双方违约的规定基础上新增了第2款,“当事人一方违约造成对方损失,对方对损失的发生有过错的,可以减少相应的损失赔偿额”,该款实际上是吸收了《买卖合同司法解释》的规定,将买卖合同中的过失相抵规则扩展到所有合同责任,将过失相抵作为计算违约损害赔偿范围的重要规则,与大陆法系及《国际商事合同通则》等国际交易规则相呼应,违约责任领域自此正式确立了过失相抵规则。

二、本案中外包服务机构的违约责任应当适用过失相抵规则

(一)过失相抵与双方违约的区分

双方违约与过失相抵均规定于《民法典》第592条,易产生法律适用关系上的混淆,其实在《民法典》颁布之前,实践中也存在用《合同法》第120条的双方违约制度类推适用过失相抵规则的情况,将受损方的过错也视为一种“违约”,双方违约责任进行结果上的充抵后,也就实现了减轻违约方责任的目的。但实践中两者存在明显区别,双方违约制度调整的关系中存在两个违约事实,双方均要为自己的违约行为承担违约责任,在责任的发生上具有独立性,而过失相抵规则适用的情形只有一个违约事实,但是基于该违约事实产生的损害双方均有过错,最终仅产生了一个违约责任。本案纠纷的发生源于云资公司未按《银联卡收单外包服务合作协议》的约定对商户的资质进行认真审查,导致易生支付公司接收的客户并不符合标准,双方订立的合作协议中仅将资质审查义务分配给了云资公司,故仅存在云资公司的单方违约行为,不能适用双方违约的规则来处理本案。

(二)过失相抵与减少损失规则的区分

《民法典》第591条规定的减少损失规则与《合同法》第119条基本一致,减少损失规则要求合同另一方在一方违约后,应采取适当的措施防止损失的扩大,否则不得就扩大的损失请求赔偿。大陆法系中,减少损失规则往往会被过失相抵规则吸收,但我国立法将两个规则作分别适用解释,主要是考虑到:第一,两种规则的理论基础不一样,减少损失规则是基于诚信原则产生的,而过失相抵规则考虑更多的是公平原则。第二,适用前提不同,减少损失规则仅能解决违约损失中扩大部分的责任承担,违约行为刚发生时并不能适用,而过失相抵规则主要解决损害发生时的责任分摊,一旦违约行为发生就存在过失相抵的讨论空间。第三,法律后果不同,适用减少损失规则时可以免除违约方对损害扩大部分的全部责任,过失相抵规则是根据双方的过错大小来划分责任承担比例。本案的损害发生后,易生支付公司直至案外人张某案发,收到相关投诉以及某房地产咨询公司提起赔偿诉讼时才知晓云资公司的违约行为,客观上还未产生扩大损失,减少损失规则亦无法适用于本案。

(三)本案应适用过失相抵规则认定违约责任

本案中,收单机构与外包服务机构签订合同,约定申请 POS 机的特约商户资质由外包服务机构负责审核,外包服务机构推荐的特约商户存在瑕疵的,应当承担全部的损失赔偿责任。被告作为外包服务机构,未按照约定严格审核材料,显属违约。但《银行卡收单业务管理办法》第 35 条规定,收单机构应当自主完成特约商户资质审核、受理协议签订、收单业务交易处理等业务活动。收单机构作为收单业务主体的管理责任和风险承担责任不因外包关系而转移。原告作为专业支付机构,应承担最终的审核责任。然而,原告对案涉 POS 机申请材料也未进行必要核实,仅凭被告云资公司转交的材料即完成审核签约,且未发现申请材料中的明显不合理之处,致使案外人张某得以利用 POS 机以及刷卡时错误显示的商户名称实施犯罪。根据双方的合同约定,被告存在明显违约行为,而原告则不存在违约,但原告对自身损失发生存在明显过失,符合《民法典》第 592 条所确定的过失相抵规则的适用条件。另外,本案的法律事实虽发生于《民法典》实施之前,但根据《最高人民法院关于适用〈中华人民共和国民法典〉时间效力的若干规定》第 3 条的规定,本案可以适用《民法典》的新规定。

三、根据过失相抵规则判定违约责任需考虑的要素

虽然《民法典》第 592 条第 2 款将过失相抵规则扩大为所有违约责任中损害赔偿范围的限定方法,但就具体的规则适用及责任减少比例仍有待讨论。在本案所涉的银行卡收单业务外包服务合同纠纷中,判断双方的责任比例可从以下因素考量:

(一)业务外包的合法性

本案的收单业务外包服务合同主要内容是易生支付公司将部分银行卡收单业务外包给云资公司,让云资公司为易生支付公司完成商户资质审查等工作。

在判断双方过错时，首先应审查合同所约定的内容是否合法，若法律基于防控金融风险、规范市场秩序等因素禁止金融机构外包特定业务，对于此类业务的外包可能涉及合同效力问题，进而影响到违约责任的成立。就本案所涉的外包业务而言，《银行卡收单业务管理办法》第 35 条并未禁止收单机构将资料审核等工作交由外包服务机构承担，只是需要自行承担商户资质的最终审核责任。也就是说，《银行卡收单业务管理办法》强调的是收单机构外包业务后的风险管控和对外责任承担，云资公司提出的涉案合同无效而不应承担违约责任的主张无法成立。

（二）责任主体的替代性

涉及银行卡收单业务的外包工作时，应注意审查业务外包是否会导致责任主体的转移。通常而言，通过合同设置的义务并不具有对抗善意第三人的效果，第三人信赖的依然是法律所规定的义务主体。因此，银行卡收单机构通过协议的方式外包特约商户申请材料审核业务时，对商户资质的审查义务不因收单业务外包而转移。本案中，云资公司虽依照合同实际承担了商户资质的审查责任，但双方的协议中也约定了“特约商户协议由易生支付公司负责审批和签约”，易生支付公司不因业务外包及相关合同的约定而免除自身的审批和签约义务，在易生支付公司和云资公司均未充分履行 POS 机申请材料审核义务的情况下，双方对损失的发生均存在过错。

（三）损害发生的可控性

实践中，违约行为与损害后果之间往往不是一一对应的关系，多因一果、一因多果的情况时有发生，所以理论上才产生了通过比较原因力的方式来确定双方责任比例的方法。原因力的强弱、大小与合同当事人对损害结果的防控能力、防控行为存在内在联系，当事人对于损害发生具有较强的管控能力时往往会对应更多的义务和责任。尤其是在金融领域，金融机构作为风险的直接管控者，理应承担更多的法律义务和道德义务，在金融创新时同步做好风险防控工作。本案中，易生支付公司作为专业支付机构，相比云资公司，对案涉 POS 机申请材料显然有更强的审核能力，然而，易生支付公司对申请材料并未进行必要的核实，仅凭云资公司转交的材料即完成审核签约，且未发现案涉“商户注册信息登记表”中名称不一等明显不合理之处，只要易生支付公司稍加注意即可避免损害的发生，故法院认定其应承担主要责任。

（四）责任减轻的有限性

需要注意的是，过失相抵规则仅是减轻违约方责任的一种制度，并不能改变违约责任成立与否的无过错本质。一般而言，违约方应负的违约责任并不会因受损方的过错而全部免除。考虑到过失相抵规则是公平原则平衡下的产物，合同严守原则视角下的违约方仍然是首要责任方，过多地减轻违约方责任并不符合合同严格责任的要求。因此，在司法实践中，法院一般不得仅依据过失相抵规则完全免除违约方的责任。

四、将调解金额认定为实际损失的条件

在确定了本案双方当事人的责任分摊比例后，不可回避的是责任基数的确定问题，易生支付公司主张的赔偿额来源于调解书。而调解书虽是法院确认的生效文书，但法院对调解内容的审查主要限于当事人的意思自由及基本合法性，对于应然层面的义务和责任并未经实体处理，调解书确定的给付义务并不一定是法律原意。因此，对于当事人主张以调解书确定的赔偿义务作为损失的情形，法院应综合考量以下几个因素：

（一）基础关系的真实性

调解书的出具程序决定了法院对调解内容的审查义务远不及作出判决时的查明义务，法院对当事人达成的调解协议多以形式审查为主、实质审查为辅，但一经法院确认并出具调解书后，产生的强制力与判决书别无二致。实践中，部分当事人就利用这个“漏洞”提起诉讼，也就出现了一些以调解为名、行避债之实的虚假调解情形，《最高人民法院关于防范和制裁虚假诉讼的指导意见》中也明确要加大对调解协议的审查力度。基于虚假诉讼作出的调解书并不具有实质意义上的法律约束力，由此确定的给付责任当然不能作为当事人的实际损失。本案中易生支付公司的相关损失源于张某的犯罪行为，该事实已由生效的刑事判决所确认，基于刑事事实认定时“排除合理怀疑”标准，可以确定涉案调解书的基础关系符合实情，本案诉讼中可以直接确认。

（二）给付原因的正当性

在调解书中记载的基础事实为真时，需进一步审查基于已证事实产生的法律关系，判断基础权利义务关系是否与调解书所确定的给付义务相匹配。若调解书确定的义务方实际上并无任何法律意义或道德意义上的给付义务，则该给付义务缺失必要的正当原因。当事人若自愿为之，即使调解书确定了此项义务，亦只可自行负担，不得转嫁至他人。本案的损失发生有易生支付公司未尽审查之职之因，易生支付公司赔偿某房地产咨询公司的损失具有法律上的原因，调解书可以确认此项赔偿义务。

(三)给付数额的适当性

在基础关系正当的前提下，易生支付公司损失额的确定需要判断调解书确认的支付数额是否与基础法律关系产生的效果基本相当，即调解书确认的给付义务是否在法律应然的限度内。对于给付数额的适当性认定实际上需要法院对基本法律关系、法律效果等予以初步审查，大致判断既定的法律关系所能作用的法效范围，只要调解书确认的义务内容没有出现严重失衡的情况，法院仍应尊重当事人的自由意思。本案中，某房地产咨询公司原先主张的损失为150余万元，但某房地产咨询公司本身亦有疏于公司内部管理之失，张某的犯罪行为利用了其作为某房地产咨询公司员工的职务之便，对于这部分损失某房地产咨询公司理应负有一定责任，调解书按60%的比例确认易生支付公司的赔偿额有适当性及合理性，对于这部分损失可以作为其实际损失。

(四)给付行为的完成性

考虑到调解书确认的义务主要源于案件当事人的自己意思，并无利害关系人的证实和认可，调解内容较易出现损害第三人利益的情形，故调解书的效力应严格限于当事人之间。欲将调解书确认的法律关系应用到其他法律事实中去，除了需要审查以上法律层面的要点外，还需结合事实层面的要件对调解内容的合理性进行强化，即在当事人已实际履行了调解书确认的义务内容后，才能成为其他法律关系的事实基础。本案中的易生支付公司已实际向某房地产咨询公司支付了调解书确认的全部赔偿额，故而法院在综合考量上述因素后，将调解书中确认的赔偿额计为易生支付公司的实际损失。

【典型意义】

在银行卡收单行业中，收单机构利用外包服务机构拓展市场、发展新的特约商户的情况较为普遍。本案系外包服务机构向收单机构推荐特约商户时，收单机构和外包服务机构均未认真审查商户资质，导致银行卡收单机构错误核发了POS机，从而引发的违约损害赔偿纠纷。

本案的裁判明确了：在外包服务机构未尽到对特约商户资质审查义务，且收单机构自身亦审核不严的情况下，应适用过失相抵规则减轻外包服务机构的违约责任。具体的减轻比例可参考外包业务的合法性、责任主体的替代性、损害发生的可控性、责任减轻的有限性等因素确定。另外,民事调解书确定的赔偿额可以作为赔偿责任的计算基数,但应具备真实的基础关系、正当的给付原因、适当的给付数额及已完成的给付行为等要件。本案不仅为过失相抵规则在合同责任领域的具体适用提供了参考思路,也为规范银行卡收单业务的外包服务市场秩序,防范金融市场风险提供了法律支持和保障。

【案例索引】

案号:

一审:上海市浦东新区人民法院(2020)沪0115民初74259号(2021年1月8日)

二审:上海金融法院(2021)沪74民终493号(2021年5月18日)

审判组织:

一审:余韬

二审:符望、崔婕、张娜娜

编写人:余韬、卞贵龙

37

支付机构在即时到账服务中的安全保障责任

——技宇网络公司与支付宝公司服务合同纠纷案

裁判要旨

即时到账交易中未授权支付的认定应当结合支付服务合同约定的交易方式加以判断，电子支付服务提供者在用户提供初步证据后，应承担相应的举证责任。支付服务合同双方需恪守契约自由、诚实守信等市场交易规则，同时应尽风险防范和安全保障义务。在支付服务合同对于双方权利义务设定未有失衡且与行业交易习惯相合的情况下，电子支付服务提供者履约不存在过错的，不应承担损害赔偿责任。

基本案情

原告：上海技宇网络科技有限公司（以下简称技宇网络公司）

被告：支付宝（中国）网络技术有限公司（以下简称支付宝公司）

技宇网络公司诉称：技宇网络公司为支付宝用户并接受被告的服务，已充分阅读、理解并接受《支付宝安全保障规则》的全部内容，技宇网络公司一直遵循上述规则的所有约定。技宇网络公司的324715×××@qq.com支付宝账户在未经技宇网络公司授权情况下，分别于2017年11月25日19时26分至22时5分，被擅自分28笔转出654,800元至“×述超”等支付宝账户；11月26日19时45分至20时28分，被擅自分13笔转出274,200元至“×永汉”等支付宝账户；11月27日18时56分至19时18分，被擅自分五笔转出194,000元至“×述超”“×健敏”支付宝账户。技宇网络公司损失共计1,123,000元。技宇网络公司发现此事后虽向上海市公安局静安分局报案，但至今未能挽回损失。技宇网络公司认为,上述交易非经技宇网络公司授权,且被告对技宇网络公司负有安全保障义务,被告应依约赔偿技宇网络公司损失1,123,000元及利息。

被告支付宝公司辩称:1.涉案交易使用了凭AppID和RSA密钥完成的即时到账服务,即"单笔转账到支付宝账户接口"功能,系技宇网络公司亲自或授权代理人操作其自有运营系统实施,而非盗刷;2.根据约定,技宇网络公司使用其专有接口发送至被告的指令均视为技宇网络公司的真实意思表示且不可撤销,被告作为被授权的指令执行方对依照该指令进行的操作及结果不承担任何责任,且被告对于涉案交易在验证付款人身份真实、权限有效时进行的操作也不具有过错,依法不应承担赔偿责任;3.被告现已依据中国人民银行关于安全防控义务的监管要求,清退了技宇网络公司支付宝账户的"单笔转账到支付宝账户接口"功能。

【法院裁判】

法院经审理认为,双方签订的《支付宝服务合同》《支付宝安全保障规则》等系双方真实意思表示,合法有效,对双方当事人具有法律约束力。技宇网络公司的诉讼请求是否应予支持,关键在于对以下争议焦点的审查判断:第一,涉案交易能否认定为未经技宇网络公司授权的交易;第二,被告对涉案交易的风险是否尽到了审慎合理的提示义务。

一、关于涉案交易能否认定为未经技宇网络公司授权的交易。法院认为,判断涉案交易是否经技宇网络公司授权,并非从技宇网络公司主观认识予以考察,应当着重审查支付指令的发出及完成是否依合同约定的方式使用了正确的AppID和RSA密匙。首先,从技宇网络公司申请开通"单笔转账到支付宝账户接口"功能的情况来看,技宇网络公司在涉案交易有约定"用户需自行创建应用并获取AppID、配置密钥、搭建和配置开发环境"的要求下,仍选择签约并开通该功能,表明技宇网络公司自信自己具备使用该功能的技术条件。其次,从技宇网络公司使用该功能进行支付的情况来看,技宇网络公司仅需依约使用其AppID和自行生成并保管的RSA密钥即可完成交易,无须输入支付密码,被告不从中提供中介服务,双方也未约定交易应特定在工作日或有固定IP地址的设备上;被告仅应依约验证完成交易所需的AppID和RSA密钥是否正确;技宇网络公司开通该支付功能后,一直使用该支付方式向其游戏玩家发放佣金,其在历次使用过程中均未对交易方式持有异议。故现涉案交易能够完成,应认为系因使用正确的 AppID 和 RSA 密钥所完成。最后,技宇网络公司向公安机关的报案陈述认为,涉案交易可能系案外人利用技宇网络公司的支付漏洞跳过了认证程序或者破解了技宇网络公司的支付宝账户和密码所致。该报案行为针对的是案外人可能存在的侵权行为,不能直接证明涉案交易指令的发出或完成存在不符合合同约定的情形。综上,因技宇网络公司未提供证据证明涉案交易指令的发出及完成未依合同约定的方式进行,涉案交易应认定为系经技宇网络公司授权的交易。

二、关于被告对涉案交易的风险是否尽到了审慎合理的提示义务。法院认为,首先,从合同内容来看,涉案交易采用即时支付、即时到账方式,即技宇网络公司一旦确认付款,款项即时到达收款人支付宝账户,款项的支付与否及支付对象的确定完全由作为用户的技宇网络公司直接控制,并通过技宇网络公司自行设置的支付流程发出指令,被告仅有依约验证指令的义务,没有理由和机会拒绝执行用户的交易指令。正是基于该类交易方式的即时性、高风险特点,故双方在《支付宝服务合同》及其"附件"中就交易风险责任的分配均作"甲方承诺,乙方按照甲方指令进行操作的一切风险均由甲方承担"等相关约定,该约定内容契合交易特点,对于合同双方权利义务的设置并无不合理之处,双方当事人应予遵从。其次,在签约及功能开通阶段,被告对涉案交易的风险通过对合同中的相关内容以加粗字体呈现及网站公示等方式进行揭示的做法,符合电子合同签订过程中的交易习惯,亦可证明被告适时充分、合理地履行了风险提示义务。再次,在功能使用阶段,被告按约通过支付宝账户向技宇网络公司及时告知了交易信息,技宇网络公司认为应当通过短信方式提醒的主张缺乏合同依据。最后,技宇网络公司作为一家网络技术公司,凭借其专业技术及应有的行业风险识别意识和能力,对涉案交易可能存在的风险,亦应知晓并力所能及地予以防范,但技宇网络公司对自身账户的安全并未尽到相应的审慎注意和保障义务,甚至当被告客服在涉案交易发生后提示技宇网络公司法定代表人是否需要关闭余额支付和提现功能时,其仍予以拒绝,相应的后果应自行承担。综上,被告作为电子支付服务提供者,对涉案交易的风险已向技宇网络公司尽到了审慎合理的提示义务。

综上所述,法院认为,电子支付服务作为高风险的网络交易方式,合同各方不仅需恪守契约自由、诚实守信等市场交易规则,还应尽到相应的风险防范和安全保障义务。本案中,双方的合同约定对于原、被告的权利义务设定未有失衡,亦与行业交易习惯相合，被告作为电子支付服务提供者依约履行了合同项下的义务，技宇网络公司未能证明被告存在履约过错，故技宇网络公司以被告未尽安全保障义务为由主张被告承担赔偿责任的诉讼请求，缺乏事实和法律依据，法院不予支持。

上海市浦东新区人民法院 2018 年 11 月 21 日作出（2018）沪 0115 民初 26533 号民事判决：驳回技宇网络公司的诉讼请求。宣判后，双方当事人均未提出上诉，判决已发生法律效力。

【案例评析】

在网络实践中，金融科技的创新变革推动了互联网支付业态的多元化发展，一些具有技术优势的用户选择使用风险较高的“即时到账”支付方式，该支付方式具有即时支付、即时到账的特点，无须第三方支付机构提供中介服务，但因“即时到账”引发的未授权支付如何认定、第三方支付机构是否尽到安全保障义务因缺乏法律规定，导致司法实践中争议较大。

2019 年 1 月 1 日开始施行的《电子商务法》，对电子支付过程中未授权支付的责任承担机制进行了规范，但《电子商务法》对于何为未授权支付以及电子支付服务提供者和用户之间的举证责任未予规定。本案中“单笔转账到支付宝账户接口”功能系支付宝作为第三方支付机构提供的即时到账服务的一种，本案对即时到账交易中未授权支付的如何认定、用户和电子支付服务提供者举证责任的平衡与分配以及相应的法律后果作了探索分析。

一、即时到账模式下未授权支付司法认定标准考量

即时到账交易是否构成未授权支付应当结合支付服务合同约定的交易方式加以判断。涉案交易发生后，技宇网络公司虽然向被告和公安机关报案，认为并非技宇网络公司授权交易，但是否构成未授权交易不能从用户主观认识予以考察，应立足合同约定，着重审查支付指令的发出及完成是否符合合同约定。本案中，涉案交易系使用正确的 AppID 和 RSA 密钥所完成，不存在违反合同约定交易方式的情形。在公安机关未结案的情况下，技宇网络公司的报案行为针对的是案外人可能存在的侵权行为，并不能直接证明涉案交易存在违反合同约定的情形，故法院认定涉案交易不构成未授权支付。

二、即时到账模式下电子支付服务者和用户对未授权支付的举证责任

对于即时到账模式下未授权支付的举证责任，第三方支付机构作为电子支付服务提供者在用户提供初步证据后,应承担相应的举证责任。用户对未授权事实应承担初步的举证责任,技宇网络公司虽然就涉案交易已经报案并经公安机关立案侦查,但未提供其他证据证明存在未授权情形。被告作为电子支付服务提供者,在用户对涉案交易存疑的情况下,充分调查涉案交易完成情况,提供交易后台数据,用以证明涉案交易系符合合同约定的授权交易,尽到了相应的举证义务。法院在充分考量双方举证能力的情况下平衡了双方的举证责任,既考虑了用户的举证困难,也能督促电子支付服务提供者完善支付安全创新,强化风险管理。

三、支付服务提供者履约过程中安全保障义务履行情况认定

第三方支付机构作为电子支付服务提供者,对用户的资金安全负有安全保障义务,支付服务合同对于双方权利义务设定未有失衡且与行业交易习惯相合的情况下,电子支付服务提供者履约不存在过错的,不应承担损害赔偿责任。本案中,被告是否善尽安全保障义务,可从以下几个方面加以考量:第一,根据交易方式设定的合同权利义务并无失衡。涉案交易具有即时支付、即时到账的特点,技宇网络公司通过凭借自己技术条件自行设置的支付流程发出支付指令后,被告仅有依约验证指令是否符合预留数据的义务,没有理由和机会拒绝执行用户指令,验证通过,款项即时到达收款人支付宝账户。正是基于该支付方式即时性、高风险的特征,双方在合同中约定"被告按照技宇网络公司指令进行操作的一切风险由技宇网络公司承担",该约定对于原、被告双方权利义务设置并无不合理。第二,在签约及功能开通阶段,被告通过合同字体加粗、网站公示等方式对交易风险进行揭示的做法,符合电子合同签订过程中的交易习惯。第三,在功能使用阶段,被告及时按约告知技宇网络公司交易信息,提供了涉案交易信息的详细后台数据。综上,应认定被告尽到了安全保障义务。

四、高风险支付方式中用户审慎义务的履行

在互联网支付中,用户负有妥善保管电子支付工具、及时通知风险等审慎义务,尤其在即时到账交易中,用户的审慎注意义务应当与交易方式的风险相匹配,用户未尽责任的,应当承担相应的责任。本案中,技宇网络公司有技术能力使用高风险的即时到账支付方式,却未尽作为用户的审慎义务,具体表现在:第一,使用"单笔转账到支付宝账户接口"功能需要较高的技术要求,即技宇网络公司"需自行创建应用并获取 AppID、配置密钥、搭建和配置开发环境",技宇网络公司作为网络技术公司,选择签约并开通涉案支付方式,技宇网络公司主动申请并使用该支付方式向其游戏玩家发放佣金未有异议，表明技宇网络公司自信其具备相应的技术条件，亦应明知相应风险并采取审慎措施。第二，技宇网络公司对自身账户的安全未尽审慎注意和保障义务，涉案交易发生后，被告客服询问技宇网络公司法定代表人是否需要关闭余额支付功能和提现功能时，其在了解风险并已经发生风险的情况下予以拒绝。第三，技宇网络公司报案时的陈述，可以佐证其明知相关风险，但对相关技术漏洞采取了放任态度，并未及时进行技术完善或告知电子支付服务提供者妥善解决。

【典型意义】

网络金融科技的创新变革推动了互联网支付业态的多元化发展，一些具有技术优势的用户选择使用风险较高的“即时到账”支付方式，本案系首例支付宝提供“即时到账”服务，即“单笔转账到支付宝账户接口”引发的纠纷，该支付方式具有即时支付、即时到账方式的特点，支付宝不提供中介服务，交易风险相对较高，但因“即时到账”引发的未授权支付如何认定、第三方支付机构是否尽到安全保障义务因缺乏法律规定，导致司法实践中争议较大。

本案明确了如下司法标准：即时到账交易中未授权支付的认定应当结合支付服务合同约定的交易方式加以判断，电子支付服务提供者在用户提供初步证据后，应承担相应的举证责任。支付服务合同双方需恪守契约自由、诚实守信等市场交易规则，同时应尽风险防范和安全保障义务。在支付服务合同对于双方权利义务设定未有失衡且与行业交易习惯相合的情况下，电子支付服务提供者履约不存在过错的，不应承担损害赔偿责任。

本案确立了“即时到账”模式下“未授权交易”的认定标准，同时，在尊重契约自由、诚实守信等市场交易规则并结合行业管理的前提下，合理厘定了第三方支付机构作为电子支付服务者在风险防范和安全保障方面应尽的义务，对“即时到账”模式下第三方支付机构司法责任的认定作出了和以往“担保交易”模式下不同的探索裁判，本案通过互联网直播审理后当庭宣判，被多家电视台、媒体报道，取得了较好的社会效果，既树立了相应的裁判规则，也有利于促进互联网支付行业法律责任的明晰，为互联网支付机构规范发展营造了良好的法治环境。

【案例索引】

案号:上海市浦东新区人民法院(2018)沪 0115 民初 26533 号(2018 年 11 月 21 日)

审判组织:金民珍、王鑫、孔燕萍

编写人:孔燕萍

38

抵押财产变价款分配的优先范围界定

——长江鼎立公司与民生银行上海分行等执行分配方案异议之诉

裁判要旨

抵押权的担保范围以当事人的约定为准,应及于主债权及其利息、违约金、损害赔偿金、保管担保财产和实现担保物权的费用,但迟延履行法院生效法律文书产生的加倍债务利息不在优先受偿范围之列,若抵押合同中未约定债权人可优先受偿"法院罚息",则在执行程序中应作一般债权予以分配。

基本案情

原告:上海浦东新区长江鼎立小额贷款有限公司(以下简称长江鼎立公司)

被告:中国民生银行股份有限公司上海分行(以下简称民生银行上海分行)

被告:洪某

被告:上海徐汇大众小额贷款股份有限公司(以下简称徐汇大众公司)

原告长江鼎立公司诉称,原告依据生效判决向法院申请执行被告洪某的财产,被执行的上海市黄浦区某房产已经办理抵押登记,抵押登记信息显示,被告民生银行上海分行为第一顺位的抵押权人,债权金额为人民币2500万元;被告徐汇大众公司为第二、第三顺位的抵押权人,债权金额分别为1100万元、900万元;原告系第四、第五顺位的抵押权人,最高债权限额分别为500万元、500万元。涉案房屋拍卖后,拟对拍卖所得款项进行分配。根据分配方案,被告民生银行上海分行作为第一顺位的抵押权人,将对其主债权及利息、违约金、损害赔偿金和实现抵押权的费用予以优先受偿,该金额远远超过其在房地产登记机构登记的债权金额2500万元。原告即提出书面异议,认为被告民生银行上海分行仅应当以其在登记机构登记的债权金额为限享有优先受偿的权利，对超出登记部分的债权金额无权优先受偿。因各方当事人无法就财产分配方案达成一致处理意见，故原告起诉，请求对案件执行款进行重新分配，被告民生银行上海分行仅以其办理抵押登记的2500万元债权金额为限在执行款中予以优先受偿，无权对超出部分的债权金额优先受偿。

被告民生银行上海分行、徐汇大众公司辩称，不同意原告的诉讼请求。要求根据执行分配方案进行分配。被告洪某同意原告的诉讼请求。

上海市浦东新区人民法院经审理查明事实如下：

2012年11月，上海市浦东新区人民法院受理长江鼎立公司诉洪某等金融借款合同纠纷两案，判决如债务人未履行还款义务的，长江鼎立公司有权与债务人协商，以上海市黄浦区某房产作为抵押物折价，或者申请以拍卖、变卖该抵押物所得价款优先受偿。

2014年1月，上海市浦东新区人民法院作出民事调解书确认，洪某应归还被告民生银行上海分行借款本金22,312,359.32元，并支付截至2013年10月31日的利息1,487,706.90元、逾期利息20,819.46元以及自2013年11月1日起至实际清偿日止的利息及逾期利息（按中国人民银行相关规定及本案合同约定计算，以被告民生银行上海分行提供的对账单为准）；律师费100,000元；被告民生银行上海分行就上海市黄浦区某房产拍卖、变卖等处置所得的价款享有优先受偿权。

执行过程中，抵押房屋由上海市浦东新区人民法院拍卖。2016年7月20日，上海市浦东新区人民法院作出执行裁定书，裁定“上海市黄浦区某房产的所有权归买受人所有。上述房地产所有权自本裁定送达买受人时起转移……本裁定书送达后立即生效”。

2016年8月25日，被告民生银行上海分行向上海市浦东新区人民法院申请执行中对优先债权进行申报：截至2016年8月31日借款本金22,312,359.32元、利息4,739,225.08元、逾期利息2,820,737.21元、迟延履行期间的加倍债务利息3,451,721.99元（自2014年1月15日起至2016年6月17日止）、律师费100,000元、案件受理费80,702元，合计33,504,745.60元（如2016年8月31日前申请执行人未能领取到执行款的，则利息、逾期利息继续计算）。

2016年10月14日，本院作出执行款分配方案：对优先受偿的第一抵押权人，优先受偿部分包括本金（借款总金额扣除还款部分）；利息部分按照合同第4

条、第5条,时间计算至拍卖成交日即2016年6月17日;逾期利息部分按合同第6条,在贷款利率基础上加收40%,时间计算至拍卖成交日;迟延履行期间的债务利息,按本金从判决生效之日算至拍卖成交日,另外包括律师费及诉讼费;对徐汇大众公司及长江鼎立公司也按上述标准进行计算。原告不同意此分配方案并提出执行异议。被告民生银行上海分行不同意原告的异议。原告遂起诉至法院。

【法院裁判】

上海市浦东新区人民法院经审理认为,本案的争议焦点在于:(1)一般抵押情形下,抵押权人优先受偿的范围是否以登记机构登记的债权金额为限?(2)迟延履行期间的债务利息是否属于优先受偿的范围及如何计算?

针对第一项争议焦点,本案中,原告主张应以被告民生银行上海分行在登记机构登记的债权金额为限享有优先受偿的权利,对超出登记部分的债权金额无权优先受偿。被告民生银行上海分行则认为,应当以相关合同约定及民事调解书为准。本院认为,《民法典》第389条(原《物权法》第173条)规定,担保物权的担保范围包括主债权及其利息、违约金、损害赔偿金、保管担保财产和实现担保物的费用。当事人另有约定的,按照约定。被告民生银行上海分行与被告洪某的《个人购房抵押借款合同》第33条约定的担保范围包括本合同约定的借款本金、利息、罚息、复利、违约金、损害赔偿金、实现债权和担保权利的费用(包括但不限于处分抵押财产的费用、律师费、差旅费等)和其他相关合理费用。合同签订后,被告民生银行上海分行亦进行抵押登记,系第一顺位抵押权人,均真实合法。本院作出的民事调解书基于法律和当事人的合同约定,确认被告洪某应支付被告民生银行上海分行本金、利息、逾期利息;不履行前述付款义务,被告民生银行上海分行有权以抵押物优先受偿。现该民事调解书已生效,且《个人购房抵押借款合同》明确了被告民生银行上海分行抵押担保优先受偿范围为本合同约定的借款本金、利息、罚息、复利等和其他相关合理费用,故执行程序中应依此对拍卖抵押物所得款项进行优先分配。对于抵押登记“债权数额25,000,000元”的认定,结合本案证据,该数额应为债权本金的记载,并不能就此否定当事人之间有关担保范围的约定。由于抵押权设立之时,除本金数额可以明确外,利息、逾期利息等是否会实际发生以及发生的实际金额均尚不可知,故应当根据双方当事人在合同中明确约定的抵押担保债权范围确定优先受偿的范围。因此,原告认为优先受偿范围以抵押登记债权金额为限的主张,无事实和法律依据。

针对第二项争议焦点,本案中,原告认为不应当既计算逾期利息又计算迟延履行期间的加倍债务利息,且认为利息、逾期利息均应计算至拍卖成交之日止,之后不可再计算逾期利息等。被告民生银行上海分行的债权申报方案中申报的利息和逾期利息计算至 2016 年 8 月 31 日、迟延履行期间的加倍债务利息自 2014 年 1 月 15 日计算至 2016 年 6 月 17 日。本院于 2016 年 10 月 14 日作出的执行款分配方案中明确利息、逾期利息及迟延履行期间的债务利息均计算至拍卖成交日(2016 年 6 月 17 日),并予以优先受偿。对此法院认为,第一,迟延履行期间的加倍债务利息是法定的,其产生的基础是债务人不履行生效法律文书确定的金钱给付义务。作为法院主动实施的一种执行措施,具有惩戒和赔偿的性质,其目的在于督促被执行人及时履行义务,而不是弥补优先受偿权人的损失。故迟延履行期间的加倍债务利息不应当在抵押担保债权所确定的优先受偿的范围内。第二,根据 2014 年 8 月 1 日起施行的最高人民法院《关于执行程序中计算迟延履行期间的债务利息适用法律若干问题的解释》的规定,迟延履行期间的债务利息包括迟延履行期间的一般债务利息和加倍部分债务利息。迟延履行期间的一般债务利息,根据生效法律文书确定的方法计算。人民法院对被执行人财产拍卖、变卖或者以物抵债的,加倍部分债务利息计算至成交裁定或者抵债裁定生效之日。本解释施行前的迟延履行期间债务利息按照之前的规定计算,施行后的迟延履行期间债务利息按照本解释计算。故就本案中涉及的迟延履行期间的债务利息,其中 2014 年 1 月 16 日至 2014 年 7 月 31 日,应按《民事诉讼法》关于迟延履行期间的债务利息的规定计算;2014 年 8 月 1 日之后的一般债务利息,根据生效民事调解书计算,2014 年 8 月 1 日起至成交裁定生效日止的加倍部分债务利息应按最高人民法院《关于执行程序中计算迟延履行期间的债务利息适用法律若干问题的解释》的规定计算。

综上,上海市浦东新区人民法院作出判决,认为(2013)浦执字第 13512 号执行款分配方案不当,应予撤销。一审判决后,长江鼎立公司、被告民生银行上海分行提出上诉,上诉人长江鼎立公司认为被告民生银行上海分行抵押优先受偿范围应以登记为限,不应包括主债权的利息、违约金、损害赔偿金和实现抵押权的费用;上诉人民生银行上海分行认为加倍债务利息应属于抵押担保优先受偿的范围,原执行分配方案并无不当。经二审审理认为,一审判决认定事实清楚、证据充分,适用法律正确。判决驳回上诉,维持原判。

【案例评析】

本案金钱之债案件中,如存在前后顺位物权人,后顺位物权人发现被执行人的财产不能清偿债权的,则可在执行程序开始后向法院申请参与分配。[①] 参与分配作为一种特别执行程序,对后顺位物权人的权利提供了保障,执行法院在制作财产折价款分配方案时,应考虑相关债权是否具有法定优先受偿的担保物权确定清偿顺位、普通债权比例、数额等。本案的争议焦点为:1. 一般抵押与最高额抵押优先受偿之争议。2. 迟延履行期间的加倍部分债务利息是否属于优先受偿的范围。对此,笔者分析如下。

一、一般抵押与最高额抵押优先受偿范围的争议

当事人在抵押合同中一般就担保范围作出约定,包括如"合同项下贷款本金及其利息、罚息、逾期利息、复利、违约金、赔偿金、补偿金以及实现债权和担保权而发生的费用和所有其他应付的费用"等。而在不动产登记时,根据我国登记实践所使用的国土资源部(现为自然资源部)发布的《不动产登记簿证样式(试行)》,其中"抵押登记信息"中仅涉及了"被担保主债权数额",没有其他担保范围的登记栏目。[②] 在最高额抵押中,因登记的金额即是最高限额,故对担保范围无争议。但在一般抵押中,主债权金额进行了登记,故就登记的主债权优先受偿并无争议,但就未登记的利息、逾期利息、违约金等是否属于优先受偿范围,目前裁判中确有分歧,并产生以下两种观点:

第一种观点认为,登记金额仅是主债权金额,应以当事人在抵押合同约定的担保范围为准。支持该观点的理由认为:"一般抵押权设定登记的,权利证书上记载的'债权数额'仅是设定抵押时担保的主债权本金数额,与抵押担保范围是两个不同的条款。债权人主张按抵押合同约定的担保范围内的全部债务行使优先受偿权的,法院应当予以支持。"[③]"《最高人民法院关于适用〈中华人民共和国

---

① 《最高人民法院关于适用〈中华人民共和国民事诉讼法〉的解释》第506条第1款规定,被执行人为公民或者其他组织,在执行程序开始后,被执行人的其他已经取得执行依据的债权人发现被执行的财产不能清偿所有债权的,可以向人民法院申请参与分配。

② 高圣平、罗帅:《不动产抵押权优先受偿范围研究——基于裁判分歧的分析和展开》,载《法律科学》(西北政法大学学报)2017年第6期。

③ "2014年度上海法院金融商事审判十大典型案例"之4:"一般抵押登记记载的'债权数额'并非担保的最高限额——郑某与甲银行金融借款合同纠纷案"。

担保法〉若干问题的解释》第 61 条规定，在设立抵押及办理登记时，主债权及附随债权尚未能确定，但当事人对抵押物的抵押担保范围有预期和认知，并在主债权合同中已作约定，所以登记机关登记记载的是被担保的主债权数额，而非抵押担保范围，且这与合同约定的内容也并非不一致。”①第二种观点认为，未登记担保范围情形下不动产抵押权优先受偿范围以登记为准。持该观点的理由认为，不动产抵押登记具有公示公信力，即使利息、逾期利息、罚息等金额无法确定，但可在“备注”栏中以文字形式进行描述的方式予以公示，否则后顺位抵押权人的利益无法获得保障。② 本案原告亦以此观点提起执行异议之诉，认为应以不动产登记的债权数额为限优先受偿。

笔者同意第一种观点。首先，《民法典》第 400 条第 2 款规定：“抵押合同一般包括下列条款：（一）被担保债权的种类和数额；（二）债务人履行债务的期限；（三）抵押财产的名称、数量等情况；（四）担保的范围。”③该条款中明确“被担保的数额”“担保的范围”，均是抵押合同中可约定的条款。通常，当事人在订立抵押合同时，就不动产抵押担保的范围在合同中作出了约定。另，《民法典》第 389 条（原《物权法》第 173 条）规定：“担保物权的担保范围包括主债权及其利息、违约金、损害赔偿金、保管担保财产和实现担保物权的费用。当事人另有约定的，按照约定。”法定的担保范围已明确抵押权的效力及于利息、违约金等，但《民法典》《最高人民法院关于适用〈中华人民共和国民法典〉有关担保制度的解释》（原《物权法》《担保法》及相关司法解释）中均未对利息、违约金等在权利证书上予以登记作为抵押权效力所及的必要条件，法律也未将利息等登记作为当事人必须履行的义务。其次，最高额抵押中，权利证书在附记中明确债权数额为“最高限额”，抵押权人仅能以记载的最高债权限额为限行使抵押权，抵押财产变价款超出登记限额部分的，抵押权人不得主张优先受偿。一般抵押中，记载的内容为“债权数额、债务履行期限”，附记中并无“最高限额”的记载。从两种抵押方式的文义记载来看，不难理解权利证书上如无载明“最高限额”即是一般抵押的

---

① 广西壮族自治区高级人民法院（2015）桂民四终字第 61 号民事判决书。

② 朱志红、沈洁：《未登记担保范围情形下不动产抵押权优先受偿范围以登记为准》，载《人民司法·案例》2017 年 1 月。

③ 原《物权法》第 185 条第 2 款规定：“抵押合同一般包括下列条款：（一）被担保债权的种类和数额；（二）债务人履行债务的期限；（三）抵押财产的名称、数量、质量、状况、所在地、所有权归属或者使用权归属；（四）担保的范围。”

意思表示，而一般抵押的范围除本金外，法定的担保范围亦及于利息、违约金、损害赔偿金等。原《最高人民法院关于适用〈中华人民共和国担保法〉若干问题的解释》（以下简称原《担保法解释》）第74条规定："抵押物折价或者拍卖、变卖所得的价款，当事人没有约定的，按下列顺序清偿：（一）实现抵押权的费用；（二）主债权的利息；（三）主债权。"作为后顺位抵押权人，无论前顺位抵押权人与抵押人之间的抵押合同是否明确就抵押担保的范围作出包含利息、违约金、损害赔偿金等的约定，根据《民法典》及《最高人民法院关于适用〈中华人民共和国民法典〉有关担保制度的解释》（原《物权法》及《担保法解释》）的规定，优先受偿范围均及于利息、违约金、损害赔偿金等。法律、司法解释对抵押担保范围、抵充顺序有明确规定，且在金融借款合同中，利息存在系必然，笔者认为，应当推定后顺位抵押权人在办理抵押时对于前顺位抵押债权之范围是明知且有预判的，后顺位抵押权人在办理抵押时更应当谨慎选择与抵押人是否发生法律关系以及发生何种法律关系。[①] 最后，就本案而言，是执行分配方案异议之诉。执行法院的执行依据是生效的判决书、调解书，抵押权人可优先受偿本金、利息、逾期利息等，是按照生效裁判文书确定的优先受偿范围来执行。实践中，裁判文书主文的通常表述为"一、债务人应归还的本金；二、债务人应支付的利息、逾期利息；三、若债务人届期未履行上述第一项、第二项付款义务，抵押权人可与抵押人协商，以抵押的不动产拍卖、变卖所得价款优先受偿，超过部分归抵押人所有，不足部分由债务人继续清偿"。裁判文书主文对于抵押人应承担的抵押责任表述清晰明确，因此在执行过程中，无必要再审查抵押权人在权利证明上记载的债权数额，应依据生效裁判文书中的内容作出执行分配方案。综上，笔者认为，应当根据法律规定，尊重当事人的意思自治，还原权利的真实状态，优先受偿的范围应以抵押合同中约定的抵押担保的范围确定。

二、迟延履行期间的加倍部分债务利息的优先争议

《民事诉讼法》第260条规定，被执行人迟延履行的，应当支付迟延履行利息。《最高人民法院关于人民法院执行工作若干问题的规定（试行）》第24条规定，法院在执行前的准备过程中应向被执行人发出执行通知书，责令被执行人承担迟延履行利息或者迟延履行金。说明迟延履行期间产生的利息并不以当事人

---

① 徐国泉、高甜：《抵押权优先受偿范围的实证分析——基于对全市法院97份法律文书的样本分析》，载《强制执行的理论与制度创新——中国执行论坛优秀论文集》，2017年2月。

申请为前提，而是法院执行的措施之一。

根据 2014 年 8 月 1 日施行的《最高人民法院关于执行程序中计算迟延履行期间的债务利息适用法律若干问题的解释》（以下简称《解释》），对迟延履行期间的债务利息的内容作出了明确规定，即包括迟延履行期间的一般债务利息和加倍部分债务利息，条文中并对两种类型利息的计算作出了明确规定。[①] 一般债务利息是生效裁判文书中确定的利息，系法律规定的担保范围中优先部分，并无争议。但就加倍部分债务利息是否应当纳入优先受偿的范围确有不同看法，亦各有主张。支持优先受偿的理由在于，我国法律规定，抵押担保的范围包括主债权及利息、违约金等费用，这里的利息并未排除迟延履行期间的加倍债务利息，加倍债务利息是法定的，是对债权的损失弥补，故应当受到优先受偿权的保护。[②] 虽然上述解释有其道理，但笔者有不同观点。

首先，迟延履行期间的加倍债务利息是法定的，其产生的基础是债务人不履行生效法律文书确定的金钱给付义务。迟延履行期间的加倍债务利息是一种无须当事人申请的利息计算，作为法院主动实施的一种执行措施，具有惩戒和赔偿的性质，其目的在于督促被执行人及时履行义务，而不是弥补优先受偿权人的损失。其次，我国法律确立的债的抵充顺序，已侧重保护债权人的利益，在价值上有所偏移。优先受偿范围适用的是以约定为前提，法定为补充的原则，加倍债务利息并未存在于法定担保范围内，若在抵押合同中未明确约定其可优先受偿，则无理由在执行中予以优先。最后，《解释》第 4 条规定了先本后息的清偿顺序，即不足以偿付全部债务的，先清偿生效法律文书确定的金钱债务，再清偿加倍部分的债务利息。该条款的设计主要适用于债务的分次履行，但参与分配案件执行过程中，因存在前后顺位债权人，参照该条款执行更能体现公平原则。综上，迟延履行期间的加倍债务利息不应当在抵押担保债权所确定的优先受偿的范围内。

---

① 《最高人民法院关于执行程序中计算迟延履行期间的债务利息适用法律若干问题的解释》第 1 条：根据民事诉讼法第二百五十三条规定加倍计算之后的迟延履行期间的债务利息，包括迟延履行期间的一般债务利息和加倍部分债务利息。迟延履行期间的一般债务利息，根据生效法律文书确定的方法计算；生效法律文书未确定给付该利息的，不予计算。加倍部分债务利息的计算方法为，加倍部分债务利息 = 债务人尚未清偿的生效法律文书确定的除一般债务利息之外的金钱债务 × 日万分之一点七五 × 迟延履行期间。

② 江必新、刘贵祥：《最高人民法院关于执行程序中计算迟延履行期间的债务利息适用法律若干问题的解释理解与适用》，人民法院出版社 2014 年版，第 127 页。

三、争议解决的思考

围绕本案争议，其焦点最终落在优先受偿范围的价值判断上。分歧的产生，一方面是不同利益方为维护己方利益作出有利于自身的价值判断，另一方面归因于法律、法规的滞后、登记实践的不完善等原因。就现存争议的解决，笔者提出两点思考：

第一，将合同约定的抵押范围在权利证书的附记中予以登记。登记仍然是目前最主要的公示机制。不动产登记公示的本意，即是将前顺位抵押权人的信息以最直接、清晰的方式向第三人明示，担保范围虽在抵押合同中有约定，但这种约定如未体现在登记公示中，亦不符合不动产登记的精确性原则，从而使得权利证书丧失其公信力。然而，登记完善的过程并不是一蹴而就的，就现阶段的案件审理中，亦应结合时代的背景和案件的实际情况，如合同订立当时的政策规定、权利证书形式内容上的可操作性、当事人之间就抵押财产的真实意思内容，综合确定优先受偿的范围，使各方利益获得平衡。

第二，做好加倍部分债务利息的释法和统一。《最高人民法院关于在民事判决书中增加向当事人告知民事诉讼法第二百二十九条规定内容的通知》已明确在具有金钱给付内容的民事判决书中增加向当事人告知《民事诉讼法》第229条（《民事诉讼法》修改后为第260条）规定的内容。[①] 该条款虽起到了释明的作用，但执行过程中遇到的问题复杂多样，解决的方案可能互相排斥、矛盾。迟延履行期间利息的内容设计较为复杂，计算方式根据不同情形亦有不同。导致执行法院在作出执行分配方案时，未能就相关费用是否可列入优先受偿范围加以区分。笔者认为，加倍部分债务利息的制度设置，是通过对被执行人迟延履行的行为施以经济制裁，提高了法院强制执行的威慑力。[②] 但应当注意的是，在其发挥惩罚性效能的基础上，应确立统一的计算标准，适法统一、正当，兼顾各方利

---

① 《最高人民法院关于在民事判决书中增加向当事人告知民事诉讼法第二百二十九条规定内容的通知》（法〔2007〕19号）规定："根据《中共中央关于构建社会主义和谐社会若干重大问题的决定》有关'落实当事人权利义务告知制度'的要求，为使胜诉的当事人及时获得诉讼成果，促使败诉的当事人及时履行义务，经研究决定，在具有金钱给付内容的民事判决书中增加向当事人告知民事诉讼法第二百二十九条规定的内容。现将在民事判决书中具体表述方式通知如下：一、一审判决中具有金钱给付义务的，应当在所有判项之后另起一行写明：如果未按本判决指定的期间履行给付金钱义务，应当依照《中华人民共和国民事诉讼法》第二百二十九条之规定，加倍支付迟延履行期间的债务利息。"

② 胡志超：《加倍支付迟延履行期间债务利息——从制度性质看制度完善》，载《强制执行的理论与制度创新——中国执行论坛优秀论文集》，2017年2月。

益,彰显法律的公平正义。

从当前执行改革措施所暴露出来的问题可以看出,虽然有《民事诉讼法》的修补和最高人民法院的司法解释查漏补缺,但终归缺乏系统的顶层设计,这就需要我们加大研究的力度,借鉴其他国家和地区的经验,结合我国的国情,制定出切实可行的法律,以规范当前大力推进的执行改革,并在全社会形成守法、诚信风气,推进从源头上解决执行难的问题。

【典型意义】

随着经济结构改革的深入,金钱之债案件不断增多,一物多押的现象普遍存在。在利益面前,不公平的分配和对待是有损法治公道的。当抵押财产变价款分配时,可能因不同的制度价值判断作出不公正的执行。本案系执行分配异议之诉,争议点即是在抵押财产变价款在前后顺位抵押权人之间如何分配,前顺位抵押权人究竟可就哪些范围的债权优先受偿,对于后顺位抵押权人可在其债权范围内取得多少利益密切相关。上述争议焦点,在判决书进行了明确的阐述。判决书对事实和证据的概述清晰明确,审理查明部分简洁明了,法院认为部分论理透彻、逻辑严密,有较强的说服力。该判决特别对于银行、小额贷款公司等金融、类金融机构作为抵押权人应关注的内容提供了一定的指引。

【案例索引】

案号:

一审:上海市浦东新区人民法院(2016)沪 0115 民初 83390 号(2017 年 9 月 29 日)

二审:上海市第一中级人民法院(2018)沪 01 民终 344 号(2018 年 3 月 30 日)

审判组织:

一审:陆剑平、黄玉娟、华文东

二审:阮国平、吉顺祥、宋赟

编写人:丁娴静

39

证券从业人员违法“炒股”受行政处罚的司法审查路径

——杨某与上海证监局金融行政处罚案

裁判要旨

证券从业人员使用他人账户违法进行股票买卖行为的，证券监管部门可依职权作出行政处罚。行政机关合理收集的相关间接证据相互印证，足以证明违法事实成立具有高度可能性，行政相对人以无直接证据证明其进行违法股票买卖行为为由，请求撤销行政处罚，法院不予支持。

基本案情

原告：杨某

被告：中国证券监督管理委员会上海监管局（以下简称上海证监局）

2013年1月18日至2016年9月12日，原告杨某在太平洋证券公司营业部任总经理。尹某系杨某母亲。在上述期间内，杨某实际控制并使用“尹某”账户进行证券交易，其间先后交易“某股份”等股票，累计买入股票成交金额3.01亿余元，累计卖出股票成交金额3.17亿余元，期末仍持有“同方股份”股票151,000股，已卖出股票累计盈利1433.96余万元。

由于“尹某”账户涉嫌在“某股份”停牌前大量净买入该股，交易行为异常，2015年7月20日，中国证监会稽查局向上海证监局下发《关于请调查“某股份”异常交易案的函》（稽查局函〔2015〕590号），请求上海证监局调查“某股份”异常交易案，并在函中附件载明如发现相关违法违规事项，一并调查，以及“尹某”的相关账户属于可疑账户。经对“尹某”资金账户、信用金账户的开户及交易、银行账户等信息进行调查,2016 年 2 月 18 日,上海证监局向杨某发出调查通知书并于当日送达杨某,同时对杨某进行了询问。2016 年 10 月 28 日,上海证监局对杨某违法买卖股票案予以立案。2016 年 11 月 7 日,中国证监会对上海证监局就杨某违法买卖股票案的立案报备情况书面表示无异议。2017 年 7 月 27 日,上海证监局对杨某作出行政处罚事先告知书,告知其拟作出处罚的事实、理由、依据。2017 年 8 月 7 日,杨某在签收上述告知书后,即向上海证监局提出需要陈述和申辩、要求举行听证会。2017 年 9 月 13 日,杨某向上海证监局提出管辖权异议。2017 年 9 月 20 日,上海证监局举行听证,听取了杨某的陈述和申辩。2017 年 12 月 13 日,上海证监局作出了被诉处罚决定,认定杨某作为证券从业人员,控制并使用尹某账户实施买卖股票的行为,违反了《证券法》第 43 条的规定,构成了《证券法》第 199 条所述的违法行为。根据杨某违法行为的事实、性质、情节与社会危害程度,上海证监局依据《证券法》第 199 条的规定,责令杨某依法处理非法持有的剩余股票,没收已获违法所得 1433.96 万余元,并处以 4301.88 万余元罚款。杨某于 2018 年 1 月 1 日收到被诉决定后不服,遂起诉,请求撤销被诉行政处罚决定。

【法院裁判】

上海市浦东新区人民法院经审理认为,本案的争议焦点主要在于:(1)被告上海证监局对原告杨某违法买卖股票案有无管辖权;(2)被告上海证监局认定原告杨某作为证券从业人员违法买卖股票的行为是否证据充足;(3)被告上海证监局是否对原告杨某违法买卖股票案依法立案。

一、关于被告上海证监局对原告杨某违法买卖股票案有无管辖权。《证券法》第 7 条规定,国务院证券监督管理机构依法对全国证券市场实行集中统一监督管理。国务院证券监督管理机构根据需要可以设立派出机构,按照授权履行监督管理职责。《中国证监会派出机构监管职责规定》①第 2 条规定,派出机构受中国证监会垂直领导,依法以自己的名义履行监管职责;第 5 条第 3 项规定,派出机构按照规定对证券期货违法违规行为实施调查、作出行政处罚;第 25 条规定,派出机构负责对辖区内证券期货违法违规案件以及中国证监会

① 该法已于 2022 年修正。第 2 条、第 5 条无变化,第 25 条有修改,第 29 条现为第 30 条的内容。

相关职责部门交办的案件或者事项进行调查；第 29 条规定，派出机构负责本单位立案调查的证券期货违法违规案件的审理工作，依法对证券期货违法违规当事人实施行政处罚；派出机构可以按照规定审理中国证监会交办的其他派出机构立案调查的案件以及中国证监会相关职能部门负责调查的案件。上海证监局作为派出机构按照授权开展案件调查，并依法作出行政处罚，执法主体资格合法。本案中，中国证监会稽查局于 2015 年 7 月 20 日发函上海证监局，将"某股份"异常交易案交办给上海证监局，并函告上海证监局如发现相关违法事项，请一并调查。而杨某违法买卖股票案系上海证监局在办理"某股份"异常交易案中所发现，并予以调查核实。因此，上海证监局作为中国证监会派出机构，在中国证监会稽查局的授权下，可以审理中国证监会交办的案件，故法院认定上海证监局享有对杨某违法买卖股票案进行查处并作出被诉决定的法定职权。

二、关于被告上海证监局认定原告杨某作为证券从业人员违法买卖股票的行为是否证据充足。本案中，上海证监局向法院提交的相关证据证明，"尹某"账户大量使用杨某名下手机及其就职营业部外网下单，且"尹某"第三方存管银行账户还大量使用杨某名下手机及其就职营业部外网登录网上银行和手机银行。对此，杨某并未向法院提供相关证据证明"尹某"账户在 2013 年 1 月 18 日至 2016 年 9 月 12 日由杨某之外的人操作。故法院认为上海证监局所调取的证据已足够证明在被诉决定中认定杨某违法买卖股票的行为。

三、关于被告上海证监局是否对原告杨某违法买卖股票案依法立案。中国证监会稽查局于 2015 年 7 月 20 日发函上海证监局将"某股份"异常交易案及在该案办理中发现的相关违法事项一并交由上海证监局办理。此后，上海证监局在"某股份"异常交易案办理中发现杨某有违法买卖股票的行为，并于 2016 年 10 月 28 日对违法买卖股票案予以立案，中国证监会于 2016 年 11 月 7 日对上海证监局关于该案的立案报备书面表示无异议，上海证监局对于该案的立案手续符合规定。

上海市浦东新区人民法院于 2018 年 9 月 5 日作出(2018)沪 0115 行初 246 号行政判决：驳回原告杨某的诉讼请求；案件受理费 50 元，由原告杨某负担。

二审法院维持原判。

【案例评析】

一、本案的管辖问题

关于本案中上海证监局对杨某发生在云南省某市的证券违法行为有无管辖权的问题，上海证监局依证监会的授权有权对本案行使管辖权。行政授权是行政组织内部上级行政机关依法将某些行政权力授予下级行政机关行使，下级行政机关在获得授权后可以在授权范围内自主处理有关行政事务。证监会依法对全国证券市场实行集中统一监管，故派出机构可基于证监会的授权对相关案件享有管辖权，不受自身辖区限制。上海证监局系中国证监会的派出机构，《中国证监会派出机构监管职责规定》（以下简称《职责规定》）第 2 条规定，派出机构受中国证监会垂直领导，依法以自己的名义履行监管职责；第 4 条规定，派出机构履行的监管职责，除法律、行政法规明确规定外，由中国证监会规章授权；第 5 条第 3 项规定，派出机构按照规定对证券期货违法违规行为实施调查、作出行政处罚；第 26 条规定，派出机构负责对辖区内证券期货违法违规案件以及中国证监会相关职责部门交办的案件或者事项进行调查；第 30 条规定，派出机构负责本单位立案调查的证券期货违法违规案件的审理工作，依法对证券期货违法违规当事人实施行政处罚；派出机构可以按照规定审理中国证监会交办的其他派出机构立案调查的案件以及中国证监会相关职能部门负责调查的案件。依照《职责规定》对派出机构职责范围的相关条款，上海证监局系受证监会垂直领导的派出机构，故其不仅对本辖区内的证券违法行为享有管辖权，其主体性质意味着其对证监会相关职能部门交办的案件或者事项亦有调查、审理、处罚的权限。上海证监局在办理证监会稽查局交办的一起异常交易案中发现杨某存在违法证券行为，证监会稽查局在交办该异常交易案时函告上海证监局如发现相关违法事项，请一并调查，因此上海证监局对于杨某的违法证券行为的调查与处罚系基于证监会稽查局的授权，符合《职责规定》的相关规定。此后颁布的 2021 年证监会规章《证券期货违法行为行政处罚办法》第 2 条规定，中国证监会依法对全国证券期货市场实行集中统一监督管理。中国证监会派出机构按照授权，依法履行行政处罚职责。该规定对证监会派出机关依授权作出行政处罚的职责再次予以明确。

二、证监局作出行政处罚的合法性

根据我国《证券法》第 40 条之规定，证券公司从业人员在任期或者法定限期内，不得直接或者以化名、借他人名义持有、买卖股票或者其他具有股权性质的证券。证监会在《关于政协十三届全国委员会第四次会议第1820号(财税金融类198号)提案答复的函》中说明:考虑到证券从业人员所在机构是专业从事证券交易和证券经营业务的单位,由于职务工作原因,可能掌握超出一般投资者能够了解的未公开信息,具备利用业务优势、信息优势甚至内幕信息参与股票交易,谋取不正当利益的基础。因此,为了维护证券市场秩序和市场公平性,保障普通投资者合法权益,立法机关禁止证券从业人员买卖股票。

关于行政处罚的罚款数额,《证券法》第187条规定:法律、行政法规规定禁止参与股票交易的人员,违反本法第四十条的规定,直接或者以化名、借他人名义持有、买卖股票或者其他具有股权性质的证券的,责令依法处理非法持有的股票、其他具有股权性质的证券,没收违法所得,并处以买卖证券等值以下的罚款;属于国家工作人员的,还应当依法给予处分。该规定赋予了证券监管执法机关的行政裁量权,执法机关可依据违法行为的性质与情节确定罚款数额,上海证监局对杨某处以三倍违法所得的罚款数额符合《证券法》相关规定。

除《证券法》相关规定以外,行政机关作出行政处罚时应当符合行政处罚法上的过罚相当原则。过罚相当原则是指行政主体对违法行为人适用行政处罚,所科罚种和处罚幅度要与违法行为人的违法过错程度相适应,既不轻过重罚,也不重过轻罚,避免畸轻畸重的不合理、不公正的情况。行政处罚兼具惩罚和教育的双重功能,通过处罚既应达到纠正违法行为的目的,也应起到教育违法者及其他公民自觉守法的作用。加大惩罚力度有利于增强证券公司从业人员的合规意识,避免侥幸心理,使其对违法行为的法律后果有更清晰的认知,进而保护普通投资者的合法权益,促进证券市场的公平、公正,因此上海证监局根据违法行为的性质与情节所作出的罚款数额不违背行政处罚法上的过罚相当原则。

三、证券行政处罚证明标准

(一)行政处罚证明标准

行政处罚的证明标准是指行政机关在行政处罚程序中利用证据证明违法案件事实和行政处罚程序事实所要达到的程度。从法律规定上看,《行政处罚法》和《行政诉讼法》对于行政处罚的证明标准要求须达到"事实清楚"和"证据确凿"的程度。然而这一证明标准相较于《刑事诉讼法》中"排除合理怀疑"的证明标准更加抽象、笼统、形式。同时行政处罚程序中,除去当场作出行政处罚的情形外,待证事实几乎都是已经发生的事实,行政执法机关所做的就是在职权范围内尽可能收集证据使人确信待证事实确实发生过。对不同类型的案件均采用无差别的“案件事实清楚,证据确实充分”的证明标准虽体现了对客观事实真相与正义的追求,但是这样的标准不仅过于抽象,也难以适应行政执法要求和司法实践。

证明标准与案件性质及当事人的诉讼地位有着密切的关联。刑事案件由于涉及较大的公共利益,而双方当事人的诉讼地位又完全不对等,审判后果对被告人的人身财产权益会产生极大的影响,因此出于防止滥用刑罚、保护人身财产权益的目的,刑事诉讼采取了严格的“排除合理怀疑”的证明标准。民事诉讼则是具有平等诉讼地位的民事主体之间的权益纠纷,双方当事人还可通过调解、和解的方式结束诉讼,因而采取更为宽松的证明标准。行政诉讼的客体是具体行政行为,行政行为具有多样性,就行政处罚而言,行政处罚既有维护社会公益与管理秩序的目的,同时也兼顾效率。行政处罚中作出处罚的行政机关相较于行政相对人虽然也处于优势地位,但行政执法机关的调查权限与行政资源也相对有限。若是以“排除合理怀疑”的严格标准要求行政执法机关,不仅造成公共资源的浪费,还可能因为行政执法机关工作效率的降低导致无法及时地处理违法行为,导致管理社会秩序,实现社会利益最大化的目的无法实现。因此出于对公共资源的使用和行政机关工作效率的考虑,不能以与刑事处罚相同的证明标准要求行政处罚。此外还需考虑的是行政处罚的种类与程度具有多样性,既有对违法行为当场作出的行政处罚,也有对事后经过调查取证认定的违法行为作出的行政处罚。既有以教育为主,数额较小的行政处罚,也有涉及行政相对人人身自由和重大财产利益的行政处罚。因此出于对行政相对人合法权益的保护,宜对不同行政处罚区别对待,适用不同的证明标准。

(二)证券行政处罚证明标准

证券行政处罚证明标准是指证券监管机关在证券行政处罚程序中利用证据证明违法案件事实所要达到的程度。只要证券监管部门调取的证据对待证事实的证明达到规定的标准,待证事实就算已得到证明,证券监管部门就可以依法作出行政处罚。

对于不服证监会行政处罚提起的行政诉讼案件,由于证券监管部门的调查权限与调查手段都比较有限,而证券违法行为又具有专业性强、技术性强、隐蔽性强等特点,这使得证券监管部门的取证难度较大。如果适用排除合理怀疑的证明标准,无疑会对证券监管部门的调查取证提出极高的要求,即便消耗大量的行政资源也未必能达到排除合理怀疑的证明标准。这一方面违反了行政处罚必须兼顾行政效率与合法性的要求，另一方面无法起到警示证券从业者严守行业规范，保护普通投资者合法权益与促进证券市场公平、健康发展的目的。因此在确定证券行政处罚的证明标准时必须考虑证券违法行为的特性与证券监管部门的稽查取证能力，不宜实行太高的证明标准。同时证券行政处罚直接影响到行政相对人的相关权益，为了避免行政相对人的合法权益受损，不能过度降低对证券监管部门作出处罚时稽查取证的要求。

经过理论界与实务界对我国证券行政执法与行政诉讼的不断反思与总结，逐渐形成了以“明显优势证据证明标准”为证券行政处罚证明标准的主流观点。该标准指的是，证券监管部门证明证券违法事实存在的证据“明显优于”行政相对人的反驳证据，即能够证明证券违法事实存在的可能性达到75%以上。在这样的标准下，如果行政相对人的举证能够在一定程度上对证券违法事实提出合理的怀疑和反驳，动摇法官心证，即可使待证事实陷入真伪不明的状态，行政相对人不需要完全证明自己没有证券违法行为。这样的证明标准在我国当前证券市场发展迅速，法律法规相对滞后，存在不少违法行为未能得到及时处罚的市场背景下，更有利于证券监管部门提升工作效率，及时查处证券违法行为，进而规范证券从业者的行业行为。

由于股票买卖在当今越发便利、隐蔽，违法证券交易行为不受地点限制且往往时间跨度长，违法证券交易的相关证据多以电子化的形式呈现，这些特点对证券行政处罚与审判实践认定“违法借用他人名义持有、操作股票”造成了不小的难题。上海证监局在调查权限范围内，通过确定涉案证券账户发生交易时所在的地址，查明账户资金来源及使用情况，对涉案当事人进行询问等方式收集到多份间接证据，相互印证，足以使大部分人形成违法事实确实存在的自由心证。证券行政处罚的证明标准应采用“明显优势证据证明标准”，行政相对人能在一定程度上提出对违法事实存在提出合理怀疑和反驳的证据即可，但是杨某并未向法院提供涉案账户存在他人操作的证据。由于证券监管部门的调查权限，与证券交易的特性，事后调取“违法借用他人名义持有、操作股票”这一事实的直接证据近乎不可能，即便可行也会消耗大量的社会资源。

综上，法院基于行政效率与证券交易特点，认定上海证监局提供的相关证据足以证明违法事实，而杨某无法提供证据对违法事实的存在提出合理怀疑，故推定证券违法事实存在。

【典型意义】

证券公司从业人员在任职期间不得借用他人名义持有、操作股票，违反该规定的责令依法处理非法持有的股票，没收违法所得，并处以买卖证券等值以下的罚款。被处罚的行政相对人以证券监管部门没有直接证据证明其以他人名义操作股票请求撤销行政处罚的，法院不予支持。本案中证券监管部门在职权范围内收集一系列可相互印证的间接证据，行政相对人未提出证据反驳待证事实，法院综合考虑证券监管部门职权范围、行政效率、证券交易活动特点等因素，对相关违法事实予以认定。本案的审判，对于明确证监会各分支机构、明确认定证券从业人员借用他人名义持有、操纵股票的事实证明标准具有示范意义，有利于证券从业人员执业规范化，使其明晰违规法律后果，以保护普通投资者合法权益，促进证券交易市场公平、健康发展。

【案例索引】

案号：

一审：上海市浦东新区人民法院（2018）沪0115行初246号（2018年9月5日）

二审：上海金融法院（2018）沪74行终8号（2019年2月25日）

审判组织：

一审：殷勇、赵忠元、余甬帆

二审：林晓镍、任静远、单素华

编写人：余甬帆、周陈涨

40

转口贸易项下涉信用证业务犯罪的司法认定

——巴郡贸易公司等逃汇案

裁判要旨

从事虚假转口贸易项下的美元信用证业务进行融资的行为，类似“先收后支”，实为“借新还旧”，且境内机构和境内个人与NRA账户之间的外汇收支属于跨境交易，故应当认定为逃汇罪；从事虚假转口贸易项下的人民币信用证业务进行融资的行为，若最终未造成实际损失，不符合《刑法修正案（十一）》实施后骗取贷款、票据承兑、金融票证罪中的其他严重情节，不应认定构成犯罪。

基本案情

公诉机关：上海市浦东新区人民检察院

被告：上海巴郡贸易发展有限公司（以下简称巴郡贸易公司）

被告：任某

被告：章某

被告：王某

被告：莫某

被告：董某

被告：张某

2012年至2013年，被告人任某在经营、管理被告单位巴郡贸易公司期间，为获取周转资金，经被告人任某决定，利用在上海银行取得的信用证授信额度，在无真实交易的情况下，虚构被告单位巴郡贸易公司作为转口贸易中间商，与被告人任某实际控制的祥和公司、A LIMITED 等境外企业从事橡胶买卖的转口贸易背景，向上海银行提交伪造的贸易合同、发票、海运提单等商业单证，通过支付人民币保证金的方式，向上海银行申请开立以祥和公司为受益人的转口贸易项下美元信用证业务。后祥和公司通过信用证贴现方式取得周转资金，经 A LIMITED 公司账户汇至巴郡贸易公司上海银行账户，主要用于在前期开立的信用证到期时，由上海银行根据巴郡贸易公司指令，将美元资金汇至祥和公司境外信用证贴现银行账户完成偿付。2012 年 6 月至 2013 年 12 月，巴郡贸易公司采用上述手段向上海银行办理转口贸易项下的美元信用证业务共计 11 笔，造成外汇资金非法出境累计 1452 万余美元。

2012 年至 2017 年，巴郡贸易公司通过支付手续费的方式，使用浙江轻纺公司在中信银行、华夏银行、招商银行、北京银行等商业银行取得的信用证授信额度办理转口贸易项下的信用证业务，由巴郡贸易公司向浙江轻纺公司提供伪造的贸易合同、发票、海运提单等商业单证及人民币保证金，虚构浙江轻纺公司与巴郡贸易公司境外关联企业之间的转口贸易背景，向上述商业银行申请开立转口贸易项下的美元和人民币信用证，后采用前述贴现、转账、偿付手段获取周转资金。2012 年 8 月至 2017 年 4 月，巴郡贸易公司通过浙江轻纺公司向涉案商业银行办理转口贸易项下的美元信用证业务共计 25 笔，造成外汇资金非法出境累计 4073 万余美元，办理转口贸易项下的人民币信用证业务共计 8 笔，累计骗取银行信用证金额人民币 1.34 亿余元。

其间，被告人任某全面负责被告单位巴郡贸易公司日常经营和境内外关联公司的开设与管理，并授意被告人章某、王某、董某、张某等人虚构转口贸易背景骗取涉案银行信用证，涉及逃汇金额 5525 万余美元，骗取金融票证金额人民币 1.34亿余元。被告人章某管理被告单位巴郡贸易公司业务工作，并通过被告人莫某获取提单记载事项及格式合同，供被告人董某伪造商业单证并负责审核单证内容，涉及逃汇金额 5525 万余美元，骗取金融票证金额人民币 1.34 亿余元。被告人王某管理被告单位巴郡贸易公司财务工作，负责银行授信申请等银行业务、信用证到期偿付事宜并提醒开证。被告人王某于 2014 年年初离职，涉及逃汇金额 2249 万余美元。被告人董某负责伪造贸易合同、发票、海运提单等商业单证，制作开证材料，向涉案银行办理信用证开立业务，在巴郡贸易公司境外关联企业银行账户间操作资金划转，涉及逃汇金额 5525 万余美元，骗取金融票证金额人民币1.34亿余元。被告人张某负责被告单位巴郡贸易公司及关联企业账目工作，向涉案银行办理信用证开立、购付汇业务及巴郡贸易公司的资金划转，并向浙江轻纺公司支付开立信用证所需保证金。被告人张某于2014年年初离职，涉及逃汇金额2249万余美元。被告人莫某自2013年7月起向被告人章某、董某提供提单记载事项信息，并按每份海运提单约3000美元的价格收取费用共计9.1万余美元，涉及逃汇金额3999万余美元，骗取金融票证金额人民币1.34亿余元。

2019年3月14日，被告人任某、章某、王某、董某被公安人员抓获到案。同年3月20日、5月6日，被告人张某、莫某先后被公安人员抓获到案。6名被告人到案后均如实供述了犯罪事实。

公诉机关指控，被告单位巴郡贸易公司伙同被告人莫某，违反国家规定，将境内的外汇非法转移到境外，数额巨大，被告人任某作为被告单位直接负责的主管人员，被告人章某、王某、董某、张某作为被告单位其他直接责任人员，应以逃汇罪追究其刑事责任。被告单位巴郡贸易公司伙同被告人莫某，以欺骗手段取得银行信用证，情节特别严重，被告人任某作为被告单位直接负责的主管人员，被告人章某、董某作为被告单位其他直接责任人员，应以骗取金融票证罪(单位)追究其刑事责任。

被告单位巴郡贸易公司诉讼代表人张某某对犯罪事实和罪名均无异议；被告人任某及其辩护人对起诉书指控的事实无异议，对指控的罪名有异议。认为被告人任某不构成逃汇罪，主要理由是涉案信用证交易均严格遵循“先收后支”程序，被告单位巴郡贸易公司主观上不具有逃汇的罪过形态，客观上也未造成国家外汇储备流失的危害后果，亦未制造国家外汇流失的风险。其只构成骗取金融票证罪，且未给银行造成任何损失，属于情节轻微；被告人章某的辩护人提出：对起诉书指控的事实无异议，对指控的罪名有异议，认为被告人章某并未参与对接浙江轻纺公司传递单据的事项，不构成骗取金融票证罪；被告人王某对犯罪事实和罪名均无异议，其对公诉机关认定的犯罪金额以及认定其系主犯存有异议；被告人莫某的辩护人提出：对犯罪事实和罪名均有异议，认为被告人莫某只是向被告人任某、董某提供了提单记载信息，其不构成逃汇罪；被告人董某、张某及其辩护人对犯罪事实和罪名均无异议。

【法院裁判】

上海市浦东新区人民法院经审理认为，被告单位巴郡贸易公司伙同被告人莫某,违反国家规定,将境内的外汇非法转移到境外,数额巨大,被告单位巴郡贸易公司及被告人莫某的行为均构成逃汇罪。被告人任某作为被告单位直接负责的主管人员,被告人章某、王某、董某、张某作为被告单位其他直接责任人员,5 名被告人的行为均构成逃汇罪。公诉机关的指控成立,本院予以支持。

针对被告人的辩解、辩护人的辩护意见,总结如下争议焦点。第一,对于本案被告单位巴郡贸易公司所涉转口贸易项下的美元信用证业务的认定;第二,对于本案被告单位巴郡贸易公司所涉转口贸易项下的人民币信用证业务的认定。

一、对于本案被告单位巴郡贸易公司所涉转口贸易项下的美元信用证业务的认定。被告单位巴郡贸易公司在本案中所涉及的转口贸易项下的美元信用证业务所对应的交易各方均为巴郡贸易公司的法定代表人任某实际控制。贸易业务所对应的交易合同、提单系虚假,交易动机并非出于实际贸易需求,并非为了获取贸易买卖价差,而是不断融资借新还旧。因此,被告单位巴郡贸易公司在本案中涉及的转口贸易业务实际上系以转口贸易为名,无实际货物流存在,完全是以骗取资金为目的的交易活动,在该贸易活动中的对外付汇就是非法转移外汇,应以逃汇罪论处。被告单位巴郡贸易公司通过新的信用证贴现后获取资金,用于偿还之前即将到期的信用证,实为借新还旧,并非辩护人所称的“先收后支”程序。另外,本案中祥某公司等上游出货方的贴现行如汇丰银行上海分行、法兴银行上海分行虽机构地理位置在我国境内,但是收汇账户为 NRA 账户,即境内银行为境外机构开立境内外汇账户。境内机构和境内个人与 NRA 账户之间的外汇收支属于跨境交易,NRA 账户从境内外收汇、相互之间划转、与离岸账户之间划转或者向境外支付,境内银行可以根据客户指令等直接办理,且需办理国际收支统计申报。应认定外汇进入 NRA 账户即属于外汇转移到境外,而非以 NRA 账户所属银行的机构地理位置作为境外判断标准。故辩护人的相关辩护意见,本院不予采纳。

二、对于本案被告单位巴郡贸易公司所涉转口贸易项下的人民币信用证业务的认定。《刑法修正案(十一)》已对《刑法》第 175 条之一骗取贷款、票据承兑、金融票证罪进行修改。本院认为,修改之后的骗取贷款、票据承兑、金融票证罪中有其他特别严重情节的,应以具有法定后果即造成实际损失为必要条件。本案中所涉转口贸易项下的人民币信用证业务最终并未造成被害单位实际损失,且《刑法修正案(十一)》现已生效,根据“从旧兼从轻”原则,被告单位巴郡贸易公司及被告人任某、章某、莫某、董某所涉转口贸易项下的人民币信用证业务的行为不应认定为骗取金融票证罪。

上海市浦东新区人民法院于2021年3月10日作出(2020)沪0115刑初122号刑事判决:被告单位巴郡贸易公司伙同被告人莫某,违反国家规定,将境内的外汇非法转移到境外,数额巨大,被告人任某作为被告单位直接负责的主管人员,被告人章某、王某、董某、张某作为被告单位其他直接责任人员,其行为均已构成逃汇罪。被告单位巴郡贸易公司及被告人任某在共同犯罪中起主要作用,系主犯。被告人章某、王某、莫某、董某、张某在共同犯罪中起次要作用,系从犯,均应当减轻处罚。被告单位巴郡贸易公司,被告人任某、章某、王某、莫某、董某、张某到案后均如实供述自己罪行,均可以从轻处罚。鉴于本案未造成国家外汇储备流失的危害结果,故对上述被告单位及各被告人均可酌情从轻处罚。辩护人的相关辩护意见,本院予以采纳。综合被告人董某、张某的犯罪情节、在共同犯罪中的作用以及到案后的认罪态度,可以对被告人董某、张某适用缓刑。综上,依照《中华人民共和国刑法》第一百九十条、第十二条、第二十五条、第二十六条、第二十七条、第三十条、第三十一条、第六十七条第三款、第七十二条、第七十三条、第五十二条、第五十三条、第六十四条之规定,判决如下:一、被告单位巴郡贸易公司犯逃汇罪,判处罚金人民币三千万元。二、被告人任某犯逃汇罪,判处有期徒刑五年二个月。三、被告人章某犯逃汇罪,判处有期徒刑三年十个月。四、被告人王某犯逃汇罪,判处有期徒刑三年二个月。五、被告人莫某犯逃汇罪,判处有期徒刑三年四个月。六、被告人董某犯逃汇罪,判处有期徒刑二年六个月,缓刑二年六个月。七、被告人张某犯逃汇罪,判处有期徒刑二年,缓刑二年。八、责令被告人莫某退缴违法所得,予以没收。一审判决后,被告人任某、章某、董某、张某提起上诉,二审裁定驳回上诉,维持原判,现判决已经生效。

【案例评析】

随着国家对外开放力度的加大、上海自贸区试点的开启,转口贸易如雨后春笋般应运而生。自贸区外汇项目等审核权下放至商业银行,一方面极大地便利了外贸企业的蓬勃发展;另一方面由于贸易背景真实性难以审核,转口贸易经常被不法分子用作跨境融资、套利的掩护手段。虚构转口贸易背景、伪造贸易单证等情节频频出现,可以说,与传统以截留外汇或汇出境外为目的的逃汇行为相比,虚假转口贸易逃汇案件的手段更为新颖。

一、虚假转口贸易项下外汇信用证业务的认定

虚假转口贸易型逃汇案件是在“买入货物、付汇”“卖出货物、收汇”的交易结构中运行。因此，转口贸易项下外汇信用证的开具，涉及外汇的流转问题。倘若交易背景不真实，行为人进行了外汇流转，便有侵害我国外汇管理制度，即具有侵害逃汇罪所保护的法益之虞。因此，如何认定虚假转口贸易项下外汇信用证业务犯罪成为亟待解决的问题。

（一）逃汇罪客观构成要件概述

犯罪的客观构成要件，是指刑法规定的能反映某行为对刑法所保护法益的侵害，进而构成犯罪所必须具备的客观事实。而对于金融犯罪而言，客观方面表现为违反金融管理法规，危害程度严重的行为。① 因此，逃汇罪的客观构成要件的判断重点在于是否违背了金融管理法规，进而严重侵害了国家外汇管理制度。

就逃汇罪的行为结构而言，逃汇罪的构成要件内含两个层次。第一，违反国家规定，擅自将外汇存放境外，数额较大的；违反国家规定，将境内的外汇非法转移到境外，数额较大的。第二，不具有真实合法的交易背景。其中，前者毋庸置疑，所谓“擅自将外汇存放境外”，指行为人违反国家有关外汇管理的规定，将本应调回国内的外汇故意不调回国内，而存留境外的行为。而“将境内的外汇非法转移到境外”，则是指行为人未经批准，将境内外汇非法转移到境外的行为。因此，“截留外汇、外汇出境”并不难理解；关于“交易背景真实性”这一基础性要求，国务院各部委也出台了多项政策加以明确。在转口贸易型的逃汇案件中，行为人从事的贸易背景真实性往往直接决定了其行为罪与非罪的界限。

（二）跨境交易中“境外”的认定

逃汇罪的构成要件之一是将境内外汇非法转移到境外，那么何为“境外”成为认定逃汇罪的争议焦点之一。在跨境贸易中，为了方便交易，境外机构会在中国境内银行业金融机构开境外机构境内外汇账户（NRA 账户）。《国家外汇管理局关于境外机构境内外汇账户管理有关问题的通知》第 5 条第 1 款规定，境内机构和境内个人与境外机构境内外汇账户之间的外汇收支，按照跨境交易进行管理。第 6 条规定，境外机构境内外汇账户从境内外收汇、相互之间划转、与离岸账户之间划转或者向境外支付，境内银行可以根据客户指令等直接办理，但国家外汇管理局另有规定除外。第 7 条规定，通过境外机构境内外汇账户与境外、境

---

① 参见王新：《危害金融犯罪的概念分析》，载《中外法学》1997 年第 5 期。

内之间发生的资金收支,以及由此产生的账户余额变动,均应当按照有关规定办理国际收支统计申报。根据上述规定,境内机构和境内个人与NRA账户之间的外汇收支属于跨境交易,NRA账户从境内外收汇、相互之间划转、与离岸账户之间划转或者向境外支付,境内银行可以根据客户指令等直接办理,且需办理国际收支统计申报。应认定外汇进入NRA账户即属于外汇转移到境外,而非以NRA账户所属银行的机构地理位置作为境外判断标准。

(三)贸易背景真实性的认定

1. 转口贸易三方公司是否有关联性

转口贸易,是指在国际贸易中不直接在生产国与购买国之间发生,而是经由第三国中转的贸易。因此,在转口贸易的交易过程中,中转方与上下游的买卖双方三者之间应该具有相对独立性。倘若三者是关联公司,或者实际控制人、法定代表人为一人,进行转口贸易交易的意义便大打折扣,进而存在虚构交易背景的极大可能。本案中,被告单位巴郡贸易公司所涉及的转口贸易项下的美元信用证业务所对应的交易各方均为巴郡贸易公司的法定代表人任某实际控制,则证明买卖双方实际是由中转贸易商法定代表人实际控制下的离岸空壳公司,实际上并无真实的贸易往来。

2. 交易动机是否基于实际贸易需求

交易动机可以从主观上判断交易背景的真实与否,应当透过单证表象,透析交易本质。在实践中,银行对于单据的审核难度较大,不易辨别单据的真实性,只能通过是否具有单据等作为是否开具信用证的审核要求。因此,在案件中象征着具有真实交易背景的单据均是客观存在的,但是单据背后是否具有真正交易背景,需要根据具体交易动机及客观事实来判定,即透过现象看本质。本案中,贸易业务所对应的交易合同、提单系虚假,交易动机并非出于实际贸易需求,并非为了获取贸易买价差,而是不断融资借新还旧。因此,巴郡贸易公司在本案中涉及的转口贸易业务实际上系转口贸易为名,无实际货物流存在,是完全以骗取资金为目的的交易活动,该交易活动中对外付汇就符合逃汇罪的第一种情况,即非法转移外汇,故应以逃汇罪论处。

3. 获取资金的用途是否用于再投资

转口贸易可以分为不同模式,其中之一是"先收后支"。所谓"先收后支的转口贸易"是在外汇核销上的概念。是指贸易中先收到下家的货款后再支付上家的货款。根据《经常项目外汇业务指引(2020年版)》(汇发〔2020〕14号)第20

条之规定，企业如以“先收后支”形式开展离岸转手买卖，离岸转手买卖同一合同项下收支日期间隔超过 90 天（不含）且“先收后支”项下收汇金额超过等值 50 万美元（不含）的业务，企业应当向外汇局报告。如果单笔合同项下离岸转手买卖在“先支后收”项下付汇金额超过 50 万美元（不含），且因延期收款导致收支日期间隔超过 90 天（不含）时，企业应当在付款之日起 30 天内，通过货物贸易外汇监测系统企业端向外汇局报告相应的预计收款日期、收款金额等信息。由此可见，“先收后支”的转口贸易模式需要进行外汇报备。

本案中，巴郡贸易公司通过新的信用证贴现后获取资金，并没有用于支付上家货款，而是用于偿还之前即将到期的信用证，达到展期的效果，资金用途是减少公司坏账，实为借新还旧，并非用于“先收后支”的投资模式。因此，本案相关被告人是以融资还旧为目的，系明知逃汇的事实，故意将外汇非法转移至国外，该当逃汇罪的主观故意要件。

（四）虚假转口贸易型逃汇罪应认定为行为犯

行为犯是指行为人所为合乎不法构成要件所描述的行为活动，即已完全实现该不法要件，[①]即只要实施了构成要件行为就构成既遂。[②] 已经既遂的犯罪事实，不能因为事后的补救行为而改变行为所涉罪名及犯罪形态。笔者认为，虚假转口贸易型逃汇罪系行为犯。从该罪名保护的法益出发，由于行为人虚构贸易背景从事转口贸易，在外汇汇出时便导致外汇资金脱离国家监管，已经危及外汇管理制度的法益，即使外汇先期流入或在固定期限内回流，并未造成外汇违法存放境外或非法转移至境外的结果，但也满足逃汇罪的客观构成要件。

本案中，涉案人员进行转口贸易的过程中，将外汇“从境内打到境外又打回境内”，并未造成国家外汇储备流失的危害结果，然而，“买入货物、付汇”的过程已经完成了外汇的汇出流程，致使外汇脱离了国家的监管范围，有造成外汇流失的风险，危害了国家正常的外汇管理制度，故涉案行为应当构成逃汇罪既遂。

二、虚假转口贸易项下人民币信用证业务的认定

（一）骗取贷款、票据承兑、金融票证罪之修订

《刑法》第 175 条之一（骗取贷款、票据承兑、金融票证罪）以欺骗手段取得银

---

① 参见林钰雄：《新刑法总则》，中国人民大学出版社 2009 年版，第 69 页。

② 高铭暄、马克昌：《刑法学》，北京大学出版社 2017 年版，第 149 页。

行或者其他金融机构贷款、票据承兑、信用证、保函等,给银行或者其他金融机构造成重大损失的,处三年以下有期徒刑或者拘役,并处或者单处罚金;给银行或者其他金融机构造成特别重大损失或者有其他特别严重情节的,处三年以上七年以下有期徒刑,并处罚金。

由此可见,《刑法修正案(十一)》将原刑法条文第 175 条之一骗取贷款、票据承兑、金融票证罪中"或者有其他严重情节"的表述删除,即欺骗行为只有给银行或者金融机构造成重大损失,才能认定为本罪的实行行为。换言之,最新修正案生效之后,未给银行或者金融机构造成重大损失的骗取贷款、票据承兑或金融票证的行为,即使具有其他严重情节,也不以犯罪论处。本案中,被告单位及相关责任人骗取信用证的目的及实际行为是"以新还旧",即用骗取的信用证贴现价款偿还前一笔信用证所涉金额,从而达到信用证展期的效果。以上可以认定,所涉转口贸易项下的人民币信用证业务最终并未造成被害单位实际损失,即使骗取信用证数额巨大,也不应以数额之高低进行入罪解释。

(二)从旧兼从轻的司法适用

刑法溯及力解决的是选择适用法律的问题。而"从旧兼从轻"是我国刑法溯及力的基本原则。其具体内容是指,对于行为时尚未规定为犯罪,裁判时法新增为犯罪的行为,应当以行为时法作为依据,不适用裁判时法;对于行为时规定为犯罪,裁判时法不认为是犯罪或者虽认为是犯罪但处刑较轻的,应当以裁判时法作为依据,而不适用行为时法。从旧兼从轻原则是罪刑法定原则的集中体现,一方面"从旧"是对罪刑法定原则基本内涵的遵从,另一方面"从轻"则是罪刑法定原则深层内涵的彰显,即有利于被告人原则的集中体现。

《最高人民检察院、公安部关于公安机关管辖的刑事案件立案追诉标准的规定(二)》(2010 年)(现已失效)第 27 条规定:以欺骗手段取得银行或者其他金融机构贷款、票据承兑、信用证、保函等,涉嫌下列情形之一的,应予立案追诉:(一)以欺骗手段取得贷款、票据承兑、信用证、保函等,数额在一百万元以上的;(二)以欺骗手段取得贷款、票据承兑、信用证、保函等,给银行或者其他金融机构造成直接经济损失数额在二十万元以上的;(三)虽未达到上述数额标准,但多次以欺骗手段取得贷款、票据承兑、信用证、保函等的;(四)其他给银行或者其他金融机构造成重大损失或者有其他严重情节的情形。

《最高人民检察院、公安部关于公安机关管辖的刑事案件立案追诉标准的规定(二)》(2022 年)第 22 条之规定:以欺骗手段取得银行或者其他金融机构贷款、票据承兑、信用证、保函等,给银行或者其他金融机构造成直接经济损失数额在五十万元以上的,应予立案追诉。

以上刑事案件立案追诉标准根据《刑法修正案(十一)》的最新规定作出了修改,即以欺骗手段取得银行或者其他金融机构贷款、票据承兑、信用证、保函等,给金融机构造成直接经济损失方可进行追诉。无论是后出台的《刑法修正案(十一)》,还是后修订的《刑事案件立案追诉标准》,均属于“出罪式”的修订,即相关行为按照刑法原条文规定构成犯罪,而最新修正案/追诉标准将其予以出罪/不追诉。本案中,若根据行为人进行虚假转口贸易开具人民币信用证之行为当时的法律,该当“其他情节严重”之构成要件,应当认定为骗取金融票证罪。然而判决时,已生效的《刑法》第 175 条之一,不再将“具有其他严重情节”认定为是犯罪行为,因而应当以裁判时的法律作为依据,而不是用行为时法。被告人虽骗取了银行信用证,但是已经提供了财产担保且支付了保证金,故涉案行为对于银行的风险性相对较低,最终并未给银行造成实际损失。因此,被告单位巴郡贸易公司及被告人任某、章某、莫某、董某所涉转口贸易项下的人民币信用证业务的行为不应认定为骗取金融票证罪。

【典型意义】

上海作为改革开放的排头兵,创新发展的先行者,在自贸区建设方面更是一马当先。在此背景下,税费的减免、外汇管制宽松等优惠政策,给转口贸易发展创造了良好的软环境。正是由于银行审批的宽松化等诸多因素,转口贸易过程中出现诸多与法有悖的行为。但是,转口贸易并非洪水猛兽,而是时代发展的必然产物,加强严格执法与审核力度、用好刑法规制的二次法保障功能,大量的虚假转口贸易及相关违法行为便可以得到源头治理。本案是转口贸易项下信用证业务犯罪司法认定的典型案例之一。本案围绕虚假转口贸易项下外汇信用证/人民币信用证业务犯罪如何认定进行展开,对类案审理具有一定参考意义。

【案例索引】

案号:

一审:上海市浦东新区人民法院(2020)沪 0115 刑初 122 号(2021 年 3

月10日)

二审:上海市第一中级人民法院(2021)沪01刑终739号(2021年9月23日)

审判组织:

一审:黄婧、余甬帆、蔡浩若

二审:郭震、高丹丹、陈捷

编写人:蔡浩若、刁永超

后　　记

习近平总书记强调:“金融是国家重要的核心竞争力。”金融市场的安全、高效、稳健运行,离不开优良的金融法治环境保障。2008 年 11 月 13 日,为更好地服务上海国际金融中心建设,适应浦东新区综合配套改革试点的需要,在浦东新区区委和上海高院的关心和大力支持下,浦东法院在全国基层法院中率先设立了金融审判庭,开启了专业化金融审判的探索之路。如今,浦东法院走过了 30 年的辉煌历程,金融审判庭也迎来了专业化金融司法的第 15 个年头。自金融审判庭设立以来,浦东法院审结的各类金融案件中有 40 余件入选全国法院十大商事案例、中国法院年度案例、中国审判案例要览、上海法院金融商事审判十大案例等重要案例载体,在业界产生重要影响。

本书汇编的案例是从浦东法院近年来审结的数万件金融纠纷案件中精选而来,充分展现了浦东法院金融审判庭在服务实体经济、护航营商环境建设、防范化解金融风险、保护金融消费者和中小投资者合法权益、推动我国金融高质量发展等方面的司法经验和裁判智慧。本书成稿之际,要感谢编写组全体成员,特别是金融审判庭的顾权、余韬、孔燕萍、丁祎、王朝辉、肖琼、金璐、王晓雷、周亚杰、于建尧、刁永超,承担了较多的具体编著工作。在此,对他们的付出表示由衷的感谢! 同时,感谢法律出版社对本书出版的大力支持!

由于水平有限,本书难免存在疏漏之处,恳请读者批评指正。

编　者

2023 年 3 月